中国学生经典古文阅读

徐霞客游记

品国学经典，弘中华文化

[明]徐霞客◎著

禹南◎主编

无障碍读本

天地出版社 | TIANDI PRESS

图书在版编目（CIP）数据

徐霞客游记 /（明）徐霞客著 ；禹南主编．—成都：天地出版社，2021.1

（中国学生经典古文阅读无障碍读本）

ISBN 978-7-5455-6032-9

Ⅰ．①徐… Ⅱ．①徐… ②禹… Ⅲ．①游记—中国—明代 ②历史地理—中国 Ⅳ．①K928.9

中国版本图书馆CIP数据核字（2020）第200028号

中国学生经典古文阅读 无障碍读本

XU XIA KE YOU JI

徐霞客游记

出品人 杨 政
原 著 [明]徐霞客
主 编 禹 南
责任编辑 李 蕊 李菁菁
责任印制 董建臣 张晓东
出版发行 天地出版社
（成都市槐树街2号 邮政编码：610014）
（北京市方庄芳群园3区3号 邮政编码：100078）
网 址 http://www.tiandiph.com
电子邮箱 tianditg@163.com

经 销 新华文轩出版传媒股份有限公司
印 刷 水印书香（唐山）印刷有限公司
版 次 2021年1月第1版
印 次 2021年1月第1次印刷
开 本 720mm×975mm 1/16
印 张 16
字 数 288千字
定 价 25.00元
书 号 ISBN 978-7-5455-6032-9

咨询电话：（028）87734639（总编室）
购书热线：（010）67693207（营销中心）

如有印装错误，请与本社联系调换。

序言

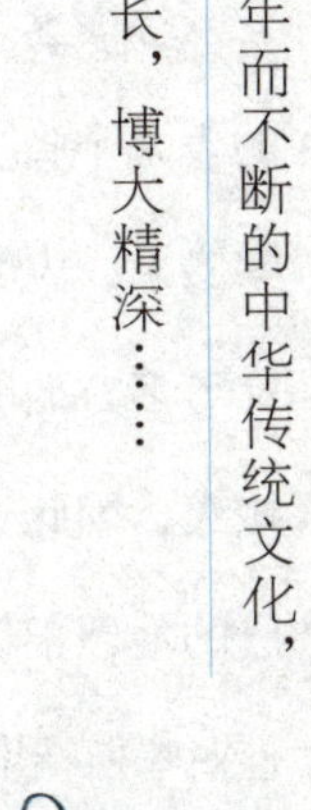

历数千年而不断的中华传统文化，源远流长，博大精深……

中华国学源远流长，千年文明积淀了“诸子百家”的思想精粹，成就了“经史子集”的文化大观，孕育了独具魅力的民族气质。这是我们中华子孙应该继承的最珍贵的文化遗产。共享我们祖先的智慧结晶，研读中华传统的国学精华，品悟经世流传的至上真理，含英咀华，对现代人尤其是青少年学生来说，称得上是一次精神上的洗礼。

本丛书博采古籍，汇众多国学经典于一体。其中，既有音韵优美的诗歌，如《诗经》《唐诗三百首》；又有微言大义的诸子典籍，如《论语》《庄子》；还有浩瀚磅礴的史家绝唱，如《史记》《资治通鉴》；以及精彩绝伦的演义小说，如《封神演义》《东周列国志》；等等。我们用准确的注释疏通晦涩的文字，用精妙的译文展示原著的风貌，用透彻的解读传达先人的智慧，构筑起绚烂的文化盛宴。希望本丛书如春风化雨，帮助读者陶冶情操，锤炼心志，充盈智慧。

他是一代奇士，不避风雨，历时三十余载，万里遐征，遍游中国名山大川；他矢志不渝，上攀星岳，下蹑遐荒，用自己的一生写就了洋洋六十余万字的千古奇书。他就是我国著名地理学家徐霞客。

徐霞客（1587—1641），明代旅行家，其足迹遍及今天的十九个省、市、自治区。《徐霞客游记》就是他的旅行考察实录，内容涉及地质地貌、气象水文、动植物以及历史人文等多方面的知识，全书据实写景、记事，文笔细密，气骨峻爽，因此这部书在我国古代文化宝库中自成高格，兼具深厚的地理学价值、科学价值、史学价值和文学价值。尤其是他对喀斯特地貌的探索和记述，堪称当时世界领先水平。

为了帮助读者更好地汲取名著精髓，我们精选了《徐霞客游记》中的24篇代表作，并佐以精准的注释、通畅的译文，力求呈现经典风貌。我们衷心希望每位读者都能从中领略到大自然的灵奇，从而更加亲近、热爱大自然。

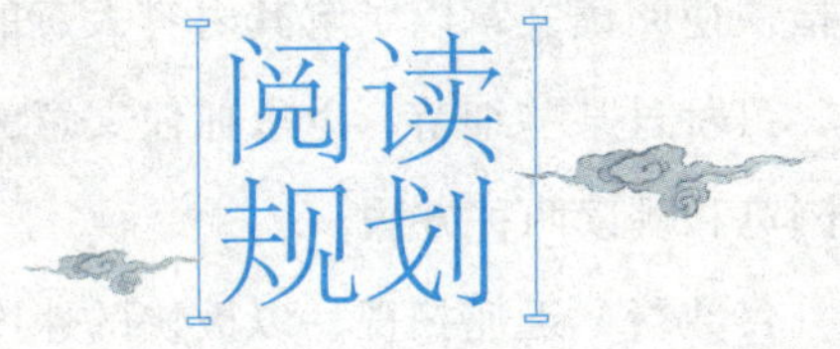

阅读规划

◎阅读方法

通读

通读，就是从头到尾以较快的速度把整本书读一遍。通读重在了解一本书的全貌，以求获得一个完整的印象，取得“鸟瞰全书”的效果。通读时，不要在单个词或句上浪费太多时间，遇到一些看不懂或不理解的地方，可以暂时放一放，待精读时逐步解决。

精读

所谓精读，是指深入、细致地研读，也就是宋代理学家朱熹所说的“熟读而精思”。精读就是要认真读、反复读，逐字逐句，深入钻研。对重要的语句和章节所表达的思想内容，还需要做到透彻理解，细读多思，反复琢磨，务求明白透彻，了然于心，以便汲取精华。只有精心研究，细细咀嚼，文章的“微言精义”才能“愈挖愈出，愈研愈精”。

精读时往往以做读书笔记的方式来辅助阅读。读书笔记一般分为以下四种：

摘录式：精读时，根据自己的阅读兴趣或阅读目的，把重要的语句、段落等有选择性地抄录下来。

批注式：精读时，可以一边读一边在重要的地方做记号（如画线、圈点、折页等），或在书页的空白处简要记下自己的疑问、分析、体会等。

心得式：在阅读中或阅读完成之后，及时写下内容梗概、读后感、阅读报告等。

思维导图式：运用图文并重的技巧，把书中各级主题的关系用相互隶属与相关的层级图表现出来，使主题关键词与图像、颜色等建立起记忆链接。

略读

所谓略读，是指快速阅读文章以了解其内容大意的阅读方法。它要求读者有选择地进行阅读，可跳过某些细节，以求抓住文章的大概，从而加快阅读速度。略读可以采用浏览和跳读两种方法。

浏览：阅读时一目数行，迅速扫视，以极快的速度阅读文章，摘取字里行间的主要信息，只需了解文章大意即可。

跳读：有意识地跳过一些无关紧要的内容，只撷取书中的关键性内容阅读。或者遇到难点、疑问而不得其解时，直接跳过去，向后继续读。

略读可以加快阅读速度，扩大阅读量，适用于阅读同类书籍或参考书等。

◎阅读建议

注：同学们可依据个人的时间、兴趣和需求自主安排阅读进程和阅读方式。以下阅读建议仅供参考。

时间安排

建议用四周时间完成本书的阅读。

第一周　1.通读《游天台山日记》《游雁宕山日记》《游黄山日记》《游武彝山日记》《游庐山日记》《游黄山日记（后）》。

2.了解徐霞客游历的路线，体会游记的写作特点，掌握地理知识。

第二周　通读《游九鲤湖日记》《游嵩山日记》《游太华山日记》《游太和山日记》《游五台山日记》《游秦人三洞日记》。

第三周　通读《湘江遇盗日记》《游七星岩日记》《游漓江日记》《游白水河瀑布日记》《游盘江桥日记》《游太华山记》。

第四周　1.通读《随笔二则》《黄草坝札记》《游此碧湖日记》《游大理日记》《游鸡足山日记（后）》《溯江纪源》。

2.从本书中挑选出你喜欢的内容进行精读。

阅读策略

1.将原文、注释和译文结合起来阅读，掌握重点文言字词的含义，试着归纳作者的游历路线，体会日记体游记的写法，同时了解一些地理知识点。

2.每读完一篇游记，把作者的感悟或考察结论用笔画出来。

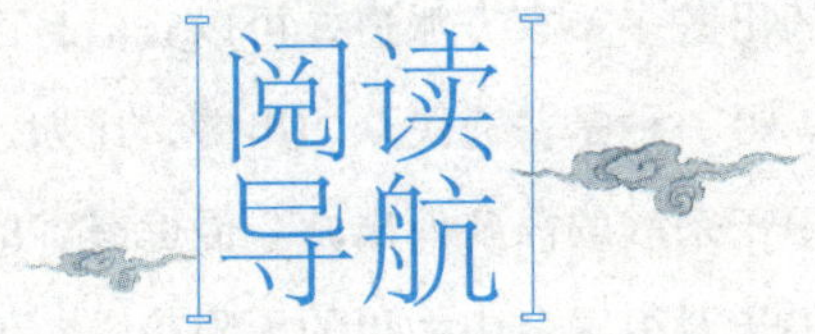

阅读导航

◎作者生平

徐霞客

（名弘祖，字振之，号霞客，1587—1641）
明代地理学家、旅行家和文学家，我国古代杰出的旅行家

徐霞客，出生于明代南直隶江阴（今江苏）一个富庶人家。他的父亲一生不愿为官，也不愿同有权有势的人交往，而是喜欢游览名胜，纵情山水。徐霞客自幼受父亲的熏陶，“不喜冠带交”，喜好山水而不愿入官场，喜欢读历史、地理、探险、游记一类的书籍图册。徐霞客主要活动于明代社会后期，应试失败后，他放弃了科举，寄情山水，崇尚自然，把游历考察作为自己毕生追求与从事的事业，被后世尊称为“旷世之游圣”。

徐霞客的足迹遍布当时的两京十三布政司，主要有如今的北京、天津、上海、江苏、山东、河北、山西、陕西、河南、湖北、安徽、浙江、福建、广东、江西、湖南、广西、贵州、云南等十九个省市区。他的游历生涯大致可分为三个时期：一是从万历三十六年（1608年）正式出游，到万历四十一年（1613年），这段时期，他不仅博览古今史籍及舆地图经，还游历了泰山、太湖等地。二是从万历四十一年（1613年）至崇祯六年（1633年），历时二十年，游览了浙江、福建一带，以及黄山、嵩山、五台山、华山、恒山等地；三是从崇祯九年（1636年）至崇祯十二年（1639 年），历时四年，游览了浙江、江苏、湖广、云贵等地的名山大川。徐霞客最后一次出游是从崇祯九年（1636年）至崇祯十三年（1640 年），主要游历范围是我国西南一带，后因身患重病，终止游历，被人护送回乡。

明代后期，旅游之风盛况空前。从旅游主体看，一种是功名在身并任现职的文官武将，他们的出游多系官方派遣，可以凭借自己的官阶和特权得到所游之地的接待和安排。另一种是普通民众的出游，比如，商人是为了经商贸易而出游，游方和尚是出于宗教的需要而出游。但徐霞客的出游，不带功利，纯粹出于兴趣和志向，出于对祖国名山大川的无限热爱，他把毕生精力用在了旅游和地理考察上，没有享受过官方的资助，他在艰苦的条件下依靠徒步方式踏遍全国各地，克服途中千难万险，给后人留下一部长达60余万字的地理名著《徐霞客游记》。

◎作品梗概

《徐霞客游记》共十卷，主要以日记的形式记录了徐霞客的旅行观察所得，也是我国最早详细记录地理环境的一部游记。除了散失的部分外，《徐霞客游记》目前留存下来的有60余万字。其中，第一卷共17篇，主要记载了徐霞客51岁前的游历踪迹，如天台山、雁荡山、白岳山、黄山、武夷山、庐山、黄山、九鲤湖、嵩山、太华山、太和山、五台山、恒山等，为我们留下了大量的有关山川地貌的基本资料。第二卷至第十卷主要记载了徐霞客在祖国西南一带的游历与考察所得，在这次野外考察途中，他多次遭遇盗贼和绝粮的危机，历尽艰辛，却“不欲变余去志”。《徐霞客游记》具有较大的文化地理学价值，是我国古代游记文学的代表作，被誉为“古今游记第一”“千古奇书”，当时人称“明末社会的百科全书”。

◎文学特色

1.内容丰富，篇幅宏大。

《徐霞客游记》既是一部自然地理与人文地理相结合的科学著作，也是一部名副其实的文学游记，更是徐霞客本人崇尚自然、亲近自然，将游览山水景观的独特审美体验借之以适当的艺术形式表达出来的一部呕心沥血之作。在内容上，《徐霞客游记》对山川源流、水文地貌、矿产植被、山水名胜、奇观异景、风俗民情、社会生活、民族关系等都做了客观详细的记录，他笔下的千山万水仿佛一轴丰富多彩、灵动活泼的山水画卷，以目不暇接的雄景壮观向读者呈现他对山水自然的热爱。

2. 客观、真实的书写态度。

徐霞客以自身三十多年的游历实践，对自然地理进行了客观、真实的书写。他不仅以科学的态度探究山水，还遵循自然的客观规律，对自然界的地质、地貌、火山、地热、气候等自然地理情况进行如实描绘。如勘明大龙湫瀑布的源头和雁湖的具体位置，考证雁湖之水“与大龙湫风马牛无及”，驳斥了《大明一统志》中“宕在山顶，龙湫之水，即自宕来”的记述；又如对西南地区岩溶地貌的实地考察与分析描述，也都符合现代地质学的解释，可以说走在世界岩溶地貌考察的前列。

总而言之，徐霞客追求的“真”体现在将文学形象的塑造与自然山水的客观相结合，并以日记的形式秉笔直书，不事雕琢，不落窠臼，坚定追求实践，自创一格，形成自己独特的审美境界。除此之外，《徐霞客游记》在人文历史、社会风俗、民族关系等方面留下了具体而真实的记述。史学家陈垣说：“今欲考滇、黔静室及僧徒生活，《徐霞客游记》为最佳史料。”历史地理学家于希贤说：“根据《游记》，‘复原’过去时代的地理景观，将过去与今天的地理景观比较，找出历史时期地理景观变化的过程与规律，这才是现今《游记》最重要的科学价值。……现今《徐霞客游记》的重要科学价值，还在于它是开展历史地理研究工作的丰富宝藏。”

3.一部“信史”。

《徐霞客游记》不仅描写了祖国名山大川的奇观异景，还运用大量笔墨描写南方广大地区底层社会状况和人民生活，是明末南方社会最直接、真实、生动的记载，可说是一部“信史”。书中笔触所及，极为广泛，如对城乡各阶层的日常生活的如实记录，对少数民族地区的生产状况、经济文化、年节活动、民俗习惯等的详细记载，对边疆地区的社会状况尤其是落后的政治制度和边患感到深切忧虑，并希望引起高度重视。徐霞客不盲从权威，没有偏见和狭隘的观念，以史学家的眼光剖析世事，他的某些记载，可以纠正或补充正史的不足，具有重要的史学价值和民俗学价值。

4.生态关怀。

徐霞客热爱地理，崇尚自然，对自然山水总是怀着一种亲和的态度，正因为此，他敏锐地观察到人对自然环境的破坏，山水美景的消失。例如，他在游历江西时，经过铅山、余江、南城等地，发现当地百姓“以造粗纸为业”，而造纸的作坊大多建在溪水旁，不仅破坏美景，还容易造成水污染，而水被污染后还会影响人体健康。在观赏江西永新的梅田洞时，他看到当地人烧制石灰，破坏生态环境，表达了对大自然遭到破坏的痛惜之情。在那个时代，徐霞客并没有一味地陶醉于山水美景中，而是较早地发现环境问题，关注生态平衡，这对于当今生态文明建设具有积极意义。

◎创作背景

明朝中后期，生产力水平有了很大的提高，社会上出现了一些新兴生产方式，产生了资本主义萌芽。商业的发展与城市的繁荣，手工业生产规模日益扩大，分工日趋细密，雇佣关系的出现，人口流动的频繁，等等，皆使得传统的农业生产不得不卷入商品化浪潮。那么，与整个农业文明朝着工商文明转变的历史潮流相适应，文学急剧地朝着个性化、世俗化、趣味化转变。而晚明游行之风就是在这种社会背景下逐渐盛行起来的。

明朝中后期游行之风盛行，总结起来，大致有四个方面的原因。一是外出游行、纵情山水是士人群体为了排遣仕途不顺、摆脱政治困境、寻求精神放松的最佳选择；二是社会经济发达，物质生活水平的提高，为人们的外出游行提供了必备的物质保证；三是商业的繁荣、交通的便利为外出游行，特别是长途旅行提供了较大的可能性；四是人们对游行的认识从观念上发生了重要转变。人们不再把游行当作是玩物丧志，而是勇于从过去封闭的圈子里走出来，肯定人欲的合理要求，张扬个性，追求个性的自由和精神的自适。也就是说，明代中后期旅游之风盛行，在客观上激发了游记文章创作的急剧式增长。而徐霞客把毕生精力放在游历和考察事业上，自觉投身于游记专著的创作，他的《徐霞客游记》就是在这样的历史背景下应运而生的。

徐霞客游记

目录

游天台山日记

·浙江台州府·

癸丑[1]之三月晦[2]　自宁海出西门。云散日朗，人意山光，俱有喜态。三十里，至梁隍山[3]。闻此於菟[4]夹道，月伤数十人，遂止宿焉。

【注释】

❶ 癸丑：明万历四十一年（公元 1613 年）。❷ 晦：农历每月最后一天。❸ 梁隍山：即今梁皇山，位于浙江省宁海县西南境。❹ 於菟（wū tú）：老虎的别称。

【译文】

癸丑年三月三十日　由宁海县城西门出城。天空中阴云尽散，艳阳当空，人的心情、山中的景象，都呈现出喜悦之态。步行三十里路，来到梁隍山。听说这个地方有猛虎出没，一个月间就伤害了数十个人，于是，我只好停宿于客栈。

四月初一日　早雨。行十五里，路有歧，马首西向台山，天色渐霁[1]。又十里，抵松门岭，山峻路滑，舍骑步行。自奉化[2]来，虽越岭数重，皆循山麓；至此迂回临陟[3]，俱在山脊。而雨后新霁，泉声山色，往复创变，翠丛中山鹃映发，令人攀历忘苦。又十五里，饭于筋竹庵。山顶随处种麦。从筋竹岭南行，则向国清[4]大路。适有国清僧云峰同饭，言此抵石梁，山险路长，行李不便，不若以轻装往，而重担向国清相待。余然之，令担夫随云峰往国清，余与莲舟[5]上人[6]就石梁道。行五里，过筋竹岭[7]。岭旁多短松，老干屈曲，根叶苍秀，俱吾阊门[8]盆中物也。又三十余里，抵弥陀庵。上下高岭，深山荒寂，恐藏虎，故草木俱焚去。泉轰风动，路绝旅人。庵在万山坳[9]中，路荒且长，适当其半，可饭可宿。

【注释】

❶ 霁：雨后天晴。❷ 奉化：即今浙江省宁波市奉化区，明为县，隶属宁波府。❸ 陟：登高。❹ 国清：即国清寺，位于浙江省台州市天台县城以北 3.5 公里处的天台山麓。❺ 莲舟：江阴迎福寺僧人。❻ 上人：对僧人的尊称。❼ 筋竹岭：应为今金岭，位于宁海和天台两县交界处。❽ 阊（chāng）门：江苏省苏州城的西北门，此处指代苏州。❾ 坳：山间洼下处。

【译文】

四月初一日　早晨一直下雨。往前走十五里，在路旁遇到岔道，勒马朝西面的天台山进发，天色渐晴。又走了十里路，到达松门岭，山高路滑，只能放弃骑马，步行前进。从奉化来的这一路，虽然越过重重山岭，却都是沿着山麓行走；而到了这里，无论迂回、曲折，还是临水、登高，都是在大山脊之上。雨后新晴，秀美的山色伴着叮咚作响的流泉，反复地变换出新的景致，与绿树丛中绽放的红杜鹃花交相辉映，令人忘却了跋山涉水的辛苦。又往前走了十五里，在筋竹庵里休息、吃饭。山顶上随处都种着麦子。从筋竹岭朝南走，就是通向国清寺的大路。恰好有国清寺的僧人云峰一同吃饭，他说从这条路到石梁，山岭险峻，路途漫长，带着行李多有不便，不如轻装前往，让担夫先将重的行李挑去国清寺并在那里等待。我同意了他的建议，于是让担夫挑着行李随云峰一道去国清寺，我则跟莲舟上人一起从石梁道上动身。走了五里路，越过筋竹岭。山岭附近多是又老又矮的松树，树干弯弯曲曲，树根苍劲，松叶秀丽，就像城里人家盆景中栽种的松树桩。又走了三十多里，到达弥陀庵。攀爬于高峻的山岭之中，感受到深山的荒凉与寂静，害怕有猛虎躲在草木中突袭伤人，因此路旁草木都被放火烧掉了。泉水轰鸣，劲风动地，山路上一个人也没有，这一路更显得荒凉而漫长。坐落在万山坳中的弥陀庵，恰巧居于路途的中间，行人可以在这里用饭或住宿。

初二日　饭后，雨始止。遂越潦[1]攀岭，溪石渐幽。

二十里，暮抵天封寺[2]。卧念晨上峰顶，以朗霁为缘，盖连日晚霁，并无晓晴。及五更梦中，闻明星满天，喜不成寐。

【注释】

1 潦（lǎo）：路上的积水。2 天封寺：位于天台县东北境。

【译文】

初二日　吃完饭后，雨才停下。于是跨过路上的积水，开始攀登山岭，沿途的溪流和山岩越来越清澈、幽静。走了二十里路，在傍晚时分到达天封寺。晚上躺在床上睡觉，还惦念着明天一早攀登峰顶的事，如果有缘则会雨止天晴，因为这几天以来都是晚上才雨后转晴，并没有一天是天亮时就晴朗的。到了五更时，从梦中醒来，听仆人说满天都是明亮的星星，欢喜得无法入眠。

初三日　晨起，果日光烨烨[1]，决策向顶。上数里，至华顶庵；又三里，将近顶，为太白堂，俱无可观。闻堂左下有黄经洞，乃从小径。二里，俯见一突石，颇觉秀蔚。至则一发僧[2]结庵于前，恐风自洞来，以石甃[3]塞其门，大为叹惋。复上至太白[4]，循路登绝顶[5]。荒草靡靡，山高风冽，草上结霜高寸许，而四山回映，琪花玉树，玲珑弥望。岭角山花盛开，顶上反不吐色，盖为高寒所勒耳。

【注释】

1 烨烨（yè）：火焰旺盛的样子。2 发僧：留着头发修行的僧人。3 甃（zhòu）：堆砌。4 太白：即太白堂，相传是李白读书的地方。5 绝顶：指华顶峰，即天台山的最高峰，位于天台县东北境，海拔 1098 米。

【译文】

初三日　早晨起床，果然看见阳光如火焰一般炽烈，于是决定向山顶进发。往上爬了几里路，到达华顶庵；又走三里，快要接近顶峰的地方，有一座太白堂，而沿途都没有什么值得观赏的景物。听说太白堂左下方有个黄经洞，于是从小路往那边走。走了二里路，俯身看到一块突出的大石头，感觉十分秀丽华美。走近一看，才知道是一位发僧在黄经洞前面构建的庵，怕风从洞里吹出来，便用石头堵塞了洞门，我不由得大为感叹和惋惜。于是只好重新向上走，抵达太白堂，然后顺着山路攀上天台山绝顶华顶峰。峰顶上，劲风吹得荒草纷纷倒伏，因为山峰高峻所以寒风凛冽，草上的霜都结了一寸多厚，而俯视峰下四周的山峦，美艳的鲜花与碧玉般的树木，远远望去，玲珑明晰。山脚下花开遍野，峰顶上反而不开花，大概是山顶的寒冷所导致的。

仍下华顶庵，过池边小桥，越三岭。溪回山合，木石森丽，一转一奇，殊慊[1]所望。二十里，过上方广[2]，至石梁[3]，礼佛昙花亭[4]，不暇细观飞瀑。下至下方广，仰视石梁飞瀑，忽在天际。闻断桥、珠帘尤胜，僧言饭后行犹及往返，遂由仙筏桥向山后。越一岭，沿涧八九里，水瀑从石门泻下，旋转三曲。上层为断桥，两石斜合，水碎迸石间，汇转入潭；中层两石对峙如门，水为门束，势甚怒；下层潭口颇阔，泻处如阈[5]，水从坳中斜下。三级俱高数丈，各极神奇，但循级而下，宛转处为曲所遮，不能一望尽收。又里许，为珠帘水，水倾下处甚平阔，其势散缓，滔滔汩汩。余赤足跳草莽中，揉木缘崖，莲舟不能从。暝色[6]四下，始返。停足仙筏桥，观石梁卧虹，飞瀑喷雪，几不欲卧。

【注释】

①慊（qiè）：满足。②上方广：天台山上的方广寺，分为上、中、下三寺。上方广即上寺。③石梁：山腰处衔接两山的天然石梁，长约7米，中央隆起。水有东、西两源，合流后从石梁底飞坠而下。梁，即桥。④昙花亭：天台籍南宋宰相贾似道为其父观赏瀑布所建。⑤阈（yù）：门槛。⑥暝（míng）色：夜色。

【译文】

沿着旧路下山到达华顶庵，经过池边小桥，越过三座山岭。溪水萦回，山峦层叠，树木繁茂，岩石焕彩，每转过一个地方就有一处新的奇景，使赏景的愿望得到极大的满足。走了二十里路，经过方广寺的上寺，来到石梁，在昙花亭里敬佛，因此无暇细赏石梁飞瀑的奇景。往下走到了方广寺的下寺，抬头观望石梁飞瀑，忽然觉得它仿佛是从天际倾泻下来的一样。听说断桥、珠帘水的景观更美，僧人说吃完饭就赶过去的话还来得及往返，于是从仙筏桥去往山后。越过一座山岭，沿着溪涧走了八九里路，就看见流水形成的瀑布从石门处飞泻而下，回旋流转，形成了三道溪湾。最上层是断桥，有两块岩石倾斜相接，溪水在两石之间迸流，浪花四溅，汇合后流转入潭；中层有两块岩石相对峙，有如窄门，溪水受到窄门的约束，流势极为汹涌；最下面的一层，潭水的出口很宽，而溪水倾泻的地方就好像受到了门槛的阻隔，水流只能从低洼处斜涌而下。每级瀑布都高达好几丈，各层景观都极为神奇，但是溪水沿着台级往下流，到了曲折弯转的地方就被溪湾遮掩住了，不能一览无余。又走了一里多路，到了珠帘水，溪水倾泻而下的地方既平坦又宽阔，水的流势也就因而变得散漫、缓和，汩汩流水弥漫在潭内。我光着脚跳进丛生的杂草间，攀缘树木，沿着山崖往前走，致使莲舟上人无法跟随。夜色降临的时候，才往回走。在仙筏桥上停住脚步，观赏那彩虹般的天然石桥，水花飞溅犹如喷雪一样的瀑布奇景，几乎让人不想回去睡觉。

初四日　天山一碧如黛。不暇晨餐，即循仙筏上昙花亭，石梁即在亭外。梁阔尺余，长三丈，架两山坳间。两飞瀑从亭左来，至桥乃合流下坠，雷轰河陨[1]，百丈不止。余从梁上行，下瞰深潭，毛骨俱悚。梁尽，即为大石所隔，不能达前山，乃还。过昙花，入上方广寺。循寺前溪，复至隔山大石上，坐观石梁。为下寺僧促饭，乃去。饭后，十五里，抵万年寺，登藏经阁。阁两重，有南北经两藏。寺前后多古杉，悉三人围，鹤巢于上，传声嘹呖[2]，亦山中一清响也。是日，余欲向桐柏宫，觅琼台、双阙，路多迷津，遂谋向国清。国清去万年四十里，中过龙王堂[3]。每下一岭，余谓已在平地，及下数重，势犹未止，始悟华顶之高，去天非远！日暮，入国清，与云峰相见，如遇故知，与商探奇次第。云峰言："名胜无如两岩，虽远，可以骑行。先两岩而后步至桃源，抵桐柏[4]，则翠壁、赤城，可一览收矣。"

【注释】

❶隤：坍塌、崩坠。❷嘹呖（liáo lì）：声音响亮而清远。❸龙王堂：即今龙皇堂，位于天台县北境。❹桐柏：即天台山桐柏宫，道教全真派南宗祖庭，三国时期孙权所建，盛于唐宋。

【译文】

初四日　碧空如洗，远山如黛。顾不上吃早饭，就沿仙筏桥登上了昙花亭，石桥就在昙花亭外。石桥有一尺多宽，三丈多长，架在两山坳之间。两条飞瀑从昙花亭左面流来，到了桥边便汇合成一股急流飞坠而下，形成瀑布，响声有如雷鸣，有如河堤崩塌，瀑布高达百丈以上。我在石桥上行走，俯视下面的深潭，不由得毛骨悚然。石桥尽头，有大石块阻隔着，不能通往前山，于是原路返回去。途经昙花亭，进入方广寺的上寺。沿着寺前的溪流前行，再爬到阻隔前山的大石块上，坐下来观赏石桥。因为方广寺下寺的僧人催促我去用饭，才起身离开。吃完饭后，走了十五里路，到达万年寺，登上藏经阁。藏经阁分为两层，存有南北佛经两藏。万年寺前后有许多古老的杉树，都是三个人才能环围的粗干，树上有鹤筑的巢，从那里传来的鹤鸣声响亮而清远，也是山中的一种清雅之响。这天，我本想去桐柏宫，寻觅探访琼台、双阙胜景，因途中有许多使人迷惑的错路，于是改变计划前往国清寺。国清寺距离万年寺有四十里，途经龙王堂。每走下一座山岭，我都以为已经走到了平地上，直到接连走下好几重山岭，下坡之势仍然没有停止，这才开始领悟到华顶峰之高，仿佛离天不远了！傍晚时分，进入国清寺，和云峰相见，就好像同久别的知心老友重聚，随之同他商量游历探奇的先后顺序。云峰说："没有比寒岩、明岩两处更好的风景名胜了，路途虽然远一些，但是可以骑马去。先游览寒岩、明岩两处，然后步行至桃源洞，再到桐柏宫，那么翠壁、赤城栖霞这两处胜景，也可以尽收眼底了。"

初五日　有雨色，不顾，取寒、明两岩道，由寺向西门觅骑。骑至，雨亦至。五十里至步头，雨止，骑去。二里，入山，峰萦水映，木秀石奇，意甚乐之。一溪[1]从东阳[2]来，势甚急，大若曹娥[3]。四顾无筏，负奴背而涉。深过于膝，移渡一涧，几一时。三里，至明岩。明岩为寒山、拾得[4]隐身地，两山回曲，《志》[5]所谓八寸关也。入关，则四周峭壁如城。最后，洞深数丈，广容数百人。洞外，左有两岩，皆在半壁；右有石笋突耸，上齐石壁，相去一线，青松紫蕊，蓊苁[6]于上，恰与左岩相对，可称奇绝。出八寸关，复上一岩，亦左向。来时仰望如一隙，及登其上，明敞容数百人。岩中一井，曰仙人井，浅而不可竭。岩外一特石，高数丈，上岐立如两人，僧指为寒山、拾得云。入寺。饭后云阴溃散，新月在天，人在回崖顶上，对之清光溢壁。

【注释】

①一溪：指始丰溪，天台县内最大的溪流。②东阳：即今浙江省东阳市，明为县，隶属金华府。③曹娥：即曹娥江，源自天台山北麓。④寒山、拾得：唐代的两个僧人。寒山曾隐居在天台山寒岩，往还于国清寺；拾得本是孤儿，被国清寺僧丰干收养，故名“拾得”。二人都善作诗，志同为友，后人常将他们并尊为“和合二仙”，将寒山、拾得、丰干并称为“天台三隐”。⑤《志》：《大明一统志》，下文同。⑥蓊苁（wěng cōng）：形容草木茂盛的样子。

【译文】

初五日　有下雨的迹象，也顾不得了，选择了去寒岩、明岩的路，由国清寺前往西门寻找坐骑。找到马后，雨也下起来了。骑马走了五十里路抵达步头，雨停了，便将马打发走了。步行二里，进入山中，看到山峰倒映在潆绕的溪水中，树木秀丽，岩石奇特，心情非常愉悦。一条溪水从东阳流过来，水势湍急，流量之大堪比曹娥江。环顾四周发现没有竹筏可以载人渡溪，只好让仆人背着涉水穿过。溪水深过了膝盖，渡过这条溪涧，花去将近一个时辰的时间。又走了三里路，来到明岩。明岩是寒山、拾得二位高僧隐居的地方，两座山峰迂回曲折，这就是《大明一统志》中所说的八寸关。进入八寸关，四围的陡峭石壁就像是城墙。最后面，有一个好几丈深的山洞，宽的地方能容纳几百人。山洞之外，左面有两座石岩，都悬在石壁半腰处；右面有突出而高耸的石笋，石笋顶头跟石壁齐高，中间仅仅相差一线之地，青翠的松树和紫色的花蕊在石笋之上生长得极为茂盛，恰好和左面的两座石岩相对峙，可以称得上是奇绝之景了。出了八寸关，又登上一座石岩，方向也是朝左。来的时候，抬头看去时它就像一线缝隙，等到登上石岩顶端，才发现它宽得可以容纳几百人。石岩中间有一口井，叫作仙人井，井水比较浅，但是不会枯竭。石岩外有一块奇异的石头，有好几丈高，上部分叉，如同两个站立的人，当地僧人说那是寒山、拾得的化身。回到寺里。吃过晚饭后，阴云尽数散去，一弯新月挂在夜空，我站在回崖顶上，欣赏着皎洁的月光在岩壁上流转的迷人景色。

初六日　凌晨出寺，六七里至寒岩。石壁直上如劈，仰视空中，洞穴甚多。岩半有一洞，阔八十步，深百余步，平展明朗。循岩右行，从石隘仰登。岩坳有两石对耸，下分上连，为鹊桥，亦可与方广石梁争奇，但少飞瀑直下耳。还饭僧舍，觅筏渡一溪。循溪行山下，一带峭壁巉崖，草木盘垂其上，内多海棠、紫荆，映荫溪色。香风来处，玉兰芳草，处处不绝。已至一山嘴，石壁直竖涧底，涧深流驶，旁无余地。壁上凿孔以行，孔中仅容半趾[1]，逼身而过，神魄为动。自寒岩十五里至步头，从小路向桃源。桃源在护国寺旁，寺已废，土人[2]茫无知者。随云峰莽行曲路中，日已堕，竟无宿处，乃复问至坪头潭[3]。潭去步头仅二十里，今从小路，反迂回三十余里宿，信桃源误人也！

【注释】

[1] 趾：古代指“足”。[2] 土人：当地人。[3] 坪头潭：即今平镇，位于天台县西境，始丰溪北岸。

【译文】

初六日　凌晨从寺里出发，走了六七里路来到寒岩。笔直向上的石壁犹如刀劈一般，仰视上方，洞穴很多。岩壁半腰处有一个洞，宽八十步，深一百多步，洞里平坦、明亮。顺着石岩右侧走，从岩石的窄道往上攀爬。山岩低处有两块石头相对耸立，两石下部分开，上部相连，这就是所谓的鹊桥，可与方广寺上寺的石桥争奇，只是少了瀑布飞泻这一景观罢了。回到僧人的住所吃饭，然后找到竹筏渡过了一条溪流。顺着溪流到了山下，这一带都是峭壁陡崖，上面荒草盘结、树枝垂挂，夹杂着海棠树和紫荆藤，浓荫倒映在溪水中，景色十分优美。香风飘来的地方，玉兰花、芬芳的香草，遍地都有，绵绵不绝。已经走到一个山嘴处，岩壁直插涧底，涧水又深又急，四旁没有可供行走的多余地方。岩壁上有凿好的石孔以供通行，石孔仅能容下半只脚，身体贴着岩壁走过去，令人惊心动魄。从寒岩走出十五里路到步头，再从小路前往桃源洞。桃源洞在护国寺旁边，护国寺的庙宇已经变成废墟，向当地人打听，他们也都茫然无知。跟着云峰在杂草丛生的曲折山路上行走，太阳已经西沉，竟然还没有找到住宿的地方，于是又问路，到了坪头潭。坪头潭与步头之间仅相隔二十里，现在从小路走，反而迂回了三十多里才得以落宿，确实是桃源洞误人啊！

初七日　自坪头潭行曲路中三十余里，渡溪入山。又四五里，山口渐夹，有馆曰桃花坞。循深潭而行，潭水澄碧，飞泉自上来注，为鸣玉涧。涧随山转，人随涧行。两旁山皆石骨，攒[1]峦夹翠，涉目成赏，大抵胜在寒、明两岩间。涧穷路绝，一瀑从山坳泻下，势甚纵横。出饭馆中，循坞[2]东南行，越两岭，寻所谓"琼台""双阙[3]"，竟无知者。去数里，访知在山顶。与云峰循路攀援，始达其巅。下视峭削环转，一如桃源，而翠壁万丈过之。峰头中断，即为双阙；双阙所夹而环者，即为琼台。台三面绝壁，后转即连双阙。余在对阙，日暮不及复登，然胜已一目尽矣。遂下山，从赤城后还国清，凡三十里。

【注释】

[1] 攒：簇拥。[2] 坞：四周高、中间低的山洼。[3] 双阙：古代宫殿、祠庙、陵墓前供人瞭望的楼台，通常左右各一，中间有通道，故称阙或双阙。这里形容峰崖

如一对阙楼，故名双阙。

【译文】

初七日　从坪头潭开始，在曲折的山路中走了三十多里路，渡过溪水进入山中。又往前走了四五里路，山口逐渐变得狭窄，有一处名叫桃花坞的房舍。沿着深潭边往前走，潭水澄澈、碧蓝，飞溅的山泉从上面注入潭中，叫作鸣玉涧。涧水沿着山转，人沿着涧水边走。涧两侧的山都是裸露的岩石，拥簇的山峦夹杂着青翠的树木，目光所及之处都是值得观赏的美景，景致的美大体上都在寒岩、明岩之间。涧水穷尽处，路也消失了，一条瀑布从山坳间倾泻下来，态势非常壮观。吃完饭后，走出桃花坞，顺着山洼往东南方向走，翻越两座山岭，去寻觅人们所说的“琼台”和“双阙”，竟然没人知道这两处胜景。走出了几里路，才寻访得知在山顶上。与云峰沿山路向上攀缘，才来到山巅。向下俯视，那陡峭如削的山岩环转四周，完全像是桃源洞的景观，而翠树杂生的万丈岩壁则超过了桃源洞的险峻。山峰顶部从中间段开，就是双阙；被夹在双阙中央的环形石台，就是琼台。琼台三面都是绝壁，后转而与双阙相接。我站在双阙之上，此时天黑了，来不及去爬琼台。然而，美丽的景致已被我尽收眼底了。于是下山，从赤城的后面回到了国清寺，旅程共计三十里。

初八日　离国清，从山后五里登赤城[1]。赤城山顶圆壁特起，望之如城，而石色微赤。岩穴为僧舍凌杂，尽掩天趣。所谓玉京洞、金钱池、洗肠井，俱无甚奇。

【注释】

[1] 赤城：天台山支阜，位于天台县西北 3. 5 公里处，高 339 米，丹霞地貌，形似城墙，岩石为赤色，上有 12 个石洞，紫云洞和玉京洞尤其著名，山顶有赤城塔。

【译文】

初八日　离开国清寺，从山后五里的地方开始登赤城。赤城山顶上圆形的岩壁突耸而起，非常特别，看起来就像一座城，而岩石微微泛红。岩洞都成了僧人的房舍，显得十分杂乱，天然的景趣都被掩盖住了。所谓的玉京洞、金钱池、洗肠井，都没有什么奇特之处。

游雁宕山日记

•浙江温州府•

自初九日[1]别台山，初十日抵黄岩[2]。日已西，出南门，步行三十里，宿于八岙[3]。

【注释】

[1] 初九日：即明万历四十一年（公元 1613 年）四月初九日。[2] 黄岩：即今浙江省台州市黄岩区。明为县，隶属台州府。[3] 八岙（ào）：地名。岙，是浙江、福建沿海一带的人对山间平地的称谓。

【译文】

从初九日离开天台山，初十日到达黄岩。到的时候太阳已经西沉，从南门出去，步行三十里路，在八岙落宿。

十一日　二十里，登盘山岭。望雁山诸峰，芙蓉[1]插天，片片扑人眉宇。又二十里，饭大荆驿[2]。南涉一溪，见西峰上缀圆石，奴辈[3]指为两头陀[4]，余疑即老僧岩，但不甚肖[5]。五里，过章家楼，始见老僧真面目：袈衣秃顶，宛然兀立[6]，高可百尺。侧又一小童伛偻[7]于后，向为老僧所掩耳。自章楼二里，山半得石梁洞。洞门东向，门口一梁，自顶斜插于地，如飞虹下垂。由梁侧隙中层级而上，高敞空豁。坐顷之，下山。由右麓逾谢公岭[8]，渡一涧，循涧西行，即灵峰[9]道也。一转山腋，两壁峭立亘天[10]，危峰乱叠，如削如攒，如骈[11]笋，如挺芝[12]，如笔之卓[13]，如幞[14]之欹[15]。洞有口如卷幕者，潭有碧如澄靛[16]者。双鸾、五老[17]，接翼联肩。如此里许，抵灵峰寺。循寺侧登灵峰洞。峰中空，特立寺后，侧有隙可入。由隙历磴数十级，直至窝顶，则窅然[18]平台圆敞，中有罗汉诸像。坐玩至暝色，返寺。

【注释】

①芙蓉：即木芙蓉，此处形容山峰如芙蓉般秀丽。②大荆驿：今仍作大荆，位于浙江省乐清市东北部的大荆镇。驿，驿站，古代供官员信使中途暂住、换马而设立的场所。③奴辈：指随作者同行的仆人。④头陀：出自梵语，指赤脚行游化缘的苦行僧。⑤肖（xiào）：像。⑥兀立：高耸直立。⑦伛偻（yǔ lǚ）：弯腰曲背。⑧谢公岭：位于乐清市东北部，是古时通往雁荡山的要道。相传，晋代诗人谢灵运任永嘉太守期间，曾在此地游览过，故名谢公岭。⑨灵峰：约270米高，与右侧的倚天峰相合如掌，并称合掌峰、夫妻峰。⑩亘天：接天、连天，这里形容陡壁有直贯云天之势。⑪骈（pián）：并列。⑫芝：灵芝。⑬卓：直立。⑭幞（fú）：又称幞头，指古代男子的头巾。⑮欹（qī）：倾斜。⑯靛：青蓝色的天然染料。⑰双鸾、五老：均为山峰名。⑱窅（yǎo）然：深远的样子。

【译文】

十一日　走了二十里路，登上盘山岭。遥望雁荡山群峰，好似木芙蓉直插云天，秀丽的景色犹如片片花瓣般扑入眼帘。又往前走了二十里路，在大荆驿停下来用饭。往南渡过了一条溪水，看到西面山峰上缀有一块圆形的石头，仆人们认定那是两头陀岩，我则怀疑是老僧岩，但是又不太像。走了五里路，过了章家楼，才看清老僧岩的真面目：穿着袈裟，顶着秃头，形象逼真地耸立着，约百尺高。老僧岩的一旁，又有岩石像一个孩童般弯腰曲背地跟在后面，只是平时被老僧遮掩住了。自章家楼走出二里路，在山半腰的地方找到了石梁洞。洞门朝东，洞门口有一座石桥，从洞顶斜插在地上，如同下垂的飞虹。由石桥侧面的缝隙中拾级而上，上面很高，而且宽阔又空旷。坐下来休息了好一阵儿后，下山而去。从右侧的山麓越过谢公岭，渡过一条溪涧，沿着溪岸往西走，就是通往灵峰的道路。刚刚转过山腋，就看到两侧岩壁笔直峭立，直贯云天，险峻的山峰凌乱地堆叠着，有的如同刀削般耸立，有的好像群峰拥簇，有的似并列的竹笋，有的似挺拔的灵芝，有的如笔一般直立，有的如头巾一样倾斜。有的山洞洞口像卷起的帷帐，有的水潭碧绿得就像澄澈的蓝靛。双鸾峰宛如羽翼相接的双飞鸾，五老峰好似五位联肩并行的老者。就这样在幽奇的景致中走了一里多路，来到了灵峰寺。沿着灵峰寺侧面的山路登上灵峰洞。灵峰的中部是空的，奇特地耸立在灵峰寺后面，其侧面有可供人进入的缝隙。从缝隙中走过几十级石磴，径直到达窝顶上，远处的圆形平台十分宽敞，上面有十八罗汉等塑像。坐下来玩赏周围景色，直到暮色降临，我们才返回灵峰寺。

十二日　饭后，从灵峰右趾觅碧霄洞。返旧路，抵谢公岭下。南过响岩，五里，至净名寺路口。入觅水帘谷，乃两崖相夹，水从崖顶飘下也。出谷五里，至灵岩寺。绝壁四合，摩天劈地，曲折而入，如另辟一寰界。寺居其中，南向，背为屏霞嶂。嶂[1]顶齐而色紫，高数百丈，阔亦称之。嶂之最南，左为展旗峰，右为天柱峰。嶂之右胁介于天柱者，先为龙鼻水。龙鼻之穴从石罅[2]直上，似灵峰洞而小。穴内石色俱黄紫，独罅口石纹一缕，青绀[3]润泽，颇有鳞爪之状。自顶贯入洞底，垂下一端如鼻，鼻端孔可容指，水自内滴下注石盆。此嶂右第一奇也。西南为独秀峰，小于天柱，而高锐不相下。独秀之下为卓笔峰，高半独秀，锐亦如之两峰。南坳轰然下泻者，小龙湫也。隔龙湫与独秀相对者，玉女峰也。顶有春花，宛然插髻。自此过双鸾，即极于天柱。双鸾止两峰并起，峰际有“僧拜石”，袈裟伛偻，肖矣。由嶂之左胁，介于展旗者，先为安禅谷，谷即屏霞之下岩。东南为石屏风，形如屏霞，高阔各得其半，正插屏霞尽处。屏风顶有“蟾蜍石”，与嶂侧“玉龟”相向。屏风南去，展旗侧褶[4]中，有径直上，磴级尽处，石阈限之。俯阈而窥，下临无地，上嵌崆峒。外有二圆穴，侧有一长穴，光自穴中射入，别有一境，是为天聪洞，则嶂左第一奇也。锐峰叠嶂，左右环向，奇巧百出，真天下奇观！而小龙湫下流，经天柱、展旗，桥跨其上，山门临之。桥外含珠岩在天柱之麓，顶珠峰在展旗之上。此又灵岩[5]之外观也。

【注释】

1 嶂：高大险峻有如屏障的山，此处指屏霞嶂。2 罅（xià）：缝隙。3 绀（gàn）：红青色。4 褶：原指衣服或皮肤上的褶皱，此处指在地壳运动的作用下，岩层受到挤压而形成的一种波浪状的构造。5 灵岩：岩壁高峻，直插云霄，状如屏风，又称屏霞嶂。灵岩前面是灵岩寺，周围群峰环抱。

【译文】

十二日　吃完饭后，从灵峰右侧山脚开始去找碧霄洞。原路返回，到达谢公岭下面。往南经过响岩，走了五里路，到达净名寺路口。进去找水帘谷，此谷被两座山崖所夹，流水从崖顶向下飘落。从水帘谷走出五里路，来到灵岩寺。这里四面都是峭壁，有攀天劈地之势，从曲折的小路进入，眼前宛如另开创出来的一个广阔世界。灵岩寺就坐落在中间，正面朝南，背后是屏霞嶂。屏霞嶂顶部平整，岩石是紫色的，有几百丈高，宽度也跟高度相当。屏霞嶂的最南面，左侧是展旗峰，右侧是天柱峰。介于屏霞嶂右侧与天柱峰之间的地方，最先映入眼帘的是龙鼻水。龙鼻水的出水洞穴从石缝中一直向上，与灵峰洞相似而要小一些。洞穴里的岩石都是黄紫色，唯独缝隙口那一缕石纹呈青红色，并且十分湿润，形状很像龙鳞龙爪。从洞顶连贯到洞底，落下来的一端形同人的鼻子，鼻尖处的石孔可以容纳手指，水就是从石孔里滴下来注入石盆中的。这可以说是屏霞嶂右侧的第一奇景了。屏霞嶂的西南侧是独秀峰，比天柱峰小，但是它的高度和岩石的锋锐跟天柱峰是不相上下的。独秀峰下面是卓笔峰，虽然它只有独秀峰的一半那么高，其岩石的锋锐程度却丝毫不逊于两峰。南边山坳之间轰然向下倾泻的，是小龙湫瀑布。隔着小龙湫瀑布与独秀峰相对而立的，是玉女峰。玉女峰峰顶开满了灿烂的春花，仿佛是玉女发髻上的装饰。从此处经过双鸾峰，就穷尽于天柱峰了。双鸾峰只有两座并列耸立的山峰，峰际有“僧拜石”，身穿袈裟、弯腰曲背的样子，像个老僧人。介于屏霞嶂左侧与展旗峰之间的地方，先是安禅谷，安禅谷就是屏霞嶂下面的岩石。东南侧是石屏风，形状就像屏霞嶂，高度和宽处分别为屏霞嶂的一半，正好矗立于屏霞嶂的尽头处。石屏风的峰顶有“蟾蜍石”，和屏霞嶂侧面的“玉龟石”相对而立。从石屏风往南面走，在展旗峰侧面的山体褶皱中，有一条小路直通展旗峰峰顶，在石磴级的尽头处，有石门槛阻隔着。俯身于石门槛上向下窥看，下面似乎触不到地，头顶嵌着高高的天空。展旗峰的外面有两个圆孔，侧面有一个长孔，亮光透过孔穴中射进来，衬出了另外一种境界，这就是天聪洞，它可以称得上是屏霞嶂左侧的第一奇景了。层层叠叠的尖峰与高山，左右环拥相对，奇异灵动的景致数不胜数，实在是天下奇观啊！而小龙湫瀑布的水往下流去，经过天柱峰、展旗峰，水流之上横跨着一座石桥，石桥对面就是灵岩寺的山门。石桥外面有含珠岩在天柱峰山麓，有顶珠峰在展旗峰之上。这又是灵岩周围的景观了。

十三日　出山门，循麓而右，一路崖壁参差，流霞映彩。高而展者，为板嶂岩。岩下危立而尖夹者，为小剪刀峰。更前，重岩之上，一峰亭亭插天，为观音岩。岩侧则马鞍岭[1]横亘于前。鸟道[2]盘折，逾坳右转，溪流汤汤[3]，涧底石平如砥。沿涧深入，约去灵岩十余里，过常云峰，则大剪刀峰介立涧旁。剪刀之北，重岩陡起，是名连云峰。从此环绕回合，岩穷矣。龙湫[4]之瀑，轰然下捣潭中，岩势开张峭削，水无所着，腾空飘荡，顿令心目眩怖。潭上有堂[5]，相传为诺讵那[6]观泉之所。堂后层级直上，有亭翼然。面瀑踞坐久之，下饭庵中。雨廉纤[7]不止，然余已神飞雁湖山顶。遂冒雨至常云峰，由峰半道松洞外，攀绝磴三里，趋白云庵。人空庵圮[8]，一道人[9]在草莽中，见客至，望望去。再入一里，有云静庵，乃投宿焉。道人清隐，卧床数十年，尚能与客谈笑。余见四山云雨凄凄，不能不为明晨忧也。

【注释】

❶ 马鞍岭：是雁荡山东、西内谷的分界。❷ 鸟道：《华阳国志》中载："鸟道四百里，以其险绝，兽犹无蹊，特上有飞鸟之道耳。"用来形容道路险绝。❸ 汤汤（shāng）：水流湍急的样子。❹ 龙湫（qiū）：这里指大龙湫，位于马

鞍岭以西 4 公里处，水从约 190 米高的连云峰上坠落，形成大瀑布。湫，水潭。瀑布下面是深潭。⑤ 堂：四方而高、有特殊用途的建筑。⑥ 诺讵那：罗汉名，雁荡山开山祖师，又称诺矩罗。相传，诺讵那住在雁荡山芙蓉峰龙湫，观瀑坐化。唐代僧人贯休在《诺矩罗赞》中写到的“雁荡经行云漠漠，龙湫宴坐雨蒙蒙”句，就是指此景。⑦ 廉纤：形容细雨。⑧ 圮（pǐ）：塌坏、毁弃。⑨ 道人：即修道之人，这里指和尚。

【译文】

十三日　走出灵岩寺山门，顺着山麓往右走，一路上山崖、岩壁参差错落，浮动的云霞与山中的景色交相辉映。高大峻峭而顶部平整的，是板嶂岩。板嶂岩下面耸立着的又尖又窄的，是小剪刀峰。再往前，重叠的山岩上，有一座山峰亭亭玉立，直插云霄，那是观音岩。观音岩的侧面则是马鞍岭绵延在前方。山路险峻、盘环、曲折，越过山坳往右转，有一条水势湍急的溪流，山涧底部的石头像细磨刀石那样平坦。沿着山涧往深处走，大约离开灵岩寺十多里路，过了常云峰，就看见大剪刀峰挺立在涧旁。大剪刀峰的北边，只见一座重岩陡然耸起，它叫连云峰。自这里开始山环水绕，峰回壁合，是岩崖的尽头了。大龙湫瀑布轰然下泻，坠落潭中，山岩态势开阔延展，陡峭如削，而瀑布水流没有河床的承接，便腾空飘落，顿时令人目眩神迷、恐惧不已。水潭上方建有四方而高的庙堂，相传诺讵那罗汉就是在这里观赏流泉的。从庙堂后拾级而上，看到有座亭榭，其檐角宛如鸟儿展翅一样。坐在瀑布对面观赏良久，才走下去回庵中吃饭。蒙蒙的细雨下个不停，然而我的心神早已飞向了雁湖山顶。于是冒着小雨来到常云峰，从常云峰半腰处的道松洞外面，攀登险陡异常的三里多石磴，奔赴白云庵。这里人已空、庵已毁，一个和尚在丛生的杂草间，看到有客人来，看了看就走开了。再往里面走一里路，有一处云静庵，于是就在这里落宿了。清隐和尚卧病在床几十年了，还能与客人谈笑风生。我看见四周峰峦被乌云笼罩，阴雨绵绵，凄冷寒凉，不得不为明天早上的旅程而忧虑。

十四日　天忽晴朗，乃强清隐徒为导。清隐谓湖中草满，已成芜田，徒复有他行，但可送至峰顶。余意至顶，湖可坐得。于是人捉一杖，跻[1]攀深草中，一步一喘，数里，始历高巅。四望白云，迷漫一色，平铺峰下。诸峰朵朵，仅露一顶，日光映之，如冰壶瑶界，不辨海陆。然海中玉环[2]一抹，若可俯而拾也。北瞰山坳壁立，内石笋森森，参差不一，三面翠崖环绕，更胜灵岩。但谷幽境绝，惟闻水声潺潺，莫辨何地。望四面峰峦累累，下伏如丘垤[3]，惟东峰昂然独上，最东之常云，犹堪比肩。

【注释】

❶跻（jī）：登。❷玉环：明代称玉环山，即今浙江省台州市玉环县，县以岛得名。❸丘垤（dié）：即小土堆。

【译文】

十四日　天忽然晴朗了起来，于是强烈请求清隐的徒弟做我的向导。清隐说雁湖中长满了野草，已经变成荒芜之田了，他的徒弟还有别的地方要去，但是可以让他送我到峰顶。我想只要到了峰顶，就可以观览雁湖了。于是每人拿着一根拐杖，在丛密的杂草之中攀爬，一步一喘地走了几里路，才到达高峰之巅。放眼四望，白云弥漫，一片白色平平地铺展在山峰下面。一座座山峰如同云海中的一朵朵鲜花，仅仅露出了一点儿峰顶，在阳光的辉映之下，这景致犹如盛冰的玉壶、清净的瑶台仙界一般，让人分辨不出哪里是云海，哪里是陆地。然而，云海中的玉环山宛如一抹轻飘飘的丝带，仿佛俯下身去就能拾起来似的。遥望北方，山坳中岩壁峭立，里面石笋茂密，参差不齐。三面环绕布满绿树的山崖，景致甚至比灵岩寺还要秀美。但山谷幽深、境地陡险，只能听见潺潺的流水声，无法辨别出声音的来源。环望四周，峰峦重重，有如小土堆一般低伏，唯独东边的山峰高傲地直插长空，最东面的常云峰，还能与之相媲美。

导者告退，指湖在西腋一峰，尚须越三尖。余从之，及越一尖，路已绝；再越一尖，而所登顶已在天半。自念《志》云：“宕在山顶，龙湫之水，即自宕来。”今山势渐下，而上湫之涧，却自东高峰发脉，去此已隔二谷。遂返辙而东，望东峰之高者趋之。莲舟疲不能从。由旧路下，余与二奴东越二岭，人迹绝矣。已而山愈高，脊愈狭，两边夹立，如行刀背。又石片棱棱怒起，每过一脊，即一峭峰，皆从刀剑隙中攀援而上。如是者三，但见境不容足，安能容湖？既而高峰尽处，一石如劈，向惧石锋撩人，至是且无锋置足矣！踌躇崖上，不敢复向故道。俯瞰南面石壁下有一级，遂脱奴足布[1]四条，悬崖垂空，先下一奴，余次从之，意可得攀援之路。及下，仅容足，无余地。望岩下斗[2]深百丈，欲谋复上，而上岩亦嵌空三丈余，不能飞陟。持布上试，布为突石所勒，忽中断。复续悬之，竭力腾挽，得复登上岩。出险，还云静庵，日已渐西。主仆衣履俱敝[3]，寻湖之兴衰矣。遂别而下，复至龙湫，则积雨之后，怒涛倾注，变幻极势，轰雷喷雪，大倍于昨。坐至暝始出，南行四里，宿能仁寺[4]。

【注释】

①足布：指裹脚布。②斗：通“陡”。下文同。③敝：破。④能仁寺：始建于宋咸平二年（公元999年），古时有“雁山第一刹”之称，今为“雁荡十八古”中规模最大的寺庙。

【译文】

向导离开的时候，指着说雁湖在西边中部的一座山峰上，还需要翻越三座高山。我按照向导的指点走，等到越过了一座险山，道路就已经绝断了；再越过一座险山后，抬眼看向将要登临的山顶，已经在天的中间了。我想到《大明一统志》中说：“雁荡在山顶，龙湫瀑布的水，就是从雁荡而来的。”现在山的走势渐渐下降，而上龙湫的山涧，却是发源于东边的高峰，距离这里已经相隔了两道山谷。于是折返回去往东走，望着东边群峰中的高山向前走。莲舟备感疲乏，无法跟上我。从原路往下走，我和两个奴仆越过了东边的两座山岭，至此完全没有了人迹。接下来，前方的山越来越高峻，山脊越来越狭窄，两边的岩壁相夹而立，使人感到仿佛行走在刀背上。而且石片的棱角十分突出，每翻过一道山脊，就会遇到一座陡峰，都是从刀剑般锋利的石缝中向上攀爬的。就这样攀爬了多次，只是所经过的境地连脚都难以容纳，又怎么能容纳得了一个湖泊呢？接着就到了高峰的尽头，眼前耸立着一座如刀劈般陡峭的石壁，我向来害怕锋利逼人的石片，何况这里已经没有锋利的石片可以立足了！在山崖上一再犹豫，不敢再从原路返回去了。往下望去，看到南边的岩壁上有一个石级，于是让奴仆们脱下四条裹脚布，接成绳索，从悬崖上悬垂下去，先让一个奴仆攀附着绳索滑下去，我第二个跟着他往下滑，心里想着总算找到可以攀缘的路了。等下滑到石级处，发现这里仅仅能容下脚罢了，没有任何多余的地方。遥望岩壁之下，陡峭万分，有百丈深，想设法再攀缘上去，可上面的岩石嵌在三丈多高的空中，不能飞越登攀上去。用手拉着绳索试着向上攀爬，绳索被突出的锋利石头紧紧勒住，忽然从中间断了。又重新接好绳索并使之悬空，竭尽全力挽着绳索腾空跳起，才得以再次攀到了上面的岩石上。脱离险境后，回到了云静庵，此时太阳已渐渐西沉。主人及奴仆们的衣服鞋子全都被弄破了，寻觅雁湖的兴致也消减下去。于是辞别清隐师徒下了山，又来到龙湫瀑布，而这里的溪水积攒了大量雨水后，怒涛奔涌，飞坠而下，态势的变幻极大，瀑布声音震耳如雷鸣，水花飞溅如喷雪，水势比昨天增大了一倍。一直坐到暮色降临才离开，往南走四里路，投宿于能仁寺。

十五日　寺后觅方竹数握，细如枝；林中新条，大可径寸，柔不中杖[1]，老柯斩伐殆尽矣！遂从岐度四十九盘，一路遵[2]海而南，逾窑岙岭，往乐清[3]。

【注释】

❶柔不中（zhòng）杖：太柔软不适合作拐杖。中，适合，符合要求。❷遵：沿着。❸乐清：即今浙江省乐清市，明为县，隶属温州府。

【译文】

十五日　在能仁寺后面找到了好几把方竹，竹细如树枝；竹林中新长出来的竹条，径围最大可达一寸，但太柔软了，不适合作手杖，而老竹条已经被砍伐殆尽了！于是从岔路越过四十九盘岭，一路沿着东海边往南走，翻过窑岙岭，朝乐清县的方向而去。

游黄山日记

·徽州府·

初二日　自白岳[1]下山，十里，循麓而西，抵南溪桥。渡大溪，循别溪，依山北行。十里，两山峭逼如门，溪为之束。越而下，平畴[2]颇广。二十里，为猪坑。由小路登虎岭，路甚峻。十里，至岭。五里，越其麓。北望黄山诸峰，片片可掇[3]。又三里，为古楼坳。溪甚阔，水涨无梁，木片弥布[4]一溪，涉之甚难。二里，宿高桥。

【注释】

① 白岳：即今齐云山，位于安徽省黄山市休宁县，是中国四大道教名山之一。② 平畴：平原田地。③ 掇（duō）：拾取。④ 弥布：遍布。

【译文】

初二日　自白岳山下山，走了十里路，顺着山麓朝西行进，到达南溪桥。渡过大溪，沿着别溪水，顺着山麓往北走。走了十里路，就看到两座山峰陡峭而逼近如同两扇门，溪水被它约束着。越过这两座山往下走，是广阔的平原田地。二十里路后，就是猪坑。顺着小路攀登虎岭，道路十分险峻。走了十里路，到达虎岭。又走了五里路，越过了虎岭山麓。向北看去，黄山的一座座山峰，小得就像可以拾起来的片片山石。再走三里路，就是古楼坳。这里的溪水很宽阔，溪水暴涨而没有桥梁，木片遍布一整条溪水，光脚涉过溪水十分艰难。二里路后，在高桥落宿。

初三日　随樵者行，久之，越岭二重。下而复上，又越一重。两岭俱峻，曰双岭。共十五里，过江村[1]。二十里，抵汤口[2]，香溪、温泉诸水所由出者。折而入山，沿溪渐上，雪且没趾。五里，抵祥符寺[3]。汤泉[4]在隔溪，遂俱解衣赴汤池。池前临溪，后倚壁，三面石甃，上环石如桥。汤深三尺，时凝寒未解，而汤气郁然[5]，水泡池底汩汩起，气本香冽[6]。黄贞父谓其不及盘山[7]，以汤口、焦村[8]孔道[9]，浴者太杂遝[10]也。浴毕，返寺。僧挥印引登莲花庵，蹑[11]雪循涧以上。涧水三转，下注而深泓者，曰白龙潭；再上而停涵石间者，曰丹井。井旁有石突起，曰药臼[12]，曰药铫[13]。宛转随溪，群峰环耸，木石掩映。如此一里，得一庵，僧印我他出，不能登其堂。堂中香炉及钟鼓架，俱天然古木根所为。遂返寺宿。

【注释】

❶ 江村：今作岗村，位于黄山以南，沅溪之右。❷ 汤口：即今汤口镇，位于黄山南麓，此为进入黄山的门户。❸ 祥符寺：后文又称汤寺。宋大中祥符六年（公元 1013 年）所建，遗址位于今黄山管理处礼堂附近。❹ 汤泉：即黄山温泉，也叫硃砂泉。汤，指热水。❺ 郁然：水汽旺盛的样子。❻ 冽：清。❼ 盘山：始记于汉，兴于唐，盛于清。位于今天津蓟县西北 12 公里处。有上、中、下三盘，上盘以松胜，中盘以石胜，下盘以水胜。主峰挂月峰海拔 864 米。❽ 焦村：位于黄山西侧。从汤口越过黄山到焦村，是旧时徽州通往池州的交通要道。❾ 孔道：交通要道。❿ 杂遝（tà）：多而杂乱。⓫ 蹑：登，踏。⓬ 臼（jiù）：一种舂米器具，中间下凹。⓭ 铫（diào）：一种小型的烧具，旁边有柄，和现在比较高的壶形似。

【译文】

初三日　跟随樵夫一起前行，走了很长时间，翻越了两座山岭。下了山再爬上另一座山，又翻越了一座山岭。两座山岭都很陡峻，名叫双岭。总共走了十五里路，途中经过江村。走了二十里路，到达汤口，这里是香溪、温泉等各条溪水的源头。折转方向进入山里，沿着溪水慢慢上山，雪没过了脚。走了五里路，到达祥符寺。温泉就在隔溪对岸处，于是大家都脱了衣服到温泉池里沐浴。温泉池前面临着溪水，后面倚靠岩壁，三面都用石头镶砌着，上面环架着的石条就像桥一样。温泉水有三尺深，当时冬天的寒气还没有解除，而温泉水汽十分旺盛，水泡从温泉池底部汩汩地冒上来，气味原本就很是清香。黄贞父说黄山的温泉没有盘山的好，是由于汤口、焦村是交通要道，来沐浴的人又多又杂。沐浴完后，返回了祥符寺。挥印和尚领着我们登山去莲花庵，踏着积雪、沿着山涧往上走。涧水转了三次弯后，往下流入一潭深水之中，这潭深水叫白龙潭；再往上的一处，山涧水停歇于石头间的涵洞，那个涵洞叫丹井。丹井旁边有一块突起的石头，叫药臼，也叫药铫。随着弯弯曲曲的溪水前行，四周环绕着耸立的山峰，树木和山石互相掩映。在这样的景致里走了一里路，找到一座庵，印我和尚因有别的事情外出了，我们不能进入庵堂。只见庵堂中的香炉和钟、鼓架，都采用天然古树根雕凿而成。于是返回祥符寺歇宿。

初四日　兀坐[1]听雪溜竟日[2]。

【注释】

❶ 兀坐：枯坐。❷ 竟日：整天。

【译文】

初四日　枯坐一整天，听雪滑动的声音。

初五日　云气甚恶，余强卧至午起。挥印言慈光寺颇近，令其徒引。过汤池，仰见一崖，中悬鸟道，两旁泉泻如练。余即从此攀跻上，泉光云气，撩绕衣裾。已转而右，则茅庵上下，磬韵香烟，穿石而出，即慈光寺[1]也。寺旧名硃砂庵。比丘[2]为余言：“山顶诸静室[3]，径为雪封者两月。今早遣人送粮，山半雪没腰而返。”余兴大阻，由大路二里下山，遂引被卧。

【注释】

❶ 慈光寺：旧称硃砂庵，位于今黄山朱砂峰下。明万历年间（公元1573—1620年）

敕封护国慈光寺，盛极一时。②比丘：梵文音译，乞士之意，指已受具足戒的男子，俗称和尚。③静室：指佛教徒居住、修持的屋舍。

【译文】

初五日　阴云密布，寒气险恶，我强迫自己睡到中午才起来。挥印和尚说慈光寺离这里很近，叫他的徒弟领着我去游览。过了温泉池，抬头看到一座山崖，山崖中间悬着艰险的小路，小路两旁飞泻而下的泉水如同雪白的绢匹一般。我就从这里往上攀爬，泉水的闪光和云雾之气，在衣服周围缭绕不息。后来转而往右走，就见草庵上下，磬钹的声音和袅袅香烟，透过石头散发出来，这就是慈光寺了。慈光寺以前叫硃砂庵。和尚对我说："山顶上的那些静室，其道路已经被积雪封闭了两个月。今天早上派人去送粮食，因为山半腰的积雪深过人腰，无法通过只好返回。"我的兴致受到了极大的阻碍，就从大道走二里路下了山，回到住处后，便拉过被子睡觉。

初六日　天色甚朗。觅导者各携筇[1]上山，过慈光寺。从左上，石峰环夹，其中石级为积雪所平，一望如玉。疏木茸茸中，仰见群峰[2]盘结，天都独巍然上挺。数里，级愈峻，雪愈深，其阴处冻雪成冰，坚滑不容着趾。余独前，持杖凿冰，得一孔置前趾，再凿一孔，以移后趾。从行者俱循此法得度。上至平冈，则莲花、云门诸峰，争奇竞秀，若为天都拥卫者。由此而入，绝𪩘[3]危崖，尽皆怪松悬结。高者不盈丈，低仅数寸，平顶短鬣[4]，盘根虬[5]干，愈短愈老，愈小愈奇，不意奇山中又有此奇品也！松石交映间，冉冉[6]僧一群从天而下，俱合掌言："阻雪山中已三月，今以觅粮勉到此。公等何由得上也？"且言："我等前海[7]诸庵，俱已下山，后海山路尚未通，惟莲花洞可行耳。"已而从天都峰侧攀而上，透峰罅而下，东转即莲花洞路也。余急于光明顶[8]、石笋矼[9]之胜，遂循莲花峰而北。上下数次，至天门。两壁夹立，中阔摩肩，高数十丈，仰面而度，阴森悚骨。其内积雪更深，凿冰上跻，过此得平顶，即所谓前海也。由此更上一峰，至平天矼。矼之兀突独耸者，为光明顶。由矼而下，即所谓后海也。盖平天矼阳为前海，阴为后海，乃极高处，四面皆峻坞，此独若平地。前海之前，天都、莲花二峰最峻，其阳属徽之歙⑩，其阴属宁⑪之太平⑫。

【注释】

❶筇（qióng）：竹名，可以为杖。这里指手杖。❷群峰：黄山有36大峰，36小峰。❸巘（yǎn）：大小成两截的山。❹鬣（liè）：松针。❺虬（qiú）：传说中的一种龙，可比喻树木枝干盘旋曲折的怪状。❻冉冉：慢慢地。❼前海：黄山多云海，因此又称黄海，平天矼是前海和后海的分界。❽光明顶：位于黄山中部，海拔1840米，是黄山第二高峰。❾石笋矼（gāng）：石柱林立好比竹笋，因此得名。矼，又作杠，石桥的意思。❿徽之歙：指徽州府歙县，即今安徽省歙县。⓫宁：指宁国府，辖宣城，即今安徽省宣城市。⓬太平：明为县，隶属宁国府，辖今安徽省黄山市黄山区的仙源镇。

【译文】

初六日　天气十分晴朗。找了一位向导，各自拿着竹杖上山，途经慈光寺。从左边向上攀登，石峰环绕夹峙，其间的石级被积雪覆盖得平平整整，一眼望去好似白玉一般。稀疏的树木上披挂着茸茸的雪花，抬眼望去，黄山群峰盘根错节，唯独天都峰巍然耸立于群峰之上。向上走了几里路，石级越来越险峻，积雪越来越深厚，背阴处的雪已经冻结成冰，坚硬溜滑，难以落脚。我独自走在前面，拿竹杖来凿冰，凿出一个孔放置前脚，再挖一个孔，来移动后脚。跟我同行的人都用这个方法得以通过。向上走到平冈，就看见了莲花峰、云门峰等山峰，它们争奇竞秀，就好像在护卫天都峰一样。从这里进入，陡峭的山峰和险峻的石崖上，全都悬空盘结着怪异的松树。高的不满一丈，矮的只有几寸，平顶上的松树，松针很短，盘根错节，枝干弯曲，越短粗的越老，越矮小的越怪，没想到这奇山之中又有这样奇异的品种啊！在这奇松怪石相互掩映之间，有一群和尚从天而降，慢慢地朝我们走来，都合起掌来说："被大雪阻隔在山中已经三个月了，现在为了寻觅粮食勉强走到了这里。各位为什么得以上山来？"又说："我们前海各庵的僧人，都已经下山了，后海的山路还没有通，只有莲花洞的路还能走。”后来就从天都峰的侧面攀缘而上，穿过山峰的缝隙下山，再往东转就是去往莲花洞的路了。我急于游览光明顶、石笋矼的胜景，便顺着莲花峰往北走，攀上爬下好几次，来到天门。天门两侧陡直的石壁相夹而立，中间的宽度仅能擦着肩膀穿行，有好几十丈高，仰着脸向上攀登，阴森森的，令人毛骨悚然。天门里的积雪更深，凿出冰孔往上攀登，过了此地就到了平顶，也就是人们所说的前海。从此处再登上一座山峰，来到平天矼。平天矼上突兀的独自耸立着的地方，就是光明顶。从平天矼往下走，就是人们所说的后海了。大概平天矼的南边是前海，北边是后海，就是最高的地方，四周都是险峻的山坳，唯独这里好像平地。前海的前面，天都峰和莲花峰这两座山峰最为高峻，它们的南面属于徽州府的歙县，它们的北面属于宁国府的太平县。

余至平天矼，欲望光明顶而上。路已三十里，腹甚枵[1]，遂入矼后一庵。庵僧俱踞石向阳。主僧曰智空，见客色饥，先以粥饷。且曰：“新日太皎，恐非老晴。”因指一僧谓余曰：“公有余力，可先登光明顶而后中食，则今日犹可抵石笋矼，宿是师处矣。”余如言登顶，则天都、莲花并肩其前，翠微、三海门环绕于后，下瞰绝壁峭岫[2]，罗列坞中，即丞相原也。顶前一石，伏而复起，势若中断，独悬坞中，上有怪松盘盖。余侧身攀踞其上，而浔阳[3]踞大顶相对，各夸胜绝。

【注释】

[1]枵（xiāo）：空虚。[2]岫：指峰峦。[3]浔阳：徐霞客的叔翁。

【译文】

我到了平天矼，想要往光明顶上攀登。已走了三十里路，肚子里空荡荡的了，于是进入平天矼后面的一座庵里。庵里的和尚都在石头上面朝南而坐。主持和尚法名为智空，他看见客人神色饥饿，就先用稀饭招待。并且说：“刚升起来的太阳太过明亮，恐怕晴天维持不了太久。”于是指着一位和尚对我说：“您如果有余力，可以先去游览光明顶，然后再吃午饭，那么今天还能去往石笋矼，晚上歇宿于这位禅师的住所。”我按他的建议登上了光明顶，只见天都、莲花二峰在眼前并肩而立，翠微、三海门环绕其后，向下望去，极陡峻的山崖和险峭的峰峦，罗列在大山坳中，那就是丞相原。光明顶前面的一块巨石，低伏一段之后又重新突起，其势就好像中断了一样，孤独地悬空于山坳之中，巨石上覆盖着盘根错节的怪松。我侧身攀登到巨石上并坐了下来，而浔阳叔翁则在光明大顶上与我相对而坐，各自夸赞着景致的绝美。

下入庵，黄粱已熟。饭后，北向过一岭，踯躅菁莽[1]中，入一庵，曰狮子林[2]，即智空所指宿处。主僧霞光，已待我庵前矣。遂指庵北二峰曰：“公可先了此胜。”从之。俯窥其阴，则乱峰列岫，争奇并起。循之西，崖忽中断，架木连之，上有松一株，可攀引而度，所谓接引崖[3]也。度崖，穿石罅而上，乱石危缀间，构木为室，其中亦可置足，然不如踞石下窥更雄胜耳。下崖，循而东，里许，为石笋矼。矼脊斜亘，两夹悬坞中，乱峰森罗，其西一面即接引崖所窥者。矼侧一峰突起，多奇石怪松。登之，俯瞰壑[4]中，正与接引崖对瞰，峰回岫转，顿改前观。

【注释】

①菁（jīng）莽：菁，指盛开的花。莽，指丛生的草。②狮子林：黄山北部有一座狮子峰，因形如卧地的雄狮而得名。狮子张口处有一座寺庙，称狮子林，后毁，原址位于今北海宾馆处。③接引崖：应为今始信峰。④壑（hè）：山沟。

【译文】

下了光明顶回到庵里，黄粱米饭已经做熟。吃完饭后，往北越过了一座山岭，在茂盛的花草丛中徘徊，走进一座庵，庵的名字叫狮子林，就是智空所说的歇宿之处。主持和尚霞光，已经在庵前等我了。他指着庵北边的两座山峰说：“您可以先完成这处胜景的游览。”我听从了他的建议。俯身窥视两座山峰的北侧，只见峰峦错落杂乱、山岭参差罗列，一起耸立着相互争奇。顺着两峰朝西边走，山崖忽然中断，架设的木桥将两边连通起来，上面有一棵松树，可以攀引着它过桥，这就是人们所说的接引崖。过了接引崖，穿过石缝往上攀登，乱石连缀处十分危险，用木料架设的棚，也能落脚，然而不如坐在岩石上向下窥探的景致更雄壮。下了接引崖，顺着小路朝东边走，一里多路后，来到石笋矼。石笋矼的山脊倾斜绵延，两侧相夹的崖壁悬在山坳之中，乱峰错落林立，其西边的一面就是在接引崖上所窥视到的地方。石笋矼的侧面有一座突起的山峰，上面有许多奇石怪松。登上这座山峰的顶部，俯瞰山谷之中，恰好与接引崖对面而望，峰回山转，顿时一改之前的观感。

下峰，则落照拥树，谓明晴可卜，踊跃归庵。霞光设茶，引登前楼。西望碧痕一缕，余疑山影。僧谓："山影夜望甚近，此当是云气。"余默然，知为雨兆也。

【译文】

走下山峰，就看到落日的余晖环映着树木，以为明天的晴朗天气是可以预知的了，不由得欢呼雀跃着赶回了狮子林庵。霞光主持备好了茶水，领着我登上了前楼。朝西望去，只见天边有一缕绿色的痕迹，我怀疑那是山的阴影。霞光和尚说："山的阴影在夜晚看起来是很近的，这应该是云雾之气。"我沉默了，知道这是下雨的征兆。

初七日　四山雾合。少顷，庵之东北已开，西南腻[1]甚，若以庵为界者，即狮子峰亦在时出时没间。晨餐后，由接引崖践雪下。坞半一峰突起，上有一松裂石而出，巨干高不及二尺，而斜拖曲结，蟠[2]翠三丈余，其根穿石上下，几与峰等，所谓"扰龙松[3]"是也。

【注释】

[1] 腻：凝滞。[2] 蟠：曲折，环绕。[3] 扰龙松：长在石峰顶上的一棵老松树，有"黄山第一松""帝松"的美誉，今名"梦笔生花"。

【译文】

初七日　周围的山峰被雾气掩合成了一体。不一会儿，庵东北边的雾气散开了，而西南面的雾气还很浓厚，如果以庵为界，就是比较近的狮子峰也在雾气中时隐时现。吃完早饭后，从接引崖踏雪下山。山坳的半腰上有一座突起的山峰，峰上有一棵松树挣裂岩石生长着，粗大的树干不到二尺高，弯曲盘结着向斜面延伸出去，翠绿的枝叶曲折环绕，有三丈多长，它的树根上下盘绕穿过石岩，长度几乎与山峰的高度相等，这就是人们所说的“扰龙松”了。

攀玩移时[1]，望狮子峰已出，遂杖而西。是峰在庵西南，为案山。二里，蹑其巅，则三面拔立坞中，其下森峰列岫，自石笋、接引两坞迤逦[2]至此，环结又成一胜。登眺间，沉雾渐爽[3]，急由石笋矼北转而下，正昨日峰头所望森阴径也。群峰或上或下，或巨或纤，或直或欹，与身穿绕而过。俯窥辗顾[4]，步步生奇，但壑深雪厚，一步一悚[5]。

【注释】

❶ 移时：一段时间。❷ 迤逦：曲折连绵。逦，又作“迤”。❸ 爽：开朗。❹ 辗顾：环顾。❺ 悚：恐惧。

【译文】

攀登赏玩了一段时间，看到已经走出了狮子峰，于是拄着手杖朝西面走去。这座山峰位于狮子林庵的西南面，名叫案山。走了二里路后，登上了案山的顶峰，只见案山三面拔地而起，耸立于山坳中，山下面是错落林立的峰峦和参差并列的山岭，从石笋矼、接引崖两处山坳曲折绵延到了这里，环绕盘结又成一处胜景。登高遥望其间，浓浓的雾气渐渐变得清亮开朗起来，急忙从石笋矼北边折转下了山，正是昨天在峰顶所见到的阴森小路。群峰有的高有的低，有的大有的小，有的陡直有的倾斜，行走在其间，往往从中擦身穿绕而过。俯身窥视，四下环顾，每走一步都会产生一种新奇的感觉，但是山谷幽深、积雪厚密，每走一步都有一种恐惧的感觉。

行五里，左峰腋一窦[1]透明，曰天窗。又前，峰旁一石突起，作面壁状，则“僧坐石”也。下五里，径稍夷[2]，循涧而行。忽前涧乱石纵横，路为之塞。越石久之，一阙新崩，片片欲堕，始得路。仰视峰顶，黄痕一方，中间绿字宛然可辨，是谓“天牌”，亦谓“仙人榜”。又前，鲤鱼石；又前，白龙池。共十五里，一茅出涧边，为松谷庵旧基。再五里，循溪东西行，又过五水，则松谷庵[3]矣。再循溪下，溪边香气袭人，则一梅亭亭正发，山寒稽[4]雪，至是始芳。抵青龙潭，一泓深碧，更会两溪，比白龙潭势既雄壮，而大石磊落，奔流乱注，远近群峰环拱，亦佳境也[5]。还餐松谷，往宿旧庵。余初至松谷，疑已平地，及是询之，须下岭二重，二十里方得平地，至太平县共三十五里云。

【注释】

❶ 窦（dòu）：孔穴。❷ 夷：平坦。❸ 松谷庵：位于黄山北部的叠障峰下面，原名松谷草堂，后来建成了禅林。❹ 稽（jī）：留止。❺ “抵青龙潭”八句：黄山北部的松谷溪中有青龙、乌龙、黄龙、白龙、油龙这五个龙潭。五潭深浅不一，颜色各异。而松谷庵就在附近。

【译文】

走了五里路，看到左侧山峰腋部有一个透出光亮的孔穴，叫作天窗。又往前走，看到山峰旁边有一块突起的岩石，做出面壁的样子，这是“僧坐石”。往下走五里路，路稍微平坦些了，顺着涧水往前走。忽然前面山涧中的石头凌乱纵横，道路被阻塞了。越过乱石走了许久，看到一个新崩开的缺口，片片石壁仿佛就要坠落一般，这才找到通行之路。抬头观望峰顶，有一方黄色的痕迹，中间绿色的字清晰可辨，这叫“天牌”，也叫“仙人榜”。又往前走，到达鲤鱼石；再往前走，到达白龙池。总共走了十五里路，一座茅庐出现在涧水旁，是松谷庵的旧址。再走五里路，沿着溪水往东西方向走，又渡过五条溪水，到达了松谷庵。再沿着溪水向下走，溪边有香气扑面而来，一棵亭亭玉立的梅树正在开花，山谷严寒遍地积雪，到了这里才开始有芬芳的花香。到达青龙潭，一泓碧绿的深水，又汇合了两条溪水，与白龙潭的气势相比，它既雄壮，又有众多错杂的大石，奔流的溪水往潭中胡乱地流注，远远近近的群峰环卫着，也堪称一处绝美的景观。返回松谷庵吃晚饭，歇宿于松谷庵旧址的茅庐里。我刚到松谷庵的时候，怀疑这里已经在平地上了，等到了这里向人打听，说是必须下两道山岭，走二十里山路之后才能找到平地，距离太平县一共有三十五里路。

初八日　拟寻石笋奥境[1]，竟为天夺。浓雾迷漫，抵狮子林，风愈大，雾亦愈厚。余急欲趋炼丹台[2]，遂转西南。三里，为雾所迷，偶得一庵，入焉。雨大至，遂宿此。

【注释】

❶奥境：幽深的境界。❷炼丹台：位于黄山中部的炼丹峰下，海拔1800米，是黄山最高的观景台。相传为黄帝炼丹的地方，因此得名。

【译文】

初八日　打算去寻觅石笋矼的幽深之境，想不到竟被上天所剥夺。浓雾弥漫于山野之中，到狮子林时，风更加大，雾也更加浓厚了。我急着想快点赶去炼丹台，于是转而往西南方向走。走了三里路，被浓雾迷失了道路，偶然看到一座庵，就进去了。大雨下了起来，于是住在了这里。

初九日　逾午少霁。庵僧慈明，甚夸西南一带峰岫不减石笋矼，有“秃颅[1]朝天”“达摩面壁”诸名。余拉浔阳蹈乱流至壑中，北向即翠微诸峦，南向即丹台诸坞，大抵可与狮峰竞驾，未得比肩石笋也。雨踵至，急返庵。

【注释】

❶秃颅：没有头发为秃，秃颅指和尚。

【译文】

初九日　过了中午，天气稍微晴朗了些。庵里的和尚慈明，大大地夸奖了庵西南一带的山峰岩洞，认为其险奇不逊于石笋矼，有“秃颅朝天”“达摩面壁”等胜景可供人游览。我拉着浔阳叔翁踏过乱流到了山谷中，往北走就是翠微峰等峰峦，往南走就是炼丹台等山坳，景致大体上跟狮子峰不相上下，而不能跟石笋矼相媲美。雨接着就来了，于是急忙回到了庵中。

初十日　晨雨如注，午少停。策杖二里，过飞来峰，此平天矼之西北岭也。其阳坞中，峰壁森峭，正与丹台环绕。二里，抵台。一峰西垂，顶颇平伏。三面壁翠合沓[1]，前一小峰起坞中，其外则翠微峰、三海门蹄股拱峙。登眺久之。东南一里，绕出平天矼下。雨复大至，急下天门。两崖隘肩，崖额飞泉，俱从人顶泼下。出天门，危崖悬叠，路缘崖半，比后海一带森峰峭壁，又转一境。“海螺石”即在崖旁，宛转酷肖，来时忽不及察，今行雨中，颇稔[2]其异，询之始知。已趋大悲庵，由其旁复趋一庵，宿悟空上人处。

【注释】

[1] 合沓（tà）：重叠。[2] 稔（rěn）：本义指庄稼成熟，这里引申为熟悉。

【译文】

初十日　清晨，大雨如注，到了中午才稍微停了一会儿。拄着手杖走了二里路，过了飞来峰，就是平天矼西北方的山岭了。飞来峰南边的山坳中，山峰岩壁峻峭，恰好与炼丹台互相环绕。走了二里路，到达炼丹台。有一座向西垂伏的山峰，峰顶十分平坦。三面被翠绿树木覆盖的岩壁重重叠叠，前面有一座小山峰突起于山坳中，山坳的外面则是翠微峰、三海门如同脚与腿一般地环卫而立。登上峰顶眺望了许久。朝东南方向走了一里路，从平天矼下面绕出来。大雨又下了起来，急忙从天门下去。两旁狭窄得只有肩膀之宽，崖峰顶部的飞泉，都是从人的头顶上泼下来的。出了天门，险峻的山崖悬空重叠，道路沿着山崖的半腰延伸出去，与后海一带林立的山峰、陡峭的岩壁相比，又转变成了另外一种境地。“海螺石”就在山崖边，其盘曲的形态特别像一只海螺，来的时候忽略了这里，没来得及仔细观察，现在行走在雨中，倒是对它的奇异之处有些熟悉，询问之后才知道。后来去了大悲庵，从大悲庵旁又去了另一座庵，歇宿于悟空上人的住所。

十一日　上百步云梯[1]。梯磴插天，足趾及腮，而磴石倾侧崟岈[2]，兀兀[3]欲动，前下时以雪掩其险，至此骨意俱悚。上云梯，即登莲花峰道。又下转，由峰侧而入，即文殊院、莲花洞道也。以雨不止，乃下山，入汤院，复浴。由汤口出，二十里抵芳村，十五里抵东潭，溪涨不能渡而止。黄山之流，如松谷、焦村，俱北出太平；即南流如汤口，亦北转太平入江；惟汤口西有流，至芳村而巨，南趋岩镇，至府西北与绩溪会[4]。

【注释】

❶百步云梯：位于黄山西北麓，陡峭的崖壁上有一百多级石蹬道。❷崟岈（hán yá）：中间空阔而深幽。❸兀兀：高耸特出。❹“黄山之流”九句：松谷溪往北流出黄山太平县，即今凄溪河。焦村溪往西流出黄山太平县，再折向北，即今秧溪河。汤口溪一开始往南流，最后也折向北经太平县再流入长江，即今麻河。汤口西边有一条溪流叫作新安江，今又称西溪。岩镇应即今岩寺，位于歙县西境。源自绩溪县的绩溪，明代被称作扬之水，即今练江。太平，即今黄山市黄山区的主体。府西北，指明代徽州府西北，今属黄山市歙县。

【译文】

十一日　登上百步云梯。陡立的石磴似乎直插云天，攀登石磴时脚趾几乎要碰到脸腮了，且石磴的石条往一边倾斜、中间空隙大，高耸特出，仿佛在动，之前下山时因为积雪掩住了它的险陡，现在看清了不由得毛骨悚然、胆战心惊。登完百步云梯，便踏上了去莲花峰的路。又往下转，从莲花峰的侧面走，就是通往文殊院、莲花洞的道路了。因为雨下个不停，于是下了山，进入温泉院，再次沐浴。从汤口出来，走二十里路到达芳村，走十五里路到达东潭，溪水暴涨不能渡过而停了下来。黄山的溪流，如松谷溪、焦村溪，都是往北流出太平县；即便一开始往南流的汤口溪，最后也折转向北，经太平县后再流入长江；唯独汤口西边的一条溪流，到芳村后形成巨流，往南流向岩镇，至徽州府西北面跟绩溪汇合。

游武彝山日记

·福建建宁府崇安县·

二月二十一日[1]　出崇安[2]南门，觅舟。西北一溪自分水关[3]，东北一溪自温岭关[4]，合注于县南，通郡、省[5]而入海。顺流三十里，见溪边一峰横欹，一峰独耸。余咤而瞩目，则欹者幔亭峰，耸者大王峰[6]也。峰南一溪，东向而入大溪[7]者，即武彝溪[8]也。冲祐宫[9]傍峰临溪。余欲先抵九曲，然后顺流探历，遂舍宫不登，逆流而进。流甚驶，舟子[10]跣[11]行溪间以挽舟。第一曲，右为幔亭峰、大王峰，左为狮子峰、观音岩。而溪右之濒水者曰水光石，上题刻殆遍。二曲之右为铁板嶂、翰墨岩，左为兜鍪[12]峰、玉女峰。而板嶂之旁，崖壁峭立，间有三孔作"品"字状。三曲右为会仙岩，左为小藏峰、大藏峰。大藏壁立千仞，崖端穴数孔，乱插木板如机杼[13]。一小舟斜架穴口木末，号曰"架壑舟[14]"。四曲右为钓鱼台、希真岩，左为鸡栖岩、晏仙岩。鸡栖岩半有洞，外隘中宏，横插木板，宛然埘榤[15]。下一潭深碧，为卧龙潭。其右大隐屏、接笋峰，左更衣台、天柱峰者，五曲也。文公书院正在大隐屏下。抵六曲，右为仙掌岩、天游峰，左为晚对峰、响声岩。回望隐屏、天游之间，危梯飞阁悬其上，不胜神往。而舟亦以溜[16]急不得进，还泊曹家石。

【注释】

❶ 二月二十一日：即明万历四十四年（公元 1616 年）二月二十一日。❷ 崇安：明为县，隶属建宁府，即今福建省武夷山市。❸ 分水关：位于福建、江西两省的交界处，武夷山西北面的分水岭上。❹ 温岭关：位于福建、江西两省的交界处，武夷山西北面的温岭附近。❺ 郡、省：郡指建宁府城，其治所位于今福建省建瓯市；省指今福建省福州市。❻ 大王峰：也叫天柱峰，雄踞于武彝溪口，是进入武夷山的第一峰。❼ 大溪：即今崇阳溪，明代又称崇溪。❽ 武彝溪：明代又称清溪、九曲溪，该溪发源于三保山，经星村流入武夷山，盘曲折绕了约 7.5 公里，流至武夷宫前然后汇入崇溪。❾ 冲祐宫：位于大王峰南麓，今又称武夷宫、万年宫，是当地道教的活动中心。相传这里是历代帝王祭祀武夷神君的地方。❿ 舟子：即船夫。⓫ 跣（xiǎn）：光着脚。⓬ 兜鍪（móu）：古代士兵的头盔。山峰因形似而得名。⓭ 机杼（zhù）：织布机。⓮ 架壑舟：古代当地的一种葬具，又称架壑船、船棺、仙船、仙函等，俗称崖墓、船棺葬。这种葬具用整木凿成，形似船，通常存放在悬崖隙洞、人迹罕至处。⓯ 埘榤（shí jié）：鸡巢中供鸡栖息的小木桩。埘，在墙壁上挖洞做成的一种鸡巢。榤，指鸡栖的小木桩。⓰ 溜（liù）：急流。

【译文】

二月二十一日　从崇安县南城门出来，寻觅船只。西北边的一条溪水从分水关流来，东北边的一条溪水从温岭关流来，二溪汇合后流入县南，经郡、省而注入大海。船顺着溪流行驶了三十里，看到溪边有一座横斜的山峰，一座独立高耸的山峰。我惊诧不已，注目凝望，横斜的那座就是幔亭峰，独耸的那座就是大王峰了。山峰南边的一条溪流，往东流而注入大溪的，就是武彝溪了。冲祐宫后面依傍山峰，前面紧临溪水。我想先到九曲，然后再顺着溪流探索游历，于是放弃冲祐宫不登，逆流前进。流水很急，船夫光着脚走在溪水中以拉着船前进。第一曲，右侧是幔亭峰、大王峰，左侧是狮子峰、观音岩。而溪水右边紧挨着溪水的叫作水光石，水光石上遍布题诗、刻字。第二曲的右侧是铁板嶂、翰墨岩，左侧是兜鍪峰、玉女峰。而铁板嶂旁边，崖壁峻峭陡立，其间有三个孔穴，形成"品"字形状。第三曲的右侧是会仙岩，左侧是小藏峰、大藏峰。大藏峰峭壁陡立，山崖顶端有几处孔穴，其中乱插着许多木板，就像个织布机一样。在孔穴口木板的末端斜架着一只小船，名号叫作"架壑舟"。第四曲的右侧是钓鱼台、希真岩，左侧是鸡栖岩、晏仙岩。鸡栖岩的半腰处有一个石洞，洞外狭窄而洞内宽阔，横插着的木板，就像是鸡巢中鸡栖的小木桩。岩下面有一潭深邃而碧蓝的水，叫作卧龙潭。它的右面有大隐屏、接笋峰，左面有更衣台、天柱峰，这就是第五曲了。文公书院恰好位于大隐屏峰的下面。到达第六曲，看到右侧是仙掌岩、天游峰，左侧是晚对峰、响声岩。回过头去眺望大隐屏峰、天游峰之间，只见险峻的石梯、飞檐斗阁悬挂于山峰之上，不由得令人神往。而我所乘的船也由于水流湍急而无法驶进去，只好返回去停泊在曹家石。

登陆入云窝[1]，排云穿石，俱从乱崖中宛转得路。窝后即接笋峰。峰骈附于大隐屏，其腰横两截痕，故曰“接笋”。循其侧石隘，跻磴数层，四山环翠，中留隙地如掌者，为茶洞。洞口由西入，口南为接笋峰，口北为仙掌岩。仙掌之东为天游，天游之南为大隐屏。诸峰上皆峭绝，而下复攒凑[2]，外无磴道，独西通一罅，比天台之明岩更为奇矫也。从其中攀跻登隐屏，至绝壁处，悬大木为梯，贴壁直竖云间。梯凡三接，级共八十一。级尽，有铁索横系山腰，下凿坎受足。攀索转峰而西，夹壁中有冈[3]介其间，若垂尾，凿磴以登，即隐屏顶也。有亭有竹，四面悬崖，凭空下眺，真仙凡夐[4]隔。仍悬梯下，至茶洞。仰视所登之处，崭然[5]在云汉。

【注释】

❶云窝：位于第五曲的接笋峰和第六曲的仙掌峰之间，新建的八亭散布于冈头或溪边，还有盘山石径往来等胜景。❷攒凑：凑集。❸冈：山脊。❹夐（xiòng）：远。❺崭然：高峻挺拔的样子。《徐霞客游记》中另有别处作“崭崭”。

【译文】

踏上陆地走进云窝，拨开云雾穿过石岩，都是从凌乱的岩崖之中辗转寻觅才找到的路。云窝后面是接笋峰。接笋峰并列而依附于大隐屏，其峰腰横向显出两截的痕迹，因此叫作“接笋峰”。顺着其侧面的石岩隘口，登上几级石磴，看到四面被翠绿山峦环绕，中间留有手掌般的空隙地，这就是茶洞了。茶洞洞口从西边进入，洞口南边是接笋峰，洞口北边是仙掌岩。仙掌岩的东边是天游峰，天游峰的南边是大隐屏。各座山峰的上部都无比险峭，而它们的下部又都凑集在一起，外面没有石磴路可走，唯独西部有一道缝隙是相通的，与天台山的明岩相比，此景更为奇特雄伟。从山峰的中间往上攀登，登上大隐屏，到了险绝的山崖处，将大木悬架起来做成梯子，紧贴着岩壁直竖云间。木梯是用三根大木接起来的，共有八十一级。台级尽头，用铁链索横系于山腰处，下面凿有石坎以供脚踏。攀缘铁链索往西沿着山峰转，有山脊介于两边的岩壁之间，就好像下垂的尾巴一样，上面凿有石磴用以攀登，这就是大隐屏的峰顶。峰顶有亭子，有翠竹，四面都是悬崖，无所依托地向下望去，实在是仙境和凡界远远相隔。仍是从悬架的木梯上下来，到达茶洞。抬头望向所攀登上去的地方，高峻得仿佛是在天河之中。

隘口北崖即仙掌岩。岩壁屹立雄展，中有斑痕如人掌，长盈丈者数十行。循崖北上，至岭，落照侵松，山光水曲，交加入览。南转，行夹谷中。谷尽，忽透出峰头，三面壁立，有亭踞其首，即天游峰[1]矣。是峰处九曲之中，不临溪，而九曲之溪三面环之。东望为大王峰，而一曲至三曲之溪环之。南望为更衣台，南之近者，则大隐屏诸峰也，四曲至六曲之溪环之。西望为三教峰，西之近者，则天壶诸峰也，七曲至九曲之溪环之。惟北向无溪，而山从水帘诸山层叠而来，至此中悬。其前之俯而瞰者，即茶洞也。自茶洞仰眺，但见绝壁干霄，泉从侧间泻下，初不知其上有峰可憩[2]。其不临溪而能尽九溪之胜，此峰固应第一也。立台上，望落日半规[3]，远近峰峦，青紫万状。台后为天游观。亟辞去，抵舟已入暝矣。

【注释】

① 天游峰：位于第五曲的大隐屏峰后面，分上天游和下天游，峰顶有览亭可供人凭眺。② 憩：休息。③ 规：圆形。

【译文】

隘口北边的石崖就是仙掌岩。岩壁高耸挺立，雄伟而伸展，岩壁中间有像人的手掌似的斑痕，长度超过一丈的有几十行。顺着山崖往北面攀爬，来到岭上，落日的余晖映照着松林，山光秀美，溪水曲回，景致交织入目。往南转，行走于狭窄的山谷之中。山谷尽头，忽然透现出一座山峰的头顶，三面陡壁峭立，峰顶上有座亭子，那就是天游峰。天游峰位于九曲溪的中央，不临溪水，而九曲的溪水却从三面环绕着它。往东看是大王峰，有第一曲到第三曲的溪水环绕着它。往南看是更衣台，南边最接近它的，是大隐屏等各座山峰，第四曲到第六曲的溪水环绕着它们。往西看是三教峰，西边最接近它的，是天壶峰等各座山峰，第七曲到第九曲的溪水环绕着它们。只有北边没有溪流，而峰峦从水帘峰等各座山峰层层叠叠地绵延过来，到这里悬挂在半空。之前我俯身鸟瞰的地方，就是茶洞。从茶洞抬头远眺，只见险峻的岩壁直插云天，泉水从侧面岩石间倾泻下来，起初并不知道其上还有山峰可以游览歇息。要想不亲临九曲溪而尽览九曲溪的胜景，这座山峰自然应该是首选了。站在峰台之上，望着那正在西沉的半圆形落日，远远近近的座座峰峦，呈现出青色、紫色等万千景象。峰台的后面是天游观。急忙辞别离去，回到游船处的时候已经是傍晚了。

二十二日　登涯[1]，辞仙掌而西。余所循者，乃溪之右涯，其隔溪则左涯也。第七曲右为三仰峰、天壶峰，左为城高岩。三仰之下为小桃源，崩崖堆错，外成石门。由门伛偻而入，有地一区，四山环绕，中有平畦曲涧，围以苍松翠竹，鸡声人语，俱在翠微[2]中。出门而西，即为北廊岩，岩顶即为天壶峰。其对岸之城高岩矗然[3]独上，四旁峭削如城。岩顶有庵，亦悬梯可登，以隔溪不及也。第八曲右为鼓楼岩、鼓子岩，左为大廪石、海蚱石。余过鼓楼岩之西，折而北行坞中，攀援上峰顶，两石兀立如鼓，鼓子岩也。岩高亘亦如城，岩下深坳一带如廊，架屋横栏其内，曰鼓子庵。仰望岩上，乱穴中多木板横插。转岩之后，壁间一洞更深敞，曰吴公洞。洞下梯已毁，不能登。望三教峰而趋，缘山越磴，深木蓊苁其上。抵峰，有亭缀其旁，可东眺鼓楼、鼓子诸胜。山头三峰，石骨挺然并矗。从石罅间蹑磴而升，傍崖得一亭。穿亭入石门，两崖夹峙，壁立参天，中通一线，上下尺余，人行其间，毛骨阴悚。盖三峰攒立，此其两峰之罅；其侧尚有两罅，无此整削。

【注释】

❶ 涯：水边。❷ 翠微：形容青翠的山色，这里指青山。❸ 矗（chù）然：高耸直立的样子。

【译文】

二十二日　登临岸边，辞别仙掌岩往西走。我所顺着走的道路，是溪流的右岸，而隔溪就是左岩了。第七曲的右侧是三仰峰、天壶峰，左侧是城高岩。三仰峰下面是小桃源，崩裂的山崖错落成堆，在外边形成了一道石门。从石门弯腰曲背地进去，有一片地，四周环绕着峰峦，中间有平坦的田畦和曲折的溪涧，苍松翠竹环围着庭院，鸡鸣声、人语声，都回荡在这青山之中。从石门出来往西走，就是北廊岩，北廊岩的顶部就是天壶峰。其对岸的城高岩独耸云天，四周犹如刀削般的峭壁宛如城墙。城高岩顶上有一座庵，也是悬架木梯才可攀登的，因为隔着溪水所以没有去到。第八曲的右侧是鼓楼岩、鼓子岩，左侧是大廪石、海蚱石。我经过鼓楼岩的西边，折转而往北行走于山坳中，攀缘着登上峰顶，有两块岩石像鼓一样直立着，这就是鼓子岩。鼓子岩的高度和横宽也同城高岩相当，岩下深深的山坳就像一条长廊，一座建盖起来的房屋横栏在山坳之中，叫鼓子庵。抬头看鼓子岩上面，散乱的洞穴中横插着许多木板。转到鼓子岩的后面，岩壁间有一个洞穴更为幽深和宽敞，叫作吴公洞。吴公洞下的木梯已被毁坏，不能向上攀登。望着三教峰并向它奔去，沿着山攀登石磴，山野上的树木生长很高深茂盛。到达三教峰，有个亭子建在山峰旁侧，往东可以看到鼓楼岩、鼓子岩等各处胜景。山顶的三座山峰，石岩骨架挺拔，并排耸立。从石岩的缝隙间踏着石磴往上攀爬，在石崖旁找到一座亭子。穿过亭子走进石门，两边崖壁相夹对峙，高耸参天，中间只有一线通道，上下一尺多宽，人行走在其间，不由得感到气氛阴森、毛骨悚然。大概三座山峰凑集而立，这是其中两峰之间的缝隙；其侧面还有两道缝隙，没有这样整齐如削罢了。

已[1]下山，转至山后，一峰与猫儿石相对峙，盘亘亦如鼓子，为灵峰之白云洞。至峰头，从石罅中累级而上，两壁夹立，颇似黄山之天门。级穷，迤逦至岩下，因岩架屋，亦如鼓子。登楼南望，九曲上游，一洲中峙，溪自西来，分而环之，至曲复合为一。洲外两山渐开，九曲已尽。是岩在九曲尽处，重岩回叠，地甚幽爽。岩北尽处，更有一岩尤奇：上下皆绝壁，壁间横坳仅一线，须伏身蛇行，盘壁而度，乃可入。余即从壁坳行；已而坳渐低，壁渐危，则就[2]而伛偻；愈低愈狭，则膝行蛇伏，至坳转处，上下仅悬七寸，阔止尺五。坳外壁深万仞。余匍匐以进，胸背相摩，盘旋久之，得度其险。岩果轩敞层叠，有斧凿置于中，欲开道而未就也。半晌，返前岩。更至后岩，方构新室，亦幽敞可爱。出向九曲溪，则狮子岩在焉。

【注释】

①已：随后。②就：靠近，凑近。

【译文】

随后下山，转而来到了山的后面，看到一座与猫儿石相对峙的山峰，也像鼓子岩一样盘曲绵延，这是灵峰的白云洞。到了峰顶，从石岩的缝隙中不断地往上攀登石级，两边的崖壁相夹而立，和黄山的天门十分相似。走完了石级，顺着曲折的山路来到石岩下面，利用岩崖来架设房屋，也像鼓子岩那样。登上高楼向南望去，第九曲的上游，有一片小洲坐落于溪水之中，溪水从西面流过来，分流后而将小洲四面环绕起来，到了第九曲处又重新合流成一股溪水。小洲外面有两座山峦逐渐开阔起来，到这里已经是第九曲的尽头了。这石岩位于第九曲的尽头处，岩壁重重叠叠回旋环绕，地方十分幽静清爽。岩北边的尽头处，更有一石岩特别奇异：上下都是无比峻峭的石壁，石壁间的横凹处只有一线宽，必须将身体低伏下去像蛇一样爬行，盘绕着石壁过去，才可进入。我就从石壁横凹处向前爬行；不一会儿横凹处渐渐低矮了，石壁渐渐险要起来，于是顺势弯腰曲背地前行；石壁横凹处越来越低矮，越来越狭窄，于是就用膝盖爬行，像蛇一样伏贴着，到石壁横凹的转弯处，上下悬隔的高度只有七寸，宽度只有一尺五。壁凹外面的岩壁有万仞之深。我手脚并用地往前爬行，胸部背部与上下岩石相互摩擦，盘绕了很长时间，才得以越过那险要的壁凹。石岩果然高大宽阔，层层叠叠，其间有斧头凿过的痕迹，是想开凿道路而未完成。过了好大一会儿，返还到了前岩。又到了后岩，刚刚建构好的新房屋，也幽静、宽敞，令人喜爱。出来往九曲溪走去，狮子岩就在那里。

循溪而返，隔溪观八曲之“人面石”、七曲之城高岩，蔚然奇丽，种种神飞。复泊舟，由云窝入茶洞，穹窿[1]窈窕[2]，再至矣，再不能去！已由云窝左转，入伏羲洞，洞颇阴森。左出大隐屏之阳，即紫阳书院[3]，谒先生庙像。顺流鼓棹，两崖苍翠纷飞，翻[4]恨舟行之速。已过天柱峰、更衣台，泊舟四曲之南涯。自御茶园[5]登岸，欲绕出金鸡岩之上，迷荆丛棘，不得路。乃从岩后大道东行，冀有旁路可登大藏、小藏诸峰，复不得。透出溪旁，已在玉女峰下。欲从此寻一线天，徬徨无可问，而舟泊金鸡洞下，迥[6]不相闻。乃沿溪觅路，迤逦大藏、小藏之麓。一带峭壁高骞[7]，砂碛[8]崩壅，土人多植茶其上。从茗柯[9]中行，下瞰深溪，上仰危崖，所谓“仙学堂”“藏仙窟”，俱不暇辨。

【注释】

①穹窿（qióng lóng）：幽长曲折。②窈窕：深远。③紫阳书院：紫阳为山名，位于安徽省歙县南，宋代朱松在这里读书。这里也是朱松之子朱熹在崇安长期读书讲学的地方，故称紫阳书屋，后人建成了紫阳书院，也就是前文所说的“文公书院”。因朱熹死后谥号“文”，故有“朱文公”之称。④翻：反而。⑤御茶园：位于武夷山四曲溪的南侧，是元代官府督制贡茶的地方，创建于元大德六年（公元1302年），罢废于明嘉靖三十六年（公元1557年）。⑥迥：辽远的样子。⑦高骞（qiān）：高昂着头。⑧碛（qì）：浅水中的沙堆。⑨柯：树枝。

【译文】

顺着溪流往回返，隔着溪水观赏第八曲的“人面石”、第七曲的城高岩，种种奇特美丽的景致，令人心旷神怡。再次停泊了游船，从云窝往茶洞里走，洞内深远而曲折，第二次来到这里，令人再也不愿意离开！随后从云窝往左转，进入伏羲洞，洞里十分阴森。从左边出来，到了大隐屏峰的南边，来到紫阳书院，拜谒了朱熹先生的塑像。顺着溪流飞快地划船，两岸苍翠的山崖纷纷从眼前飞掠而过，反倒怨恨起船行驶得太迅速了。随后经过了天柱峰、更衣台，在第四曲的南岸水边停泊了游船。从御茶园登岸，想要绕道出去而登上金鸡岩顶，漫山遍野的丛生荆棘令人迷惑，找不到路。于是从金鸡岩后面的大路往东面走，希望可以找到攀登大藏、小藏等各座山峰的岔路，但还是没有找到路。穿过山岩到了溪边，已经置身于玉女峰下了。想要从此处寻找一线天，来来回回地走了好几圈却没有可以询问的人，而游船停在金鸡洞下面，离得太远而互不相闻。于是沿着溪岸去寻找道路，在大藏峰、小藏峰之麓曲折前行。这一带峭壁耸立，沙石沙堆有的崩塌，有的壅塞，当地人大多在上面种植茶树。从茶树枝叶中行走，往下俯瞰幽深的溪水，往上仰视峻峭的山崖，人们所说的“仙学堂”“藏仙窟”等景观，都没有空闲来观赏辨识。

已至架壑舟，仰见虚舟宛然，较前溪中所见更悉。大藏之西，其路渐穷。向荆棘中扪[1]壁而上，还瞰大藏西岩，亦架一舟，但两崖对峙，不能至其地也。忽一舟自二曲逆流而至，急下山招之。其人以舟来受，亦游客初至者，约余返更衣台，同览一线天、虎啸岩诸胜。过余泊舟处，并棹顺流而下，欲上幔亭，问大王峰。抵一曲之水光石，约舟待溪口，余复登涯，少入，至止止庵。望庵后有路可上，遂趋之，得一岩，僧诵经其中，乃禅岩也。登峰之路，尚在止止庵西。仍下庵前西转，登山二里许，抵峰下，从乱箐[2]中寻登仙石。石旁峰突起，作仰企状，鹤模石在峰壁罅间，霜翎朱顶，裂纹如绘。旁路穷，有梯悬绝壁间，蹑而上，摇摇欲堕。梯穷得一岩，则张仙遗蜕[3]也。岩在峰半，觅徐仙岩，皆石壁不可通；下梯寻别道，又不可得；蹑石则峭壁无阶，投莽则深密莫辨。佣夫[4]在前，得断磴，大呼得路。余裂衣不顾，趋就之，复不能前。日已西薄，遂以手悬棘，乱坠而下，得道已在万年宫[5]右。趋入宫，宫甚森敞。羽士[6]迎言："大王峰顶久不能到，惟张岩梯在。峰顶六梯及徐岩梯俱已朽坏。徐仙蜕已移入会真庙矣。"出宫右转，过会真庙。庙前大枫扶疏[7]，荫数亩，围数十抱。别羽士，归舟。

【注释】

❶扪（mén）：抚摸，执持。❷箐：本义为山间的大竹林，后泛指树木丛生的山沟。❸张仙遗蜕：张仙的遗体。张仙，指汉人张垓，大王峰南面岩壁的半腰处有一个张仙洞，相传这里是张垓坐化遗体的存放地。蜕，指虫类脱下的皮。遗蜕，道家将尸解称为蜕质，后因"以蜕为死"的讳称，故遗蜕即尸体。❹佣夫：指雇来的挑夫。❺万年宫：即前文中所说的冲祐宫。❻羽士：道士的别称。❼扶疏：枝叶繁茂。

【译文】

随后到了架壑舟处，抬头看那悬于虚空的架壑舟，十分逼真，比之前在船上看见的更为全面。大藏峰的西边，道路渐渐穷尽了。在荆棘丛中攀附着岩壁往上爬，回头观望大藏峰西边的岩壁上，也有一个架壑舟，但是因两边崖壁对峙而立，不能到达那里。忽然看见一只船从第二曲逆流来到这里，便急忙下山招呼这只船。那船上的人将船划靠岸把我接了上去，他也是刚到此地的游客，约我返回更衣岩，一起游览一线天、虎啸岩等各处胜景。到了我停船的地方，两只船便一同顺着溪流往下走，打算攀登幔亭峰，探寻大王峰。到达第一曲的水光石，约定船在溪口等待，我再次登岸，走了不远，来到止止庵。看到庵后面有可以往上走的路，于是快步赶了过去，到一石岩处，其中有僧人在诵经念佛，这就是禅岩。攀登大王峰的道路，还在止止庵的西边。仍然下到止止庵前面，转而向西面走，登上山走了二里多路，到达大王峰下，从乱树丛生的山沟中寻找登仙石。登仙石旁边的山峰高耸突出，呈现出仰首企盼的形状，鹤模石居于山峰岩壁缝隙之间，霜一样白的翎羽，红色的头顶，自然裂开的纹路就像是画出来的一样。旁边的路穷尽了，有木梯悬架在峭壁之间，踩着梯子往上爬，梯子摇摇晃晃仿佛要坠下去一般。爬完梯子之后登上了一座山岩，这是张仙遗体的存放地。山岩在山峰半腰处，寻找徐仙岩，四面都是石壁而不能通过；走下梯子寻找别的路，还是没有找到；要攀缘石岩而峭壁上没有石阶，要投身草莽而草深不能辨别方向。雇来的挑夫在前面走，找到了中断的石磴，大叫着说找到了路。我不顾衣服被荆棘撕破，急忙跑过去靠近他，结果又不能向前走了。太阳已经快要落山了，于是用手攀着悬垂的荆棘，胡乱地往下坠落，找到路的时候已经是在万年宫的右边了。快步走进万年宫，里面十分森严、宽阔。道士迎着我说道："大王峰顶早在很久以前就不能登上去了，只有攀登张仙岩的梯子还在那里。通往峰顶的六级梯子和攀登徐仙岩的梯子都已经腐朽。徐仙的遗体已经被移到会真庙里了。"从万年宫出来往右转，经过会真庙。庙前的大枫树枝叶繁茂，浓荫有几亩地那么宽，树围有几十抱那么粗。辞别道士，回到了船上。

二十三日　登陆，觅换骨岩、水帘洞诸胜。命移舟十里，候于赤石街，余乃入会真观，谒武彝君[1]及徐仙遗蜕。出庙，循幔亭东麓北行二里，见幔亭峰后三峰骈立[2]，异而问之，三姑峰也。换骨岩即在其旁，望之趋。登山里许，飞流汩然[3]下泻。俯瞰其下，亦有危壁，泉从壁半突出，疏竹掩映，殊有佳致。然业已上登，不及返顾，遂从三姑又上半里，抵换骨岩，岩即幔亭峰后崖也。岩前有庵。从岩后悬梯两层，更登一岩。岩不甚深，而环绕山巅如叠嶂。土人新以木板循岩为室，曲直高下，随岩宛转。循岩隙攀跻而上，几至幔亭之顶，以路塞而止。返至三姑峰麓，绕出其后，复从旧路下，至前所瞰突泉处。从此越岭，即水帘洞路；从此而下，即突泉壁也。余前从上瞰，未尽其妙，至是复造其下。仰望突泉又在半壁之上，旁引水为碓[4]，有梯架之，凿壁为沟以引泉。余循梯攀壁，至突泉下。其坳仅二丈，上下俱危壁，泉从上壁堕坳中，复从坳中溢而下堕。坳之上下四旁，无处非水，而中有一石突起可坐。坐久之，下壁循竹间路，越岭三重，从山腰约行七里，乃下坞。穿石门而上，半里，即水帘洞⑤。危崖千仞，上突下嵌，泉从岩顶堕下。岩既雄扩，泉亦高散，千条万缕，悬空倾泻，亦大观也！其岩高矗上突，故岩下构室数重，而飞泉犹落槛外。

【注释】

①武彝君：武彝这个名字著于汉代，相传武彝君在八月十五日这天上山，置幔亭，化虹桥，将乡人们聚集在此宴饮。武彝山也因神人武彝君的居住而得名。②骈立：并立。③汩然：形容水流凌乱而湍急的样子。④碓（duì）：原指一种舂米器具，此指利用水力的水碓。

【译文】

二十三日　登上岸边，探寻换骨岩、水帘洞等各处胜景。命人将游船移动十里路，等候在赤石街，我于是走进会真观，拜谒了武彝君神像和徐仙遗体。从会真庙出来，顺着幔亭峰东麓往北走了二里路，看到幔亭峰后面并排屹立着三座山峰，因其奇异而向人打听，原来这是三姑峰。换骨岩就在三姑峰的旁边，望着换骨岩而快步向它走去。登上山走了一里多路，就见飞流凌乱而湍急地向下倾泻。俯身鸟瞰下面，也有险峻的岩壁，泉水从岩壁的半腰处奔流而出，稀疏的竹林遮掩衬托着，令人萌生出特别好的兴致。然而已经登上三姑峰，来不及返回去观赏了，于是从三姑峰又往上走了半里路，到达换骨岩，换骨岩就是幔亭峰后面的岩崖。换骨岩前面有一座庵。从换骨岩后面的两层悬梯，再登上另一处悬岩。这悬岩不是很深邃，环绕着山巅就像重叠的山峰一样。当地人用木板沿着岩壁而修筑了房屋，有的弯，有的直，有的高，有的矮，都是随着蜿蜒曲折的岩壁修筑的。顺着岩壁的缝隙往上攀登，几乎就要到幔亭峰的峰顶了，由于道路被阻塞而停了下来。回到三姑峰麓，从山峰后面绕了出来，再从旧路下山，到达之前俯身鸟瞰泉水奔流的地方。从这里翻过山岭，就是通往水帘洞的道路；从这里下去，就是奔突泉水所流出来的岩壁。我之前从上面俯瞰，没能赏尽它的妙处，到了现在又来到了它的下面。抬头看那奔突的流泉，又在半壁之上，旁边有人引泉水推动石碓，岩壁上架设着梯子，岩壁上有一条凿好的沟用来引导泉水。我顺着梯子登上岩壁，来到了奔突流泉的下面。那凹处只有二丈宽，上下都是峻峭的岩壁，泉水从上面的岩壁上坠落到凹处，满溢后又从凹处朝下坠落。那凹处的上下和四周，到处都是水，而中央的一块突起来的石头可供人坐。在上面坐了许久之后，爬下岩壁顺着竹林间的小道，翻过三重山岭，从山腰处走了约七里路，才下到了山坳中。穿过石门往上走，半里路后，就来到了水帘洞。峻峭的山崖高达千仞，上部高突，下部凹嵌，泉水从山崖顶上往下坠落。山岩既雄伟宏阔，泉水也是从高高的崖顶散落而下，形成千条万缕的水柱，悬空倾泻下来，也是一大奇观啊！那山岩高高挺立而上部突出，因此山岩下面构筑了数层房屋，而飞流直下的泉水仍然落在房屋栏杆以外。

先在途闻睹阁寨颇奇，道流[1]指余仍旧路，越山可至。余出石门，爱坞溪之胜，误走赤石街[2]道。途人指从此度小桥而南，亦可往。从之，登山入一隘，两山夹之，内有岩有室，题额乃“杜辖岩”，土人讹为睹阁耳。再入，又得一岩，有曲槛悬楼，望赤石街甚近。遂从旧道，三里，渡一溪，又一里，则赤石街大溪也。下舟，挂帆二十里，返崇安。

【注释】

❶ 道流：指道士。❷ 赤石街：今仍作赤石，位于武夷山市南境，崇溪与武彝溪的交汇处。

【译文】

之前在途中听说睹阁寨十分奇险，道士指点我仍旧走旧路，翻过山岭就到了。我从石门出来，特别喜欢山坳、溪流的胜景，因而误走了前往赤石街的道路。路上的行人指点说从这里走过小桥然后往南面走，也可以到达。我听从他的指点，登上山走进了一个山隘，两旁的峰峦夹着它，山隘里有山岩和房屋，题额是“杜辖岩”，是当地人错称为睹阁寨了。再往里走，又看到一座山岩，有曲折的栏杆和高悬的楼宇，从这里看赤石街离得很近。于是从旧路上走了三里，渡过一条溪水，又走了一里路，就到了赤石街大溪。登上游船，撑起风帆行了二十里路，返回崇安。

游庐山日记

• 江西九江府　山之阴为九江府　山之阳为南康府 •

戊午[1]，余同兄雷门[2]、白夫，以八月十八日至九江[3]。易小舟，沿江南入龙开河，二十里，泊李裁缝堰。登陆，五里，过西林寺，至东林寺[4]。寺当庐山之阴，南面庐山，北倚东林山。山不甚高，为庐之外廓。中有大溪，自东而西，驿路界其间，为九江之建昌[5]孔道。寺前临溪，入门为虎溪桥，规模甚大，正殿夷毁，右为三笑堂。

【注释】

❶ 戊午：即明万历四十六年（公元 1618 年）。❷ 雷门：名应震，与作者同岁，是作者族兄，曾任兵马司指挥，善作诗，好游历。❸ 九江：位于长江南岸，即今江西省九江市，明为九江府，辖德化。❹ 东林寺：位于庐山西北麓，由东晋高僧慧远创建，是佛教净土宗的发祥地。❺ 建昌：明为县，隶属南康府，辖今江西省永修县的艾城。

【译文】

戊午年八月十八日，我与同族的兄长雷门、白夫到达九江。换了小船，沿着长江往南面进入龙开河，行驶了二十里路，停泊在李裁缝堰。上了岸，步行五里路，途经西林寺，来到东林寺。东林寺正对庐山之北，其南面对着庐山，北边靠着东林山。东林山不是特别高，属于庐山的外廓。山中有一条大溪，从东流向西，中间有一条大道，是九江到建昌的交通要道。东林寺前门临靠溪水，进了门就是虎溪桥，规模很大，正殿已经完全被毁坏，右侧是三笑堂。

十九日　出寺，循山麓西南行。五里，越广济桥，始舍官道，沿溪东向行。又二里，溪回山合，雾色霏霏如雨。一人立溪口，问之，由此东上为天池大道，南转登石门，为天池寺之侧径。余稔知石门之奇，路险莫能上，遂请其人为导，约二兄径至天池相待。遂南渡小溪二重，过报国寺，从碧条香蔼[1]中攀陟五里，仰见浓雾中双石屼立[2]，即石门也。一路由石隙而入，复有二石峰对峙。路宛转峰罅，下瞰绝涧诸峰，在铁船峰旁，俱从涧底矗耸直上，离立咫尺[3]，争雄竞秀，而层烟叠翠，澄映四外。其下喷雪奔雷，腾空震荡，耳目为之狂喜。门内对峰倚壁，都结层楼危阙。徽人邹昌明、毕贯之新建精庐[4]，僧容成焚修其间。从庵后小径，复出石门一重，俱从石崖上，上攀下蹑，磴穷则挽藤，藤绝置木梯以上。如是二里，至狮子岩。岩下有静室。越岭，路颇平。再上里许，得大道，即自郡城[5]南来者。历级而登，殿已当前，以雾故犹不辨。逼之，而朱楹彩栋，则天池寺[6]也，盖毁而新建者。由右庑[7]侧登聚仙亭，亭前一崖突出，下临无地，曰文殊台。出寺，由大道左登披霞亭。亭侧岐路东上山脊，行三里。由此再东二里，为大林寺；由此北折而西，曰白鹿升仙台[8]；北折而东，曰佛手岩[9]。升仙台三面壁立，四旁多乔松，高帝御制《周颠仙庙碑[10]》在其顶，石亭覆之，制甚古。佛手岩穹然轩峙，深可五六丈，岩端石歧横出，故称“佛手”。循岩侧庵右行，崖石两层，突出深坞，上平下仄[11]，访仙台遗址也。台后石上书“竹林寺[12]”三字。竹林为匡庐[13]幻境，可望不可即；台前风雨中，时时闻钟梵声[14]，故以此当之。时方云雾迷漫，即坞中景亦如海上三山[15]，何论竹林？还出佛手岩，由大路东抵大林寺。寺四面峰环，前抱一溪。溪上树大三人围⑯，非桧非杉，枝头着子累累，传为宝树，来自西域，向有二株，为风雨拔去其一矣。

【注释】

①碧条香蔼：碧绿的石条台阶，芬芳的雾霭云气。②屼（wù）立：指高耸秃立。③咫（zhǐ）尺：距离很近。咫，古代将八寸称为咫。④精庐：指古代学舍、书斋和集生徒讲学处，也叫精舍。后也用以称僧人、道士居住或讲道说法的地方，并成为寺院异名。⑤郡城：指九江府城。⑥天池寺：明代称护国寺，即今庐山大天池。山上有一方终年不干涸的池水，池边的长亭就是天池寺原址。⑦庑（wǔ）：指堂下周围的廊屋。⑧白鹿升仙台：今名御碑亭，位于仙人洞西北方的锦绣峰上。⑨佛手岩：参差的岩石有如伸出的人手，因此而得名。上面有“一滴泉”，终年滴水不止。清代时为道士主持，改祭祀吕洞宾，所以改称仙人洞。至今仍称此名。⑩周颠仙庙碑：相传明太祖朱元璋建都南京时，曾经派遣使者来到庐山，寻访一个曾经帮助过朱元璋的疯和尚——周颠仙，得知他已在此地仙逝，便命人在这里建亭立碑。⑪仄：狭窄。⑫竹林寺：现仅有称作“仙路”的竹林小径，一块石头上刻着“竹林寺”三个字，但是四周并未见寺，这就是传说中的“竹林隐寺”。⑬匡庐：即庐山。相传周代时有匡俗等七兄弟隐居在山中，周威烈王曾派遣使者来访，但匡氏兄弟早已离去，只剩下他们所居住的草庐，故将这里称作匡庐，庐山也由此又称匡山。⑭钟梵声：指佛教寺庙里敲钟敬佛诵经的声音。⑮海上三山：是传说中的蓬莱、方丈、瀛洲三座神山。因为山形似壶，所以又名三壶，即蓬壶、方壶、瀛壶。这里借以泛指虚幻缥缈的仙景。⑯“溪上树大”句：此古树俗称三宝树，今仍留存。旁边的石头上有刻记：“晋僧昙诜手植婆罗宝树。”

【译文】

十九日　离开东林寺，顺着山麓往西南方向走。走了五里路，越过广济桥，这才舍弃官道，沿着溪岸往东边走。又走了二里路，溪流曲折萦回，山峦四面环抱，浓浓的雾气仿佛纷飞的细雨。溪口边站着一个人，向他问路，得知从这里往东边上山是天池大路，往南面转登上石门，就是天池寺侧面的小路。我深知石门风景奇绝，道路艰险没法向上攀爬，于是请那个人为我做向导，与二位兄长相约，让他们直接去天池寺等待。于是往南面渡过两条小溪，过了报国寺，在碧绿的石条台阶上、芬芳的雾霭云气中攀登了五里路，抬头望见浓雾之中有一对高耸秃立的石峰，那就是石门。一路上从石岩的缝隙中进入，又看到两座石峰相对屹立。道路在石峰的缝隙中蜿蜒曲折，往下鸟瞰险峻的山涧旁那座座山峰，在铁船峰旁边的，都从山涧底部高耸矗立，直插云天，林立的山峰之间不过咫尺的距离，相互争雄竞秀，而层层云烟缭绕弥漫，笼罩着重重叠叠的翠绿峰峦，澄映于四面八方。山峰下的涧水，水花四溅有如喷雪，澎湃之声有如奔雷，腾空起伏，汹涌震荡，人的耳朵、眼睛因为这种景观而狂喜不已。石门内相对而立的双峰倚靠着岩壁，都构筑着层楼高屋。徽州人邹昌明、毕贯之新修建的精庐里，有个叫容成的僧人在其中焚香修行。从庵后面的小路，又穿过一道石门，都是在石崖上上下攀踏，石磴穷尽了就用手挽着藤条攀缘，没有藤条的地方就架设木梯往上登。这样走了二里路，来到狮子岩。狮子岩下面有一处静室。越过山岭，道路平坦了许多。再向上走一里多路，找到了大路，就是从郡城南边来时的那条路。踏着石阶往上走，一座大殿呈现在眼前，之前因为雾气浓厚所以还辨认不清。走近它，只见红色的柱子、彩色的栋梁，这就是天池寺了，大概是毁坏之后重新建起来的。从右边廊房的侧面登上聚仙亭，聚仙亭前面有一座向外突出的山崖，下面似乎碰不到地，叫作文殊台。出了天池寺，从大路的左边登上了披霞亭。从披霞亭侧面的岔路往东边登上山脊，走了三里路。从这里再往东边走二里路，就是大林寺；从这里转向北再往西，是白鹿升仙台；转向北再往东，是佛手岩。白鹿升仙台三面岩壁峭立，周围多是乔树，高帝御制的《周颠仙庙碑》就在山岩顶端，被石亭覆盖着，其制作工艺十分古朴。佛手岩高高地隆起而屹立，约有五六丈深，岩前端的石头横岔着朝前伸出去，因此称之为“佛手岩”。顺着佛手岩侧面的庵往右面走，山崖的岩石有两层，从深坳中突出，上层平坦下层狭窄，这是访仙台遗址。访仙台后面的岩石上写着“竹林寺”三个字。竹林寺是庐山的幻境，可望而不可即；访仙台的前面，每当在风雨之中时，时时可以听见佛教寺庙里的敲钟声和敬佛诵经的声音，因此称为访仙台。当时恰好云雾弥漫，就是山坳中的景致，也像海上的蓬莱、方丈、瀛洲三座神山一样虚幻缥缈，更何况竹林寺呢？返回来离开佛手岩，从大路往东面走，到达大林寺。大林寺周围有峰峦环卫着，前面有一条溪水环抱着。溪岸上有一棵三人围抱的大树，不是桧树也不是杉树，树的枝头结满了累累硕果，传说这是宝树，从西域而来，原来有两棵，后来被暴风雨拔倒毁去了其中一棵。

二十日　晨雾尽收。出天池，趋文殊台。四壁万仞，俯

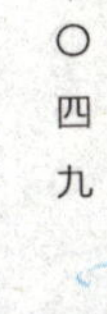

视铁船峰，正可飞舄[1]。山北诸山，伏如聚蚁。匡湖[2]洋洋山麓，长江带之，远及天际。因再为石门游，三里，度昨所过险处，至则容成方持贝叶[3]出迎，喜甚，导余历览诸峰。上至神龙宫右，折而下，入神龙宫。奔涧鸣雷，松竹荫映，山峡中奥寂境也。循旧路抵天池下，从歧径东南行十里，升降于层峰幽涧；无径不竹，无阴不松，则金竹坪也。诸峰隐护，幽倍天池，旷则逊之。复南三里，登莲花峰侧，雾复大作。是峰为天池案山，在金竹坪则左翼也。峰顶丛石嶙峋，雾隙中时作窥人态，以雾不及登。

【注释】

❶ 飞舄（xì）：指像神仙一样来去。舄，古代的一种加木底的鞋子。❷ 匡湖：指鄱阳湖。鄱阳湖位于江西省北部，长江中下游南岸。它是中国最大的淡水湖，现有面积 3976 平方公里，湖面海拔为 21 米。❸ 贝叶：即贝多树叶。形似棕榈，产自印度，中国云南西双版纳也有。贝叶可以当作纸来用，常被佛教徒用以写经，因此也将佛经称为贝叶。

【译文】

二十日　清晨的雾气已经消失殆尽了。从天池寺出来，往文殊台走去。四周的岩壁有万仞之高，俯瞰铁船峰，好似一只可供神仙来去乘坐的飞舄。山北边的各座峰峦，低矮得像是聚集在一起的蚂蚁。鄱阳湖边浩浩荡荡地绵延几十里山麓，长江宛如它的一条衣带，而江水却远远地流向了天际。因此第二次游历石门，走了三里路，越过昨天经过的险要之处，到达时容成和尚正拿着佛经走出来迎接，非常高兴，引领着我逐一游览各座山峰。往上走到了神龙宫的右边，转身往下走，进入神龙宫。涧水奔流，声如雷鸣，松树竹林，交相荫映，这是山峡中神秘而幽静的境域。顺着旧路到达天池寺下面，从岔路往东南方向走了十里路，在层叠的峰峦、幽深的山涧之间上下攀爬；哪条路上都有竹林，哪处的北坡都是松树，这样的地方就是金竹坪了。各座山峰隐隐地相互掩映，比天池寺更要幽深得多，而宽旷的程度却比天池寺逊色了些。又往南面走了三里路，登上莲花峰的侧面，雾气再次升腾起来。莲花峰是天池寺的案山，对于金竹坪来说则是左翼了。峰顶上重叠峻峭的岩石丛，在雾气的空隙之中好像不时地摆出窥视他人的神态。因云雾弥漫，无法登上峰顶。

越岭东向二里，至仰天坪，因谋尽汉阳[1]之胜。汉阳为庐山最高顶，此坪则为僧庐之最高者。坪之阴，水俱北流从九江；其阳，水俱南下属南康[2]。余疑坪去汉阳当不远，僧言中隔桃花峰，尚有十里遥。出寺，雾渐解。从山坞西南行，循桃花峰东转，过晒谷石，越岭南下，复上则汉阳峰也。先是遇一僧，谓峰顶无可托宿，宜投慧灯僧舍，因指以路。未至峰顶二里，落照盈山，遂如僧言，东向越岭，转而西南，即汉阳峰之阳也。一径循山，重嶂幽寂，非复人世。里许，蓊然竹丛中得一龛[3]，有僧短发覆额，破衲[4]赤足者，即慧灯也，方挑水磨腐。竹内僧三四人，衣履揖客，皆慕灯远来者。复有赤脚短发僧从崖间下，问之，乃云南鸡足山[5]僧。灯有徒，结茅于内，其僧历悬崖访之，方返耳。余即拉一僧为导，攀援半里，至其所。石壁峭削，悬梯以度，一茅如慧灯龛。僧本山下民家，亦以慕灯居此。至是而上仰汉阳，下俯绝壁，与世敻隔矣。暝色已合，归宿灯龛。灯煮腐相饷，前指路僧亦至。灯半月一腐，必自己出，必遍及其徒。徒亦自至，来僧其一也。

【注释】

❶ 汉阳：即汉阳峰，海拔 1474 米，是庐山的最高峰，因其北面还有小汉阳峰，为与之区别开来，故称此峰为大汉阳峰。❷ 南康：即今江西省星子县，明为府，辖星子。❸ 龛（kān）：供奉着佛像的小阁子。❹ 衲（nà）：本义指缝补。而僧徒的衣服常由诸多碎布补缀而成，因此便以“衲”代称僧衣。❺ 鸡足山：位于云南省宾川城西北 80 公里处，是中国十大佛教名山之一，因形似鸡足而得名。

【译文】

翻过山岭往东走二里路，抵达仰天坪，因而打算将汉阳峰的所有风景名胜都游览一遍。汉阳峰是庐山的最高顶，而这仰天坪就是僧人庐舍的最高处了。仰天坪的北边，溪水都往北流去，归属于九江府；仰天坪的南边，溪水都朝南面下淌，归属于南康府。我怀疑仰天坪距离汉阳峰应该不会太远，僧人说两峰之间隔着桃花峰，还有十里路的距离。从寺门出来，雾渐次散去。从山坳的西南边走，顺着桃花峰往东转，途经晒谷石，翻过山岭往南下去，再向上走就是汉阳峰了。之前遇到一位僧人，说是汉阳峰顶没有可以落宿的地方，最好投宿于慧灯和尚的僧舍，因此指点了道路。距离峰顶还有二里路的时候，落日的余晖映照满山，于是按照那位僧人所说的，往东翻过山岭，转而向西南行，就到了汉阳峰的南面。一条小路顺着山延伸出去，层峦叠嶂，幽静沉寂，仿佛已经不再是人间了。走了一里多路，在茂密的竹丛之中找到了一间供奉着佛像的小阁子，有一位短发盖住前额，身穿破烂僧衣，打着赤脚的和尚，这就是慧灯，他正在挑水磨豆腐。竹丛中还有三四个和尚，衣着整洁揖让待客，他们都是因为慧灯而慕名从远处来的。又有一位赤脚、短发的和尚从山崖间走了下来，询问过后，才知道原来他是云南鸡足山的和尚。慧灯有位徒弟，在山里建有茅屋，鸡足山的那位和尚翻过悬崖去拜访他，刚刚返回来。我随后拉着一位和尚给我做向导，攀缘半里路，来到了慧灯徒弟的住所。石壁笔直陡峭有如刀削，架设悬梯渡了过去，看到一间像慧灯和尚那间小屋似的茅屋。这个和尚原本是山下的百姓，也是因为仰慕慧灯而居住在此的。到了这里，抬头往上看汉阳峰，往下看悬崖绝壁，仿佛真的是与人世远远地隔离开来了。暮色已经降临，返回到慧灯和尚的小屋子里歇宿。慧灯煮了豆腐款待我们，之前为我指点道路的和尚也来了。慧灯和尚每半个月磨一次豆腐，必定都是由他亲自做出来的，必定让他所有的徒弟都尝个遍。他的徒弟也都自己过来吃，来的和尚就是其中的一位。

二十一日　别灯，从龛后小径直跻汉阳峰。攀茅拉棘，二里，至峰顶。南瞰鄱湖[1]，水天浩荡。东瞻湖口[2]，西盼建昌，诸山历历，无不俯首失恃[3]。惟北面之桃花峰，铮铮[4]比肩，然昂霄逼汉[5]，此其最矣。下山二里，循旧路，向五老峰[6]。汉阳、五老，俱匡庐南面之山，如两角相向，而犁头尖界于中，退于后，故两峰相望甚近。而路必仍至金竹坪，绕犁头尖后，出其左胁，北转始达五老峰，自汉阳计之，且三十里。余始至岭角，望峰顶坦夷，莫详五老面目。及至峰顶，风高水绝，寂无居者。因遍历五老峰，始知是山之阴，一冈连属；阳则山从绝顶平剖，列为五枝，凭空下坠者万仞，外无重冈叠嶂之蔽，际目[7]甚宽。然彼此相望，则五峰排列自掩，一览不能兼收；惟登一峰，则两旁无底。峰峰各奇不少让，真雄旷之极观也！

【注释】

①鄱湖：为鄱阳湖的省称。②湖口：即今江西省湖口县，明为县，隶属九江府。③失恃：古称幼而失母为失恃。这里形容群峰在脚下蜷缩的样子，就像无所依托的幼小孤儿一样。④铮铮：坚挺的样子。⑤昂霄逼汉：昂首直冲云天。⑥五老峰：五老峰是五个山峰的统称，它们原出一山，因峰顶被垭口所断，分列为五个山峰，有如五位老翁席地而坐，故称五老峰。⑦际目：视野。

【译文】

二十一日　辞别了慧灯和尚，从小屋子后面的小路直接向汉阳峰攀爬而去。攀缘着茅草、拉扯着荆棘，登了二里路，到达汉阳峰峰顶。从南边鸟瞰鄱阳湖，浩浩荡荡的湖水宛如与天际相连接。往东边遥望湖口县，往西边遥看建昌，各座山峰一一排列在眼前，清晰分明，都像是失去了倚仗的幼小孤儿般低头蜷缩着。只有北边的桃花峰，其坚挺峭拔的样子可以与汉阳峰并肩媲美，然而它昂首直冲云天这一点，是它最出众的地方。下山走了二里路，顺着旧路，朝五老峰进发。汉阳峰、五老峰，都是庐山南边的山峰，如同两支相对的牛角，而犁头尖则位于两者之间，退于其后，因此两座山峰相互对望着距离很近。而道路必须仍旧走到金竹坪，绕到犁头尖的后面，从它的左侧出来，再往北转，才能抵达五老峰，从汉阳开始计算路程，已经有三十里路了。我刚到达岭角，远远望去，看到峰顶很是平坦，不能清楚地辨认五老峰的面貌。等到了峰顶，只见风很猛烈，流水全无，空寂幽静，无人居住。因游遍五老峰，才得知这山的北边，同是一冈相互连属；而山的南边，则从山峰绝顶平剖开来，分列为五支，好似从空中下坠万仞之深，

其外没有重峦叠嶂的遮蔽，视野十分广阔。然而五座山峰彼此相望，排成一线，相互遮掩，一眼望去，不能将五峰尽收眼底；只能登上一座山峰，而峰两旁仿佛没有底一样。座座山峰各有险奇美景，没有稍微逊色的地方，真是雄伟宏广的极致景观啊！

仍下二里，至岭角。北行山坞中，里许，入方广寺，为五老新刹[1]。僧知觉甚稔三叠之胜[2]，言道路极艰，促余速行。北行一里，路穷，渡涧。随涧东西行，鸣流下注乱石，两山夹之，丛竹修枝，郁葱上下，时时仰见飞石，突缀其间，转入转佳。既而涧旁路亦穷，从涧中乱石行，圆者滑足，尖者刺履。如是三里，得绿水潭。一泓深碧，怒流倾泻于上，流者喷雪，停者毓[3]黛[4]。又里许，为大绿水潭。水势至此将堕，大倍之，怒亦益甚。潭前峭壁乱耸，回互逼立，下瞰无底，但闻轰雷倒峡之声，心怖目眩，泉不知从何坠去也。于是涧中路亦穷，乃西向登峰。峰前石台鹊起，四瞰层壁，阴森逼侧。泉为所蔽，不得见，必至对面峭壁间，方能全收其胜。乃循山冈，从北东转。二里，出对崖，下瞰，则一级、二级、三级之泉，始依次悉见。其坞中一壁，有洞如门者二，僧辄指为竹林寺门云。顷之，北风自湖口吹上，寒生粟[5]起，急返旧路，至绿水潭。详观之，上有洞翕然[6]下坠。僧引入其中，曰："此亦竹林寺三门之一。"然洞本石罅夹起，内横通如"十"字，南北通明，西入似无底止。出，溯溪而行，抵方广，已昏黑。

【注释】

❶ 刹（chà）：是梵语"刹多罗"的省音译，本义是指佛塔顶部的装饰，也称相轮，后来则将佛寺通称为刹。❷ 三叠之胜：即今三叠泉瀑布。位于庐山东谷会仙亭

旁边，泉的下面是观音洞，洞的下面是绿水潭，绿水潭岸边的岩石上刻有“竹影疑踪”四字。③毓（yù）：同“育”，生的意思。④黛（dài）：指深青色。⑤粟：指皮肤因寒冷而起的小疙瘩，即今所谓鸡皮疙瘩。⑥翕（xī）然：敛缩的样子。

【译文】

仍旧下山，走了二里路，到达岭角。往北边走，在山坳中行进，约一里路后，进入方广寺，这是五老峰上新修建的佛寺。知觉和尚十分熟悉三叠泉瀑布的胜景，说是道路极其艰险，催促我快些走。往北走了一里路后，道路穷尽，渡过溪涧，顺着溪涧岸边往东西方向走，哗哗流淌的涧水流进乱石之中，两边有山相夹而立，丛生的竹子、修长的树枝，葱葱郁郁地遍布上上下下，不时抬头看那裸露在外的岩石，就好像飞动在绿色中，点缀于山间，越往里走景色越美。接着，涧水岸边的路也穷尽了，只好踏着涧中的乱石往前走，圆的石头令脚打滑，尖的石头顶刺鞋子。就这样走了三里路，遇到了绿水潭。一汪深深的碧绿潭水，其上有汹涌的涧流向下倾泻，奔突的涧水溅起阵阵雪白的水花，犹如喷雪一般，而贮存在潭中的水，则呈深青色。又走了一里多路，就到了大绿水潭。到了这里，流水的态势眼看将要下坠，流量比以前的大一倍，汹涌得也更加厉害了。潭水前方的峭壁毫无规则地直耸着，回环交错地相互逼近对立，向下鸟瞰，仿佛看不到底，只听见轰隆隆的雷声般的似乎要把峡谷震倒的响声，心里十分恐惧，眼前昏花难辨，不知道泉水是从什么地方坠下去的。到了这里，涧中的道路也没有了，于是往西攀登山峰。山峰前面的石台依势崛起，环顾四周的层层崖壁，只觉得阴森而狭窄。泉水被崖石遮蔽住，不能看到，必须要到对面的峭壁之间，才能够看清这里的全部胜景。于是顺着山冈，从北面往东转。二里路后，走到对面的峭壁上，向下鸟瞰，则第一级、第二级、第三级的流泉景观，才依次全部看了个清楚。那山坳之中的一座崖壁之上，有两个像门那么大的洞，知觉和尚就指着它说这是竹林寺的大门。过了一会儿，从湖口吹上来一阵北风，寒冷使人战栗得浑身起鸡皮疙瘩，急忙从旧路返回，到了绿水潭。仔仔细细地观察绿水潭，看到上面有洞敛缩凹陷着朝下坠。知觉和尚领着我走进里面，说：“这也是竹林寺三门中的一个。”然而这个洞原本是由石岩的缝隙相夹而成，洞内横通有如一个“十”字，南北通透明亮，从西面进去仿佛没有底似的。从洞里出来，逆着溪流的方向走，到达方广寺的时候，天已经昏黑了。

二十二日　出寺，南渡溪，抵犁头尖之阳。东转下山，

十里，至楞伽院侧。遥望山左胁，一瀑从空飞坠，环映青紫，夭矫[1]滉漾[2]，亦一雄观。五里，过栖贤寺，山势至此始就平。以急于三峡涧，未之入。里许，至三峡涧。涧石夹立成峡，怒流冲激而来，为峡所束，回奔倒涌，轰振山谷。桥悬两崖石上，俯瞰深峡中，迸珠戛玉[3]。过桥，从歧路东向，越岭趋白鹿洞[4]。路皆出五老峰之阳，山田高下，点错民居。横历坡陀[5]，仰望排嶂者三里，直入峰下，为白鹤观。又东北行三里，抵白鹿洞，亦五老峰前一山坞也。环山带溪，乔松错落。出洞，由大道行，为开先道。盖庐山形势，犁头尖居中而少逊，栖贤寺实中处焉；五老左突，下即白鹿洞；右峙者，则鹤鸣峰也，开先寺[6]当其前。于是西向循山，横过白鹿、栖贤之大道，十五里，经万松寺，陟一岭而下，山寺巍然南向者，则开先寺也。从殿后登楼眺瀑，一缕垂垂，尚在五里外，半为山树所翳[7]，倾泻之势，不及楞伽道中所见。惟双剑崭崭众峰间，有芙蓉插天之态；香炉一峰，直山头圆阜[8]耳。从楼侧西下壑，涧流铿然[9]泻出峡石，即瀑布下流也。瀑布至此，反隐不复见，而峡水汇为龙潭，澄映心目。坐石久之，四山暝色，返宿于殿西之鹤峰堂。

【注释】

❶ 夭矫：形容姿态伸展屈曲而气势飞腾的样子。❷ 滉（huàng）漾：形容水浮动荡漾的样子。❸ 迸（bèng）珠戛（jiá）玉：形如珍珠四溅飞射，声如敲击玉石之响。迸，四溅飞射。戛，敲击。❹ 白鹿洞：相传唐代江州刺史李渤在此读书时，曾随身养着一只白鹿，故此得名白鹿洞。宋代时此处设立书院，与岳麓、睢阳、嵩阳齐名，是当时闻名遐迩的书院。朱熹在南康做知军，也曾在此聚徒讲学。白鹿洞在历代都不止一次地修建过。❺ 坡陀（tuó）：不平坦。坡，山之旁称为坡，一作“陂”。陀，岩之际称为陀。❻ 开先寺：位于庐山南麓的鹤鸣峰下，

于南唐时期创建。公元1707年，康熙敕书“秀峰寺”，从此改名。历代的名人碑刻众多。⑦翳（yì）：遮蔽。⑧阜（fù）：土山，小山丘。⑨铿然：形容声音响亮而有力的样子。

【译文】

二十二日　出了方广寺，从南边渡过溪水，到了犁头尖的南侧。往东转下山，走了十里路，到达楞伽院的侧面。遥望山峰左侧半腰处，一条瀑布从空中飞坠下来，环映出周围青青紫紫的山色，荡漾之中显出一种屈曲而飞腾的气势，也是一种雄丽的景观。走了五里路，途经栖贤寺，山的走势到这里开始趋向平缓。因为急于游览三峡涧，就没有进入栖贤寺。走了一里多路，到达三峡涧。三峡涧是由夹立的石壁形成的峡口，澎湃的水流急冲而下，却被峡口所制约，回旋奔涌，倒流激荡，轰鸣声震荡着整个山谷。一座桥悬架于两边的岩崖之上，在桥上俯身观望那深深的峡谷，激荡的涧流形如珍珠四溅飞射，声如敲击玉石之响。走过这座桥后，从岔路往东面走，翻越山岭前往白鹿洞。道路都出现在五老峰的南边，山间的田地高下不一，星星点点的民居错落散布。横行经过的道路十分不平坦，抬头看那层峦叠嶂的地方还有三里的路程，直接进入山峰的下面，抵达了白鹤观。又往东北方向走了三里路，到达白鹿洞，这里也是五老峰前面的一个山坳。环山的溪流宛如衣带，高大的松树错落生长于山间。出了白鹿洞，从大路上行走，这是通向开先寺的道路。大概在庐山的山形走势之中，犁头尖处于中间稍偏一些，而栖贤寺实际上正处于中央地带；五老峰朝左面突出，其下就是白鹿洞了；右侧笔直耸立着的，就是鹤鸣峰，开先寺恰好位于它的前面。于是往西边走，顺着山峰，横穿通往白鹿洞、栖贤寺的大路，走了十五里路，途经万松寺，登上一座山岭而后下山，那座巍然朝南的山寺，就是开先寺。从大殿后面登上楼宇，远远地眺望那飞瀑，一缕垂垂下落的水帘，还在五里路以外，其一半被山间的树木所遮掩着，那倾泻而下的态势，不如在楞伽道中所看见的那样壮丽。只有双剑峰高高地耸立于众峰之间，显出了芙蓉插天的态势；香炉峰的那座山峰，山体挺拔而顶部形成圆形的土山丘。从楼宇侧面往西走下山沟，溪涧流水从峡石口铿然下泻，这就是瀑布的下流了。瀑布到了这里，反而隐蔽起来不再能看得见，而峡石口的流水汇集起来形成龙潭，潭水澄澈得仿佛能映照出人的心境和眼睛似的。在石头上坐了很长一段时间，直到周围的峰峦都已经沉入到夜色之中，才回到大殿西面的鹤峰堂里歇宿。

二十三日　由寺后侧径登山。越涧盘岭，宛转山半。隔峰复见一瀑，并挂瀑布之东，即马尾泉也。五里，攀一尖峰，绝顶为文殊台。孤峰拔起，四望无倚，顶有文殊塔。对崖削立万仞，瀑布轰轰下坠，与台仅隔一涧，自巅至底，一目殆[1]无不尽。不登此台，不悉此瀑之胜。下台，循山冈西北溯溪，即瀑布上流也。一径忽入，山回谷抱，则黄岩寺据双剑峰下。越涧再上，得黄石岩。岩石飞突，平覆如砥。岩侧茅阁方丈，幽雅出尘。阁外修竹数竿，拂群峰而上，与山花霜叶，映配峰际。鄱湖一点，正当窗牖[2]。纵步溪石间，观断崖夹壁之胜。仍饭开先，遂别去。

【注释】

①殆：表推测，大概，几乎。②窗牖（yǒu）：即窗户。牖，指古代建筑中堂与室间的窗子，后泛指窗。

【译文】

二十三日　从开先寺后面的侧边小道攀登山峰。越过溪涧，盘旋于山岭之中，在山峰半腰处蜿蜒曲折地行进。隔着山峰又看到另外一条瀑布，并列挂在这条瀑布东边的，就是马尾泉。走了五里路，攀登一座尖峰，其峰顶上是文殊台。一座孤立的山峰拔地而起，环顾四周，无所靠倚，峰顶上建有文殊塔。对面的岩崖如刀削般挺立，高达万仞，瀑布发出轰隆隆的声响飞坠下去，与文殊台仅有一涧之隔，从岩崖之巅到岩崖之底，一眼望去，几乎没有看不到的。不登临这座文殊台，就不能完全地看清这条瀑布的绝妙胜景。从文殊台下去，沿着山冈的西北方向追溯溪流，就是瀑布的上流了。一条小路忽然伸进来，环抱着山谷，而黄岩寺恰好高高地盘踞在双剑峰的下面。越过溪涧再往上攀登，就到了黄石岩。这里的岩石有的突兀奇异，有的平展如磨刀石。石岩侧面的茅草阁有一丈见方，幽静雅致脱离尘俗。茅草阁的外面有几株修长的竹子，在群峰之上轻轻地摆动着，它们与山花、秋天的霜叶，交相辉映着相配于山峰之间。远眺鄱阳湖的那一片碧水，正面对着窗户。在溪涧、岩石之间放开步伐，观赏断崖、夹壁等种种美丽的景致。仍旧在开先寺吃饭，饭后辞别离去。

游黄山日记（后）

戊午九月初三日　出白岳[1]榔梅庵，至桃源桥。从小桥右下，陡甚，即旧向黄山路也。七十里，宿江村。

【注释】

❶白岳：白岳山，今名齐云山，位于安徽省休宁县城西15公里处，海拔585米。是中国道教四大名山之一。

【译文】

戊午年九月初三日　走出白岳山榔梅庵，来到桃源桥。顺着小桥的右侧下山，十分险陡，这就是之前去黄山所走的路。行程七十里，歇宿于江村。

初四日　十五里，至汤口。五里，至汤寺，浴于汤池。扶杖望硃砂庵而登。十里，上黄泥冈。向时[1]云里诸峰，渐渐透出，亦渐渐落吾杖底。转入石门[2]，越天都之胁而下，则天都、莲花二顶，俱秀出天半。路旁一岐东上，乃昔所未至者，遂前趋直上，几达天都侧。复北上，行石罅中。石峰片片夹起，路宛转石间，塞者凿之，陡者级之[3]，断者架木通之，悬者植梯接之。下瞰峭壑阴森，枫松相间，五色纷披，灿若图绣。因念黄山当生平奇览，而有奇若此，前未一探，兹游快且愧矣！

【注释】

❶向时：原指从前、昔日，这里是指刚才。❷石门：应即今黄山云巢洞。清代

人王灼在《黄山纪游》中写道："有巨石当路，而中空如门，累石为磴，其间可数十级，题之曰云巢。"③级之：指修出台阶。

【译文】

初四日　走了十五里路，到达汤口。又走五里路，来到汤寺，在汤池中沐浴。手持拐杖，遥望着硃砂庵向上攀登。十里路后，登上了黄泥冈。刚才云雾缭绕的座座山峰，已渐渐地显露了出来，也渐渐地落在了我的手杖之下。转而进入石门，从天都峰的侧面穿越下去，于是天都、莲花两座山峰的峰顶，都秀丽地突出于天空之中。道路旁边有一条往东面上去的岔路，那是我从前没有走过的，于是顺着岔路往前走，几乎快要上到天都峰的侧面了。又朝北往上走，在岩石缝隙中穿行。一片片石峰夹在道路两边高高地耸起，路在石峰之间蜿蜒而去，阻塞的地方被凿出通道，陡峭的地方修出了台阶，断裂的地方搭设木桥以通行，悬空的地方安置梯子以连接。往下望去，沟谷险峻、阴森，枫树和松树夹杂而生，五彩缤纷，灿烂得犹如图画、锦绣一般。于是想到游历黄山应该是我有生以来的一次奇览旅程，却还有这样的奇异景致，上一次没有探寻到，这一次的故地重游真是既痛快又惭愧啊！

时夫仆俱阻险行后，余亦停弗上；乃一路奇景，不觉引余独往。既登峰头，一庵翼然，为文殊院，亦余昔年欲登未登者。左天都，右莲花，背倚玉屏风[1]，两峰秀色，俱可手擥[2]。四顾奇峰错列，众壑纵横，真黄山绝胜处！非再至，焉知其奇若此？遇游僧澄源至，兴甚涌。时已过午，奴辈适至。立庵前，指点两峰。庵僧谓："天都虽近而无路，莲花可登而路遥。只宜近盼天都，明日登莲顶。"余不从，决意游天都，挟澄源、奴子仍下峡路。至天都侧，从流石蛇行而上。攀草牵棘，石块丛起则历块，石崖侧削则援崖。每至手足无可着处，澄源必先登垂接。每念上既如此，下何以堪？终亦不顾。历险数次，遂达峰顶。惟一石顶壁起犹数十丈，澄源寻视其侧，得级，挟予以登。万峰无不下伏，独莲花与抗耳。时浓雾半作半止，每一阵至，则对面不见。眺莲花诸峰，多在雾中。独上天都，予至其前，则雾徙于后；予越其右，则雾出于左。其松犹有曲挺纵横者；柏虽大干如臂，无不平贴石上，如苔藓然。山高风巨，雾气去来无定。下盼诸峰，时出为碧峤③，时没为银海；再眺山下，则日光晶晶，别一区宇也。日渐暮，遂前其足，手向后据地，坐而下脱。至险绝处，澄源并肩手相接。度险，下至山坳，暝色已合。复从峡度栈④以上，止文殊院。

【注释】

①玉屏风：应即玉屏峰，是黄山 36 小峰之一。②擥（lǎn）：同“揽”，意为持，握，采摘。③峤（qiáo）：指又尖又高的山峰。④栈（zhàn）：即栈道。在陡峭的岩壁上，依傍山势凿孔、架木、连阁而修成的路，也叫阁道。

【译文】

这个时候仆人们都因为山路阻塞、陡险而落在了后面，我也停下来不往上走了；而那一路上的奇异景致，不知不觉地吸引着我独自前行。已经登上了峰顶，看到一座庵像鸟翅一般张开，叫作文殊院，这也是我前年想登览而没有登览成的地方。左面是天都峰，右面是莲花峰，背倚玉屏峰，莲花、天都这两座秀美的山峰，近得仿佛可以伸手揽住似的。环顾四周，奇峰高下错落地排列着，沟谷众多而交叉纵横，真可以说是黄山上绝妙的胜景！如果不是再次来到黄山，哪里会知道这里竟还有这样奇妙的景致呢？遇见云游僧人澄源也登上了这座山峰，于是兴致更加高涨了。已经过了中午，仆人们才赶到。站在文殊院前面，指着天都、莲花两座山峰评点。庵中的僧人说：“天都峰虽然离得近，却没有路可以上去，莲花峰有路可以上去，但是路程很远。只适宜从近处观赏天都峰，明天再攀登莲花峰峰顶。”我没有听他的建议，下定决心要游览天都峰，于是和澄源、仆人一起仍从原路下到峡谷。到达天都峰的侧面，沿着流石像蛇一样向上爬行。攀缘着草木、抓扯着荆棘，遇到丛密的石块就从中穿过，遇到陡斜的石崖就沿崖而行。每当遇到手脚没有着落之处的时候，一定是澄源先爬上去再伸出手来接应我。一想到爬上去已经这样艰难了，那么下来的时候又该如何面对呢？最终也顾不得了。

经历了好几次危险的境况，终于登上了天都峰的峰顶。峰顶上只有一块几十丈高的岩石耸立着，澄源在岩石旁寻找、观察，找到了石阶，便扶持着我登踏。群峰无一不低伏在脚下，唯独莲花峰与之抗衡着。这时浓雾时而腾起时而消散，每当飘来一阵浓雾，就连对面都看不见了。眺望莲花等各座山峰，大多被笼罩在云雾之中。只有在天都峰峰顶，我走到前面，云雾就被落在身后；我越往右边走，云雾便从左边升起来。峰顶上的松树主干挺拔、横枝弯曲；柏树的枝干虽有手臂那么粗，却全都在岩石上平贴着，就像苔藓那样。山高风大，雾气来去无定踪。往下环顾群峰，有时露出碧绿色的尖峰之顶，有时又淹没在银色的云海之下；再向山下眺望，则是阳光明媚，仿佛是另外一个世界。太阳渐渐西斜，于是把脚伸向前面，用手在后面撑着地，坐着向下滑。滑到险要处，澄源就肩手并用地把我接住。穿过了险要地段，下到山坳中时，暮色已经降临。又从峡谷越过栈道往上走，到文殊院歇宿。

初五日　平明，从天都峰坳中北下二里，石壁岈然[1]。其下莲花洞正与前坑石笋对峙，一坞幽然。别澄源，下山至前岐路侧，向莲花峰而趋。一路沿危壁西行，凡再降升，将下百步云梯，有路可直跻莲花峰。既陟而磴绝，疑而复下。隔峰一僧高呼曰："此正莲花道也！"乃从石坡侧度石隙。径小而峻，峰顶皆巨石鼎峙[2]，中空如室。从其中叠级直上，级穷洞转，屈曲奇诡，如下上楼阁中，忘其峻出天表[3]也。一里，得茅庐，倚石罅中。方徘徊欲升，则前呼道之僧至矣。僧号凌虚，结茅于此者，遂与把臂陟顶。顶上一石，悬隔二丈，僧取梯以度。其巅廓然[4]，四望空碧，即天都亦俯首矣。盖是峰居黄山之中，独出诸峰上，四面岩壁环耸，遇朝阳霁色，鲜映层发，令人狂叫欲舞。

【注释】

[1]岈然：阴森深邃的样子。[2]鼎峙：稳稳地耸立。[3]天表：天外。[4]廓然：开阔舒朗的样子。

【译文】

初五日　天刚亮，就从天都峰山坳中向北下行了二里路，沿途的石壁阴森而深邃。石壁下面的莲花洞恰好与洞前的石笋相对耸立，整个山坳很是幽静。辞别了澄源，下山来到昨天有岔道的路旁，向着莲花峰的方向奔去。一路沿着陡壁往西走，一共上了两回下了两回，快下到百步云梯的时候，就有可以直登莲花峰的路了。往上攀登后，石阶却中断了，怀疑道路有误而又向下走。隔壁山峰上的一位僧人高声喊道："这正是登莲花峰的路！"于是从石坡侧面穿过石岩缝隙。道路狭窄而险峻，峰顶上全是稳稳地耸立着的巨石，巨石中间空阔得像个屋子。从里面一层层的石阶往上走，石阶穷尽处山洞折转了方向，蜿蜒曲折，奇异难测，仿佛在楼阁之中上上下下，让人忘却了此处的地势高出天外。走了一里路，遇到一座依傍在石缝间的茅屋。正犹豫着想要再向上攀登时，之前高呼指路的僧人来了。僧人法号凌虚，是在此构筑茅屋的人，于是和凌虚相互扶持着向顶峰攀登。峰顶上有一块巨大的石头，隔开两丈宽，僧人取来梯子才得以过去。莲花峰顶上非常开阔，环顾四周，那碧蓝的天空，即使是天都峰也要俯首屈居。莲花峰大体上居于黄山的正中央，独自高出群峰直插云天，四面岩壁环抱高耸，遇上朝阳当空的明朗天气，重峦叠嶂交相辉映，焕发出鲜丽的色彩，景致美得令人想要狂叫起舞。

久之，返茅庵。凌虚出粥相饷，啜[1]一盂，乃下。至岐路侧，过大悲顶，上天门。三里，至炼丹台。循台嘴而下，观玉屏风、三海门诸峰，悉从深坞中壁立起。其丹台一冈中垂，颇无奇峻，惟瞰翠微之背，坞中峰峦错耸，上下周映，非此不尽瞻眺之奇耳。还过平天矼，下后海，入智空庵，别焉。三里，下狮子林，趋石笋矼，至向年所登尖峰上。倚松而坐，瞰坞中峰石回攒，藻缋[2]满眼，始觉匡庐、石门，或具一体，或缺一面，不若此之闳博[3]富丽也！久之，上接引崖，下眺坞中，阴阴觉有异。复至冈上尖峰侧，践流石，援棘草，随坑而下，愈下愈深，诸峰自相掩蔽，不能一目尽也。日暮，返狮子林。

【注释】

❶ 啜：饮，吃。❷ 藻缋（huì）：指彩画般的风景。藻，文采。缋，同“绘”，彩画。❸ 闳博：宏大广博。

【译文】

过了很长时间，回到茅屋。凌虚端出粥来款待我，吃了一碗，便下山了。走到岔路边，途经大悲顶，登上了天门。三里路后，到达炼丹台。沿着台嘴往下走，看到了玉屏峰、三海门等各座山峰，全都是从深坳之中拔地而起的。炼丹台山冈居中而低垂，并没有多么奇异险峻，只是看那青山之背，山坳中峰峦交错屹立，上下四周互相映衬，不在这山冈上就不能尽情观览这些奇异的景致。仍旧经过平天矼，下到后海，进入智空僧人的庵中，和他告别。走了三里路，下到狮子林，向石笋矼奔去，来到前年登过的那座尖峰上。靠着松树坐下，俯瞰山坳中环绕簇拥的峰石，彩画一般的风景尽收眼底，才觉得庐山、石门，要么只具备一种景致，要么欠缺某一方面，不像此处这样宏大广博、丰富壮丽！过了许久，登上接引崖，往下眺望山坳中，阴森森的让人感到不同寻常。又来到冈上尖峰的侧面，踏着流石，攀着荆棘杂草，顺着坑势而下，越下越深，群峰相互掩蔽着，不能一眼看尽。太阳西沉时，回到了狮子林。

初六日　别霞光，从山坑向丞相原。下七里，至白沙岭[1]，霞光复至。因余欲观牌楼石，恐白沙庵[2]无指者，追来为导。遂同上岭，指岭右隔坡，有石丛立，下分上并，即牌楼石也。余欲逾坑溯涧，直造其下。僧谓：“棘迷路绝，必不能行。若从坑直下丞相原，不必复上此岭；若欲从仙灯而往，不若即由此岭东向。”余从之，循岭脊行。岭横亘天都、莲花之北，狭甚，旁不容足，南北皆崇峰夹映。岭尽北下，仰瞻右峰罗汉石，圆头秃顶，俨然二僧也。下至坑中，逾涧以上，共四里，登仙灯洞。洞南向，正对天都之阴。僧架阁连板于外，而内犹穹然，天趣未尽刊[3]也。复南下三里，过丞相原[4]，山间一夹地耳。其庵颇整，四顾无奇，竟不入。复南向循山腰行，五里，渐下。涧中泉声沸然，从石间九级下泻，每级一下有潭渊碧，所谓九龙潭[5]也。黄山无悬流飞瀑，惟此耳。又下五里，过苦竹滩[6]，转循太平县路，向东北行。

【注释】

❶ 白沙岭：位于云谷寺西北方，在云谷寺通往皮蓬的途中。❷ 白沙庵：位于白沙岭旁的岔路口。❸ 刊：削除。❹ 丞相原：位于钵盂峰下，相传因南宋右丞相程元凤曾在此读书而得名。明代改名为云谷寺。此处是从东面登山的要道，其南入口有很多石刻。❺ 九龙潭：位于黄山东面的罗汉峰与香炉峰之间，有飞流九折，一折一瀑，称作九龙瀑。又因一折一潭，也有九潭，故称九龙潭。❻ 苦竹滩：即今安徽省歙县苦竹溪，位于汤口东北的公路旁。

【译文】

初六日　告别僧人霞光后，顺着山坑去往丞相原。往下走了七里路，到达白沙岭，僧人霞光又来了。因为我想去牌楼石游览一番，霞光担心白沙庵没有人为我指路，便追赶而来为我做向导。于是一同登上了白沙岭，霞光指着岭右边隔壁的那座山坡，坡上有耸立的丛石，丛石下部分离、上部相连，这就是牌楼石了。我想越过坑谷、沿着涧沟往上走，直达牌楼石之下。霞光说：“荆棘遍布使人迷惑，根本没有道路，是一定不能走的。倘若顺着坑谷直接下往丞相原，则不用再登白沙岭；倘若想从仙灯洞前往，不如就沿着白沙岭朝东面走。”我听从了他的建议，沿着岭脊前行。白沙岭横贯于天都峰、莲花峰的北边，非常狭窄，旁侧根本无法落脚，南面和北面都有高大的山峰相夹映衬。到了白沙岭的尽头处再往北下行，抬头观望右侧的罗汉石，圆头秃顶，好像两位僧人一样。往下走到了坑谷之中，越过沟涧向上走，一共走了四里路，登上了仙灯洞。仙灯洞的洞口朝南，与天都峰的北面正对着。僧人在洞外架起了木板阁道与洞相连接，而洞里面仍然深邃开阔，天然的情趣没有被全部削除。又往南下了三里路，经过丞相原，丞相原是山中的一块狭小平地。这里的庵很齐整，四下看了看，没有什么奇特之处，就没进去。又往南沿着山腰走，五里路后，慢慢下了山。山涧中流泉沸腾，泉水从岩石间分九级向下倾泻，每级飞泉的下面都有一汪碧绿色的深潭水，这就是所谓的九龙潭。黄山中没有从崖间飞坠而下的瀑布，只有这里有。又往下走了五里路，经过苦竹滩，调转方向沿着去太平县的路，往东北方向走去。

游九鲤湖日记

·福建兴化府仙游县·

浙、闽之游旧矣。余志在蜀之峨眉、粤之桂林[1]，及太华、恒岳[2]诸山；若罗浮、衡岳[3]，次也；至越之五泄[4]、闽之九漈[5]，又次也。然蜀、广、关中[6]，母老道远，未能卒游；衡湘[7]可以假道[8]，不必专游。计其近者，莫若由江郎、三石[9]抵九漈。遂以庚申[10]午节[11]后一日，期[12]芳若叔父启行，正枫亭[13]荔枝新熟时也。

【注释】

①粤之桂林：桂林在广西，古代的广西与广东是百粤（粤为古代民族名）之地，故广西与广东合称为两粤。②太华、恒岳：太华指陕西省的西岳华山，恒岳指山西省的北岳恒山。③罗浮、衡岳：罗浮山也叫东樵山，位于广东省博罗县境内，是道教名山。衡岳指湖南省的南岳衡山。④越之五泄：即浙江省诸暨市的五泄瀑布。越，指浙江省，因浙江为古越国地，故名。⑤九漈（jì）：即福建省九鲤湖的九漈瀑布。漈，江西、福建一带方言对瀑布的俗称。⑥关中：即陕西省中部。⑦衡湘：指湖南省境内的衡山和湘江。⑧假道：原指借道，这里是路过的意思。⑨江郎、三石：江郎山，又名须郎山、金纯山，位于浙江省江山市城东南25公里处，相传因江氏三兄弟登临此山化为石岩而得名。江郎山上有三块拔地而起的巨石，即三石峰，俗称江郎三爿（pán）石。⑩庚申：即明泰昌元年（公元1620年）。⑪午节：即端午节，在每年的农历五月初五日。⑫期：约定时间。⑬枫亭：位于福建省仙游县东南，明代曾设枫亭市巡检司，今称枫亭镇。

【译文】

去浙江、福建游历已经是过去的事情了。我现在的愿望是游览四川峨眉山、广西桂林，以及陕西太华山、山西恒山等名山；而到广东罗浮山、湖南衡山去游玩，则是我下一步的计划；至于出游浙江五泄瀑布、福建九漈瀑布，又是再下一步的计划了。然而去四川、广西、陕西关中，因为母亲年迈且路程遥远，不能即刻出游；而衡山和湘江可以在路过时游历，不用专程去游览。考虑去近一些的地方，则没有比经过江郎山、三石然后到九漈更为合适的了。于是在庚申年端午节后的那一天，和叔父芳若相约一同出发，这个时候恰逢是枫亭一带的荔枝刚刚成熟的季节。

二十三日　始过江山之青湖[1]。山渐合，东支多危峰峭嶂，西伏不起。悬望东支尽处，其南一峰特耸，摩云插天，势欲飞动。问之，即江郎山也。望而趋，二十里，过石门街[2]。渐趋渐近，忽裂而为二，转而为三；已复半岐其首[3]，根直剖下；迫之，则又上锐下敛，若断而复连者，移步换形，与云同幻矣！夫雁宕灵峰，黄山石笋，森立峭拔，已为瑰观；然俱在深谷中，诸峰互相掩映，反失其奇。即缙云[4]鼎湖[5]，穹然独起，势更伟峻；但步虚山即峙于旁，各不相降，远望若与为一。不若此峰特出众山之上，自为变幻，而各尽其奇也。

【注释】

[1] 青湖：位于浙江省江山市南面，今又作清湖。[2] 石门街：位于江山市南境，今仍称石门。[3] 半岐其首：是指山头一分为二，而下部仍旧连在一起。[4] 缙云：即今浙江省缙云县，明为县，隶属处州府。[5] 鼎湖：鼎湖峰，又名玉笋峰，高168米。它东傍步虚山，西临好溪水，是缙云县城东8公里处缙云山附近最著名的风景名胜。因峰顶有湖，故名鼎湖。

【译文】

二十三日　开始渡过江山县的青湖。只见座座峰峦渐渐叠合，东边那一带大多是如屏障般陡直险峭的山峰，而西边的山则低缓地伏卧着。远远地眺望东边那一片峰峦的尽头处，其南部有一座特别突出的高大山峰，直插云霄，那气势仿佛要振翅腾飞一般。向人打听之后，得知那就是江郎山。眼望着江郎山朝它奔去，走了二十里路，经过石门街。越往前走离山越近，山忽然分成了两座，转而又变成了三座；不一会儿，山头又一分为二，笔直地朝下剖去；靠近山峰，则又看到山头尖锐、下部收敛，就好像要断开而底部却又连在一起，人每移动一步，山形就会随之变换一番，似乎是和云彩一样层出变幻啊！雁宕山的灵峰，黄山的石笋，丛密林立、峻峭挺拔，已经是瑰丽无比的奇观了；然而它们都在深山峡谷之中，群峰互相掩映着，反而失掉了它们的奇异之处。这缙云县的鼎湖峰，独自高耸着，气势更加雄伟挺拔；只有步虚山屹立在它的旁边，两山不相上下，远远望去宛如同一座山。比不上这江郎山突出于群峰之上，自行变幻出万千姿态，而又各自尽呈奇观。

六月初七日　抵兴化府[1]。

【注释】

[1] 兴化府：辖莆田，因此也叫莆郡。即今福建省莆田市。

【译文】

六月初七日　抵达兴化府。

初八日　出莆郡西门，西北行五里，登岭，四十里，至莒溪，降陟不啻[1]数岭矣。莒溪即九漈下流。过莒溪公馆，二里，由石步过溪。又二里，一侧径西向山坳，北复有一磴，可转上山。时山深日酷，路绝人行，迷不知所往。余意鲤湖之水，历九漈而下，上跻必有奇境，遂趋石磴道。芳叔与奴辈惮高陟，皆以为误，顷之，径渐塞，彼益以为误，而余行益励[2]。既而愈上愈高，杳无所极[3]，烈日铄铄[4]，余亦自苦倦矣。数里，跻岭头，以为绝顶也；转而西，山之上高峰复有倍此者。循山屈曲行，三里，平畴荡荡，正似武陵误入[5]，不复知在万峰顶上也。中道有亭，西来为仙游道，东即余所行。南过通仙桥，越小岭而下，为公馆，为钟鼓楼之蓬莱石，则雷轰漈在焉。涧出蓬莱石旁，其底石平如砺，水漫流石面，匀如铺縠[6]。少下，而平者多洼，其间圆穴，为灶，为臼，为樽，为井，皆以“丹”名，九仙之遗[7]也。平流至此，忽下堕湖中，如万马初发，诚有雷霆之势，则第一漈之奇也。九仙祠即峙其西，前临鲤湖。湖不甚浩荡，而澄碧一泓，于万山之上，围青漾翠，造物之酝灵亦异矣！祠右有石鼓、元珠、古梅洞诸胜。梅洞在祠侧，驾大石而成者，有罅成门。透而上，旧有九仙阁，祠前旧有水晶宫，今俱圮。当祠而隔湖下坠，则二漈至九漈之水也。余循湖右行，已至第三漈，急与芳叔返。曰：“今夕当淡神休力，静晤九仙。劳心目以奇胜，且俟明日也。”返祠，往蓬莱石，跣足步涧中。石濑[8]平旷，清流轻浅，十洲三岛[9]，竟褰[10]衣而涉也。晚坐祠前，新月正悬峰顶，俯挹[11]平湖，神情俱朗，静中渢渢[12]，时触雷漈声。是夜祈梦祠中。

【注释】

①降陟不啻（chì）：上下不止。降，指下岭。陟，指上岭。不啻，不止。②励：振奋，有劲头。③杳无所极：高远得没有尽头的样子。④铄铄（shuò）：光芒闪烁的样子，形容烈日炎炎。铄，通“烁”。⑤似武陵误入：采用陶渊明《桃花源记》中武陵人误入桃花源的典故，来表现仿若进入世外桃源的意境。⑥縠（hú）：有褶皱的纱。⑦九仙之遗：何氏九仙炼丹的遗迹。据《大清一统志》记载，何氏兄弟九人曾在东北山中仙游修道，故称此山为九仙山；又在湖边炼丹，炼成后便各乘赤鲤仙去，于是此湖便被称作九鲤湖。⑧濑（lài）：指从沙石上急流而过的水。⑨十洲三岛：十洲指祖洲、瀛洲、玄洲、炎洲、长洲、元洲、流洲、生洲、凤麟洲和聚窟洲，三岛指蓬丘岛、方丈岛和昆仑岛（一说是蓬莱、方丈、瀛洲三岛）。十洲三岛都是传说中神仙的居所，这里比喻作者所涉的沙洲和小岛宛如仙境一般。⑩褰（qiān）：撩起，揭起。⑪俯挹（yì）：俯视。⑫渢渢（fēng）：形容流水声如同乐声般美妙。

【译文】

初八日　从兴化府城西门出来，往西北方向走五里路，攀登山岭，行四十里路后，到达莒溪，一路上攀上爬下了不止数座山岭。莒溪是九漈瀑布的下游。过了莒溪公馆，走二里路，从石步渡过溪流。又走了二里路，侧边有一条小路朝西伸向山坳，北面又有一条石阶道，可以绕上山去。此时山岭深邃、日头酷烈，路上一个人也没有，心生迷惑不知道该往哪里走。我推测九鲤湖的水势，是顺着九漈瀑布而下的，向上攀登一定会有奇境，于是从石阶道前行。芳叔和仆人们畏惧登高，都认为走错了路。不一会儿，路渐渐狭窄阻塞，他们更加以为走错路了，而我却越走越有劲头。接着我们越走越高，路深远得仿佛没有尽头一样，炎炎烈日之下，我自己也感到疲倦了。几里路后，登上了岭头，以为这就是最高峰了；折转往西行，发现山岭之上还有比它高出一倍的山峰。沿着山岭曲折前行，走了三里路，平坦的田地空阔坦荡，就好像武陵人误入桃花源一样，仿若进入了世外桃源，不再知道身处万座山峰之顶。途中有座亭子，从西边伸过来的路是通往仙游县的，东边那条就是我所走的路。朝南走经过通仙桥，越过一座小岭往下走，是公馆，是有钟鼓楼的蓬莱石，也是雷轰漈的所在地。溪涧之水从蓬莱石的旁边流出来，底下的石头平展得有如磨刀石，水从石面之上漫过，匀称得就好像铺了一层有褶皱的薄纱。稍稍往下，平滑的底部则出现了很多洼坑，洼坑中的圆形孔穴，分别称作灶、臼、樽、井，都是用“丹”字命名的，这些就是何氏九仙的遗迹。平缓的涧水流到这里后，突然向下坠落到湖中，宛若万马初发，实在是有雷霆万钧的气势，这就是九漈的第一级瀑布奇观。九仙祠就建在瀑布的西侧，前面临靠着九鲤湖。湖水不是很壮阔，而这样一汪清澈碧蓝的水，镶嵌在万山之中，绿树环绕、清波荡漾，大自然的神灵造化真是太奇异了！九仙祠的右侧有石鼓、元珠、古梅洞等胜景。古梅洞就在祠旁边，是由大石架空而成，石上的缝隙形成洞门。从中穿过去往上走，以前建有九仙阁，九仙祠前面以前建有水晶宫，如今都已毁坏。正对着九仙祠并隔着九鲤湖向下飞坠的水，就是第二级到第九级的瀑布了。我顺着九鲤湖往右走，已到第三级瀑布，急忙和芳叔一起往回返。我说：“今天晚上应当安定心神、蓄养体力，静候九仙托梦。烦劳心神目力游览奇景的事，就等到明天吧。”返回九仙祠，去往蓬莱石，光着脚在溪涧中行走。溪涧底部平旷，涧水澄澈轻浅，遍布水中的沙洲小岛仿佛是仙境中的美景似的，撩起衣襟就涉了过去。晚上坐在九仙祠前，刚刚升起来的月亮正悬挂于峰顶之上，俯视平静的湖水，心神都无比爽朗，静谧中只有如乐声般美妙的水声，不时地还能听到雷漈瀑布的声响。这个晚上就在祠中祈祷着九仙托梦。

初九日　辞九仙，下穷九漈。九漈去鲤湖且数里，三漈而下，久已道绝。数月前，莆田祭酒[1]尧俞，令陆善[2]开复鸟道，直通九漈，出莒溪。悔昨不由侧径溯漈而上，乃纡从大道，坐失此奇。遂束装[3]改途，竟出九漈。瀑布为第二漈，在湖之南，正与九仙祠相对。湖穷而水由此飞堕深峡，峡石如劈，两崖壁立万仞。水初出湖，为石所扼，势不得出，怒从空坠，飞喷冲激，水石各极雄观。再下为第三漈之珠帘泉，景与瀑布同。右崖有亭，曰观澜。一石曰天然坐，亦有亭覆之。从此上下岭涧，盘折峡中。峡壁上覆下宽，珠帘之水，从正面坠下；玉箸之水，从旁霭沸溢。两泉并悬，峡壁下削，铁障[4]四围，上与天并，玉龙双舞，下极潭际。潭水深泓澄碧，虽小于鲤湖，而峻壁环锁，瀑流交映，集奇撮[5]胜，惟此为最！所谓第四漈也。

【注释】

①祭酒：指古代飨宴时酹酒祭神的长者，后来泛指年长者或者位尊者。也是学官名，即国子监祭酒，隋唐时设立，清末废除。此指学官名。②陆善：应是当地某官员的名字，具体不详。③束装：收拾行装。④铁障：形容山崖如同铁壁一般。⑤撮：聚集。

【译文】

初九日　从九仙祠离开，向下探游九漈的尽头。九漈距离九鲤湖约几里路，从第三级瀑布向下走，路已经断绝很久了。几个月以前，莆田县的国子监祭酒尧俞，命令陆善重新开通这险峻的山路，可直达九漈，从莒溪出去。后悔昨天没有从侧面的小路沿着瀑布往上走，而迂回绕道顺着大路走，就失去了观览这个奇景的机会。于是收拾好行装改变路线，直接从九漈出去。第二漈瀑布，在九鲤湖的南面，恰好与九仙祠相对。湖的尽头处，水向深深的峡谷中飞坠下去，峡谷仿佛是被刀劈开的一般，两边崖壁陡立，高达万仞。水刚从湖里流出来，就被岩石所拦阻，不得通行，湍急的水流便从空中向下坠落，导致浪花飞溅、水珠喷射，水和石都显得极为雄伟壮观。再往下是第三漈的珠帘泉，景致与瀑布类同。右侧的山崖上有一座亭子，名叫观澜亭。一块叫天然坐的石头，也被亭覆盖着。从此处攀岭下涧，在峡谷中蜿蜒而行。峡谷两边的岩壁上部倾覆、下部宽阔，珠帘泉的水流从正面坠下；玉箸泉的水流从一旁雾气腾腾地涌出。两股泉水并列悬挂着，峡谷岩壁向下陡峭如削，四周山崖铁壁般环抱，山高与天齐，两条瀑布宛如玉龙飞舞，向下倾泻入潭中。潭水深邃广阔，碧绿澄澈，虽然比九鲤湖小了些，但峻峭的岩壁环抱如锁，瀑布水光交相辉映，奇观聚集、胜景荟萃，只有这里风景最美！这就是所谓的第四漈。

初至涧底，芳叔急于出峡，坐待峡口，不复入。余独缘涧石而进，踞潭边石上，仰视双瀑从空夭矫，崖石上覆如瓮[1]口。旭日正在崖端，与颓波突浪，掩晕流辉[2]。俯仰应接，不能舍去。循涧复下，忽两峡削起，一水斜回，涧右之路已穷。左望，有木板飞架危矶[3]断磴间，乱流而渡，可以攀跻。遂涉涧从左，则五漈之石门矣。两崖至是，壁凑仅容一线，欲合不合，欲开不开，下涌奔泉，上碍云影。人缘陟其间，如猕猿[4]然，阴风吹之，凛凛[5]欲堕。盖自四漈来，山深路绝，幽峭已极，惟闻泉声鸟语耳。

【注释】

① 瓮（wèng）：古代一种陶器，用以盛水或酒等。② 掩晕流辉：指旭日与水波相互辉映而五光十色的样子。③ 矶（jī）：水边突起的石头。④ 猕（mí）猿：猴的一种，也叫恒河猴，群居在山林之中，生性喧哗好闹，以野果、野菜等为食。⑤ 凛凛（lǐn）：指心惊胆寒的样子。

【译文】

刚到溪涧底部，芳叔正忙着离开峡谷，坐在峡谷口等着我，没有再进来。我独自沿着涧底的石路往前走，到潭边的石头上坐了下来，抬头观览那两条瀑布从空中伸展屈曲而又气势飞腾地坠落下来，山崖的石头向上覆盖，有如瓮口。旭日恰好升至崖石的顶端，和倾泻而下的水波、腾跃而起的浪珠，相互辉映，五光十色。我时而俯视时而仰视，应接不暇，舍不得离开。顺着山涧再向下走，峡谷两边的岩壁突然陡峻起来，一股溪水弯弯斜斜地流淌着，山涧右边的道路已经断绝了。向左侧看去，只见有木板悬架在陡峭岩石上的断阶之间，横渡溪水，就可以攀越了。于是渡过涧水从左侧走，到了第五漈的石门。到了这里，两边的岩崖向中间紧靠，只能容得下一线空隙，要合在一起而又没有合在一起，要张开来而又没有张开，下面山泉奔涌，上面云遮雾绕。人在其间攀缘，就像猕猴一样，阴冷的风吹来，不由心惊胆寒，几乎就要掉下去。大体上从第四漈以来，峡谷深邃，道路断绝，幽深陡峻至极，只听得到流泉声和鸟鸣声。

出五漈，山势渐开。涧右危嶂屏列，左则飞凤峰回翔对之，乱流绕其下，或为澄潭，或为倒峡[1]。若六漈之五星，七漈之飞凤，八漈之棋盘石，九漈之将军岩，皆次第得名矣[2]。然一带云蒸霞蔚[3]，得趣故在山水中，岂必刻迹而求[4]乎？盖水乘峡展，既得自恣，其旁崩崖颓石，斜插为岩，横架为室，层叠成楼，屈曲成洞；悬则瀑，环则流，潴[5]则泉；皆可坐可卧，可倚可濯，荫竹木而弄云烟。数里之间，目不能移，足不能前者竟日。每下一处，见有别穴，必穿岩通隙而入，曲达旁疏[6]，不可一境穷也！若水之或悬或渟[7]，或翼飞叠注，即匡庐三叠、雁宕龙湫，各以一长擅胜，未若此山微体皆具[8]也。

【注释】

❶ 倒峡：水流倾峡而出，形容水势庞大。❷ 皆次第得名矣：意为诸漈各因胜景依次得名——第六漈叫作五星漈，第七漈叫作飞凤漈，第八漈叫作棋盘石漈，第九漈叫作将军岩漈。次第，依次。❸ 云蒸霞蔚：云雾蒸腾，彩霞弥漫。比喻景物绚烂，气象万千。❹ 刻迹而求：刻意追求景物形迹。此为针对以上各漈的名称而言，意为游山玩水重在总体感受和其中趣味，不必在具体的形状和名称上有所拘泥。❺ 潴（zhū）：指水停聚、蓄积。❻ 疏：通。❼ 渟（tíng）：水流汇聚而不流通，指成为深潭。❽ 微体皆具：局部和整体的美感都具备。

【译文】

从第五漈出来，山势逐渐开阔起来。山涧右侧的陡崖如屏障般排列着，左侧的飞凤峰回环盘曲而对，纵横交错的水流环绕在下面，有的是澄澈的水潭，有的是倾峡而出。至于第六漈五星，第七漈飞凤，第八漈棋盘石，第九漈将军岩，都是依次按胜景而得名。既然这一带云雾蒸腾，彩霞弥漫，景物极为绚烂多姿，那么自然会在山水之中获得情趣，哪还需要刻意去追求景物的形迹呢？流水大体上凭借着峡谷的走势而伸展开来，恣意洒脱，无拘无束，两旁崩塌下来的山崖巨石，斜插下去的就成了岩岸，横架起来的就成了石室，层叠出来的则像石楼，弯转曲折的就成了石洞；飞悬空中的是瀑布，绕石环流的是小溪，停聚蓄积的是清泉；山石都可供坐卧休息，泉流都可供停靠洗涤，竹木茂盛可成荫而云雾烟霞可拨弄。数里之间的美丽景致，让人一整天都移不开目光，挪不动脚步。每往下走到一处，看见有其他的洞穴，我一定会穿过石岩缝隙而入，洞穴里面的道路曲折而伸展，不能一时看尽其中的妙境！至于流水，有的悬挂在山崖之上，有的汇聚在深潭之中，有的如鸟儿振翅腾飞，有的似叠水喷注，即使是庐山的三叠泉瀑布、雁荡山的龙湫瀑布，也只能凭某一个特点来取胜，不像这座山，局部和整体的风光都美妙无缺。

出九漈，沿涧依山转，东向五里，始有耕云樵石[1]之家，然见人至，未有不惊讶者。又五里，至莒溪之石步，出向道[2]。

【注释】

[1] 耕云樵（qiáo）石：在云腾雾绕的深山石崖中耕作、打柴。樵，打柴。[2] 向道：先前来时所走的路。

【译文】

走出九漈，顺着溪涧围着山转，向东走五里路，才有在云腾雾绕的深山石崖中耕种、打柴的人家，然而他们看到有人来，没有不惊讶的。又走了五里路，来到莒溪的石步，从先前来时的路出去。

初十日　过蒜岭驿，至榆溪[1]。闻横路驿[2]西十里，有石竹山[3]，岩石最胜，亦为九仙祈梦所。闽有“春游石竹，秋游鲤湖”语，虽未合其时，然不可失之交臂也。乘兴遂行。以横路去此尚十五里，乃宿榆溪。

【注释】

❶ 榆溪：今作渔溪，位于福建省福清市南境的公路旁。❷ 横路驿：即今宏路，位于福清市偏西的交通要道上。❸ 石竹山：位于福清市西郊 10 公里处。相传这里是林玄光炼丹、骑虎、升天的地方。

【译文】

初十日　过了蒜岭驿，抵达榆溪。听说在距离横路驿西十里的地方，有一座石竹山，这座山上的岩石最为有名，也是九仙祈梦的地方。福建一带有“春天游石竹山，秋天游九鲤湖”的说法，现在游石竹山虽不是最佳节令，但也不能错过游览这一胜境的机会。于是乘着兴致出游。因为横路驿距离榆溪还有十五里的路程，便投宿于榆溪。

十一日　至波黎铺，即从小路为石竹游。西向山五里，越一小岭。又五里，渡溪，即石竹南麓。循麓西转，仰见峰顶丛崖，如攒如劈。西北行久之，有楼傍山西向，乃登山道也。石磴颇峻，遂短衣历级而上。磴路曲折，木石阴翳，虬枝老藤，盘结危石，欹崖之上，啼猿上下，应答不绝。忽有亭突踞危石，拔迥[1]凌虚，无与为对。亭当山之半。再折，石级巍然直上，级穷，则飞岩檐覆垂半空。再上两折，入石洞侧门，出即九仙阁，轩敞雅洁。左为僧庐，俱倚山凌空，可徙倚凭眺。阁后五六峭峰离立，高皆数十丈，每峰各去二三尺。峰罅石壁如削成，路屈曲罅中，可透漏各峰之顶。松偃藤延，纵目成胜。僧供茗芳逸，山所产也。侧径下，至垂岩，路左更有一径。余曰：“此必有异。”从之，果一石洞嵌空立。穿洞而下，即至半山亭。下山，出横路而返。

【注释】

❶拔迥：挺拔高远的样子。

【译文】

十一日　到达波黎铺后，就从小路前往石竹山览胜。向西朝着山走了五里路，翻越一座小岭。又走了五里路，渡过溪水，就到了石竹山的南麓。顺着山麓向西转，抬头看到峰顶之上崖石丛丛，好像攒聚在一起，又好像刀劈过一般。朝西北方向走了许久，有一座楼宇背靠着山、面朝向西，这是登山道。石阶十分陡峻，于是身着短衣踏着石阶向上攀登。石阶路蜿蜒曲折，树木岩石相互掩蔽，屈曲如龙的树干老藤盘绕在陡石峭崖之上，猕猿上蹿下跳，啼叫声不绝于耳。忽见一座亭子盘踞在陡石上，远远地挺拔着，凌空而立，没有什么与它相对。这座亭居于山半腰。又转一道弯，石阶巍然直上，石阶的尽头处，岩石飞起有如屋檐般覆盖在半空中。再往上转两道弯，从石洞的侧门进入，出了洞就是九仙阁，九仙阁里面高大宽阔、整洁雅致。左边是僧人的住所，都是傍山悬空建造的，可以在上面移步远眺。九仙阁后面有五六座险峭的山峰各自耸立着，都有几十丈高，各座山峰之间相距二三尺。山峰间隙的岩壁好似刀削一般，道路从缝隙间曲折地穿过，可穿行到各座山峰的峰顶。松树伏卧，老藤蔓延，目光所及之处都是美丽的景致。僧人送来清香四溢的茶，产自山中。从侧边的小路下山，到达垂岩，道路左边另有一条小路。我说："从这里过去必定有奇观。"顺着这条小路走，果然看到一个石洞镶嵌在山半腰处。从洞里穿行而下，就到了半山亭。下山，从横路驿出来返回了家。

是游也，为日六十有三，历省二，经县十九，府十一，游名山者三。

【译文】

这次出游，历时六十三天，跨越了两个省，经过了十九个县和十一个府，游览了三座名山。

游嵩山日记

·河南河南府登封县·

余髫年[1]蓄五岳[2]志，而玄岳[3]出五岳上，慕尤切。久拟历襄、郧，扪太华，由剑阁[4]连云栈，为峨眉[5]先导；而母老志移，不得不先事太和[6]，犹属有方之游[7]。第沿江溯流，旷日持久，不若陆行舟返，为时较速。乃陆行汝、邓[8]间，路与陕、汴[9]略相当，可以兼尽嵩、华，朝宗[10]太岳。遂以癸亥[11]仲春朔，决策从嵩岳道始。凡十九日，抵河南郑州[12]之黄宗店。由店右登石坡，看圣僧池。清泉一涵[13]，渟碧山半。山下深涧交叠，涸无滴水。下坡行涧底，随香炉山曲折南行。山形三尖攒立如覆鼎，众山环之，秀色娟娟媚人。涧底乱石一壑，作紫玉色。两崖石壁宛转，色较缜润[14]；想清流汪注时，喷珠泄黛，当更何如也！十里，登石佛岭。又五里，入密县界，望嵩山尚在六十里外。从岐路东南二十五里，过密县[15]，抵天仙院。院祀天仙，云黄帝之三女也。白松在祠后中庭，相传三女蜕骨其下。松大四人抱，一本三干，鼎耸霄汉，肤如凝脂，洁逾傅粉，蟠枝虬曲，绿鬣舞风，昂然玉立半空，洵[16]奇观也！周以石栏。一轩临北，轩中题咏绝盛。徘徊久之，下观滴水。涧至此忽下跌，一崖上覆，水滴历[17]其下。还密，仍抵西门。三十五里，入登封界，曰耿店[18]。南向为石淙道，遂税驾[19]焉。

【注释】

❶髫（tiáo）年：即幼年。髫，小孩头上垂下来的短发。❷五岳：是我国五大名山的总称。相传这些山上都住着神仙，故历代帝王都会对它们进行封禅、祭祀，这种五岳制度始于汉武帝。但五岳所指的五座名山，历代不尽相同。明代五岳为东岳泰山，南岳衡山，西岳华山，北岳恒山，中岳嵩山。❸玄岳：嵩山的别称。❹剑阁：今四川省北部的剑门山中，峭壁中断处，有两座山崖相对如门，中间有飞阁相连成道，称为剑阁，是中原入川的必经要道。❺峨眉：即峨眉山，位于四川省峨眉山市西南，因山峰如螓首蛾眉而得名，是我国佛教四大名山之一。主峰万佛顶，海拔3099米。❻太和：武当山的别称。❼有方之游：《论语·里仁》中有“父母在，不远游，游必有方”句。方，指具体方向或一定的去处。有方之游，即不让父母担忧的去处，为一种孝道。❽汝、邓：汝即汝州，辖今河南省汝州市；邓即邓州，隶属南阳府，即今河南省邓州市。❾陕、汴：陕即陕州，隶属河南府，辖今河南省三门峡市稍西。汴，唐代置汴州，五代梁、晋、汉、周及北宋均定都于此，称之为汴京。明代置开封府，但仍保留“汴”这个别称。即今河南省开封市。❿朝宗：古代诸侯朝见天子，春见为朝，夏见为宗。这里比喻对嵩山的尊崇，有朝谒之意。⓫癸亥：即明天启三年（公元1623年）。⓬郑州：隶属开封府，即今河南省郑州市。⓭涵：本义为包含。此处作名词，即潭。⓮缜润：细致而润泽。⓯密县：隶属开封府禹州，即今河南省新密市。⓰洵：真正，实在。⓱滴历：同“滴沥”，水稀疏地往下滴。⓲耿店：应即今河南省登封市东面、新密通往登封大道上的景点。⓳税驾：休息，停宿。税，通“脱”。

【译文】

我年少时便怀有游历东岳泰山、南岳衡山、西岳华山、北岳恒山、中岳嵩山的志愿，而玄岳嵩山的名气堪称五岳之首，仰慕之情更加深切。很久以来一直计划着经过襄阳府、郧阳府，登临华山，再以剑阁关的连云栈为攀登峨眉山的前站；然而因为母亲年迈而改变了计划，不得不先游历武当山，还算是不失孝道的出游。但是沿长江逆流而上，耽搁时日拖得太久，不如从陆路去、乘船返回，所需时间比较短。于是从汝州、邓州之间的陆路行进，与走陕州、开封府的路程大致相同，可以顺便将嵩山、华山两处也都游览完，然后朝谒武当山。于是决定在癸亥年二月初一日动身，首先前往嵩山。十九天后，到达河南开封府郑州的黄宗店。沿着黄宗店右侧登上石坡，观览圣僧池。一潭澄澈的泉水，碧玉一般镶嵌在山半腰。山下的深涧纵横交错，涧中没有一滴水。下了坡从涧底走，顺着香炉山一路曲折南行。香炉山的三座尖峰形如倒置的鼎一样紧挨而立，被众多峰峦所环绕，景色娟秀迷人。涧底凌乱的岩石布满了沟壑，显现出紫玉色。两边的崖壁曲折盘旋，崖石的质地细致而润泽；想象着澄澈的流水从深涧之中倾泻而过时，那水珠喷溅、碧波翻涌的景象，又该是何等的壮观啊！走了十里路，登上石佛岭。又走了五里路，到了密县境内，遥望嵩山还在六十里路以外。从岔路往东南方向行进二十五里路，过了密县，到达天仙院。天仙院祭祀天仙，据说天仙是黄帝的三女儿。祠堂后面的庭院中矗立着一棵白松，相传三女儿就是在这棵白松下蜕变成仙的。松树有四人围抱那么粗，一个树根上分出三株枝干来，株株鼎立，直插云天，树皮柔滑，好似凝脂，干净整洁，胜过涂粉，松枝屈曲，如同虬龙，碧绿的松针迎风飞舞，高傲地挺立在半空中，实在是奇观啊！松树四周有石栏。一道长廊面向北方，长廊中的诗词楹联极为繁多。我在廊中来来回回地走了很长时间，才下去观览滴水。山涧至此突然往下陷去，一块崖石从上面覆盖着，水从崖石上面往下滴。返回密县，仍到西门。走了三十五里路，来到登封县境内的耿店。南面是通往石淙的道路，于是在耿店落宿。

二十日　从小径南行二十五里，皆土冈乱垄[1]。久之，得一溪。渡溪，南行冈脊中，下瞰则石淙在望矣。余入自大梁[2]，平衍广漠，古称“陆海”，地以得泉为难，泉以得石尤难。近嵩始睹蜿蜒众峰，于是北流有景、须诸溪，南流有颍水，然皆盘伏土碛中。独登封东南三十里为石淙，乃嵩山东谷之流，将下入于颍。一路陂陀[3]屈曲，水皆行地中，至此忽逢怒石。石立崇冈山峡间，有当关扼险之势。水沁入胁下，从此水石融和，绮变万端。绕水之两崖，则为鹄[4]立，为雁行；踞中央者，则为饮兕[5]，为卧虎。低则屿，高则台，愈高，则石之去水也愈远，乃又空其中而为窟，为洞。揆[6]崖之隔，以寻[7]尺计，竟水之过，以数丈计。水行其中，石峙于上，为态为色，为肤为骨，备极妍丽。不意黄茅白苇中，顿令人一洗尘目也[8]！

【注释】

①土冈乱垄：山冈矮岭和不规则的高地。垄，田中高地。②大梁：开封古名，是战国时魏国都城大梁所在地。③陂（pō）陀：同“坡陀”，指起伏不平的样子。④鹄（hú）：即天鹅，脚短、颈长。⑤兕（sì）：雌犀牛。⑥揆（kuí）：估计，推测。⑦寻：古代长度单位，称八尺为一寻。⑧“竟水”九句：此指告成镇东门外沿石淙河前行3公里处的“石淙会饮”，是嵩山八景之一。这里怪石嶙峋，摩崖石刻众多，有“千仞壑”“小桂林”“石淙涧”等赞誉，被河南省列为重点文物保护单位。

【译文】

二十日　从小路向南面走了二十五里路，沿途都是山冈矮岭和不规则的高地。走了许久，才看见一条溪流。渡过溪流，往南从山冈脊梁上行走，往下看就能看到石淙了。自从进入开封府，地势就十分平坦、宽阔，古人将它称作“陆海”，平地上很难有泉水，有了泉水也很难有岩石。走近嵩山，绵延起伏的群峰开始映入眼帘，北面有景溪、须溪等溪流，南面有颍水，然而它们都盘绕隐伏在土堆沙石间。唯独登封县东南三十里处的石淙河，是从嵩山东边的山谷中流出来的水，将要往下汇入颍水之中。一路上地形起伏不定、蜿蜒曲折，水都在地下流淌，流到此地忽然遇到形状突兀的巨石。巨石矗立在高冈和峡谷之间，有一夫当关、扼制要害的气势。水渗进巨石的凹陷处，从此水石交融，形态精妙，变化万端。被流水环绕的两岸崖石，宛如天鹅般延颈而立，又似大雁般成行而飞；矗立在流水中央的岩石，则犹如饮水的犀牛，好比伏卧的猛虎。低矮的岩石就形成小岛，高大的岩石则形成平台，岩石越高大，则离水面越远，却又中间空阔而形成石窟或石洞。估计岩石之间的间隔，要以寻尺来计算，而水流最大时的水面，要以几丈来计算。水流淌于山崖之中，岩石屹立于水上，水色石态，如肤似骨，妍丽之至。没想到这茅草芦苇之中的景致，竟令人顿时眼前一亮。

登陇[1]，西行十里，为告成镇[2]，古告成县地。测景台[3]在其北。西北行二十五里，为岳庙[4]。入东华门[5]时，日已下舂[6]，余心艳卢岩，即从庙东北循山行。越陂陀数重，十里，转而入山，得卢岩寺。寺外数武[7]，即有流铿然下坠石峡中。两旁峡色，氤氲[8]成霞。溯流造寺后，峡底矗崖，环如半规，上覆下削。飞泉堕空而下，舞绡曳练[9]，霏微[10]散满一谷，可当武彝之水帘。盖此中以得水为奇，而水复得石，石复能助水不尼[11]水，又能令水飞行，则比武彝为尤胜也[12]。徘徊其下，僧梵音以茶点饷。急返岳庙，已昏黑。

【注释】

❶陇：通“垄”，田中高地。❷告成镇：今又作部城，位于登封市东南 11 公里处。从战国至唐初皆称作阳城，传说唐代时武则天曾登嵩山，封中岳，到达阳城时说道：“大功告成”。从此改阳城为告成。唐以后便废去了这一称谓，只称“古告成县地”。❸测景台：相传周代时这里便建了测景台，至今仍有周公庙在此，庙内有石座、石表，俗称周公测景台。其北有观星台，为元代郭守敬所建，是全国重点文物保护单位，此观星台是我国现存最早的天文台，也是世界上重要的古代天文学遗迹之一。❹岳庙：即中岳庙，位于今登封市以东 4 公里的公路旁。现有四百余间明清建筑，是五岳中规模较大的一座庙。❺东华门：今称中华门，其正南 500 米处即为汉代太室阙。❻下舂（chōng）：日落时分。❼武：步。❽氤氲（yīn yūn）：水汽弥漫的样子。❾舞绡曳练：宛如丝帛般凌空飘舞。绡，生丝织物。练，煮熟的白绢。❿霏微：细雨般的水珠。⓫尼（nì）：阻止。⓬“又能”二句：今存卢崖瀑布，分为三折，上折常被云雾所遮，下折掩在深壑之中，通常所见的都是中折。瀑布好似白练悬空，故卢崖也叫悬练峰。

【译文】

登上田中高地，朝西走十里路，到达告成镇，是古代告成县所在地。测景台在镇北面。往西北方向走二十五里路，到达中岳庙。从东华门进去的时候，已经是日落时分了，我心中向往着卢岩寺，就从中岳庙东北面沿着山往前走。翻越了好几道起伏不定的坡地，十里路后，转进山中，来到卢岩寺。寺外几步远的地方，就有铿然作响的流水向石峡之中坠落。峡谷两旁的山色，烟雾弥漫，蕴为云霞。溯流直上来到卢岩寺后面，只见峡谷底部矗立着陡崖，像半圆一样环绕着，上部倾覆，下部如削。飞驰的泉水从空中倾泻而下，宛如丝帛一般凌空飞舞，细雨似的水珠飘飘洒洒，布满山谷，可与武夷山的水帘洞相媲美。因此这个峡谷因为有了水而称奇，而水中又有岩石，岩石又能助水而不会阻水，从而令泉水飞流，于是比起武夷山来便更胜一筹了。在瀑布下面徘徊，僧人梵音用茶水和点心款待了我们。急急忙忙回到中岳庙时，天色已经昏黑了。

二十一日　晨，谒岳帝[1]。出殿，东向太室[2]绝顶。按嵩当天地之中，祀秩为五岳首，故称嵩高。与少室并峙，下多洞窟，故又名太室。两室相望如双眉，然少室嶙峋，而太室雄厉称尊，俨若负扆[3]。自翠微以上，连崖横亘，列者如屏，展者如旗，故更觉岩岩[4]。崇封[5]始自上古，汉武以嵩呼之异[6]，特加祀邑[7]。宋时逼近京畿[8]，典礼大备。至今绝顶犹传铁梁桥、避暑寨之名，当盛之时，固可想见矣。

【注释】

①岳帝：指中岳嵩山之神。②太室：孔颖达疏："太室，室之大者，故为清庙。庙有五室，中央曰太室。"此指山名，是嵩山的东峰，太室山脚下即为中岳庙所在。③负扆（yǐ）：指天子临朝听政时，背靠屏风南向而立。扆，画匠的屏风。④岩岩：高峻的样子。⑤崇封：指古代帝王祭天时无比尊崇地报天之功。此指下文汉武帝"特加祀邑"一事。⑥嵩呼之异：据《汉书·武帝纪》载，汉武帝刘彻曾率群臣登临嵩山，其间听到山中传来三次"万岁"的呼声，深感天意灵异，十分高兴。⑦特加祀邑：因为嵩山"三呼万岁"的灵异事件，汉武帝特地下令将山下三百户划为祀邑，命名为嵩高邑，以奉祀岳神。⑧京畿（jī）：国都及所辖周边地区。北宋建都开封，距离嵩山不远。

【译文】

二十一日　清早，拜谒嵩山之神岳帝。从大殿出来，往东攀登太室山峰顶。据说嵩山居于天地正中央，按祭祀的顺序它应该是五岳之首，因此称作嵩高。因嵩山与少室山并排耸立，山下有很多洞窟，因此又叫太室山。远远望去，太室山和少室山犹如双眉并列，然而少室山峻峭突兀，而太室山雄壮威严、独居尊位，俨然像一位背靠屏风南向而立的帝王。从青山脚下往上攀爬，连绵不断的山崖横卧在眼前，好似排列的屏风，犹如伸展的旗帜，因此更觉得高峻无比了。祭祀嵩山的尊礼从远古时代就开始了，汉武帝因为在嵩山中听到三声"万岁"，深感天意灵异，十分高兴，特地下令将山下三百户划为祀邑，以奉祀岳神。宋代时，因都城开封离嵩山不远，所以祭山的典礼十分完备。至今峰顶上还保存有铁梁桥、避暑寨的名称，当时祭山的盛况，完全可以想象得到了。

太室东南一支，曰黄盖峰[1]。峰下即岳庙，规制宏壮。庭中碑石矗立，皆宋、辽以来者。登岳正道，乃在万岁峰下，当太室正南。余昨趋卢岩时，先过东峰，道中见峰峦秀出，中裂如门，或指为金峰玉女沟，从此亦有路登顶，乃觅樵预期为导，今遂从此上。近秀出处，路渐折避之，险绝不能径越也。北就土山，一缕仅容攀跻，约二十里，遂越东峰，已转出裂门之上。西度狭脊，望绝顶行。是日浓云如泼墨，余不为止。至是岚气愈沉，稍开则下瞰绝壁重崖，如列绡削玉，合则如行大海中。五里，抵天门。上下皆石崖重叠，路多积雪。导者指峻绝处为大铁梁桥。折而西，又三里，绕峰南下，得登高岩。凡岩幽者多不畅，畅者又少回藏映带[2]之致。此岩上倚层崖，下临绝壑，洞门重峦拥护，左右环倚台嶂。初入，有洞岈然，洞壁斜透；穿行数武，崖忽中断五尺，莫可着趾。导者故老樵，狷捷[3]如猿猴，侧身跃过对崖，取木二枝，横架为阁道。既度，则岩穹然上覆，中有乳泉、丹灶、石榻诸胜。从岩侧跻而上，更得一台，三面悬绝壑中。导者曰："下可瞰登封，远及箕、颍[4]。"时浓雾四塞，都无所见。出岩，转北二里，得白鹤观址。址在山坪[5]，去险就夷，孤松挺立有旷致[6]。又北上三里，始跻绝顶[7]，有真武[8]庙三楹。侧一井，甚莹，曰御井，宋真宗[9]避暑所浚[10]也。

【注释】

❶黄盖峰：位于太室山东南。相传汉武帝登临此山时，见峰顶有黄云盘聚似盖，故名。❷回藏映带：曲折隐蔽，相互映衬。❸狷（juàn）捷：敏捷。❹箕、颍：箕即箕山，颍即颍水，都位于登封市东南。颍水，今称颍河，向东南汇入淮河。

⑤ 坪：平广的地方。⑥ 旷致：旷达雅致的韵味。⑦ “又北上”二句：太室山有36峰。最高峰为峻极峰，海拔1440米。⑧ 真武：本名玄武，传统四象（青龙、白虎、朱雀、玄武）之一，是神话中的北方之神，为龟蛇合体。宋代为避讳而改名真武。⑨ 宋真宗：北宋皇帝，名为赵恒，共在位25年，时为公元998—1022年。⑩ 浚（jùn）：疏通，开掘。

【译文】

太室山东南面的一支山脉，名为黄盖峰。山峰脚下就是中岳庙，中岳庙规模宏伟壮观。庭院之中碑刻林立，皆为宋代、辽代以来的题刻。攀登嵩山的正道在万岁峰下，位于太室山的正南面。我昨天去往卢岩寺的时候，首先经过了东峰，途中看到一座秀丽突出的山峰，中部裂开，像门一样，有人指着说是金峰玉女沟，那里也有路通往山顶，于是寻找打柴的人，邀为我的向导，今天就从这里向上攀登。走近秀峰突出的地方，山路渐渐变得曲折阻塞，极为险要，不能直接越过。往北顺着土山前行，路窄得仅有一线之宽，只容许往上攀爬，大约二十里路后，才翻过东峰，不久便转到了裂门的上面。向西越过狭窄的山脊，望着山巅前行。这一天，黑沉沉的阴云如同被墨染过，而我没有因此停止脚步。此时雾气越来越浓重，稍稍散开的时候就可以俯瞰下面的绝壁重崖，就像那罗列的丝帛、剖开的玉石，云雾聚合起来时，则如同在大海中前行。走了五里路，到达天门峰。上上下下都是重叠的石崖，路上有很多积雪。向导指着最峻峭的地方，说是大铁梁桥。转而向西，又走了三里路，绕着山峰往南面走，下到登高岩。大凡幽深处的山岩，多数都不畅通，而畅通处的山岩又缺少曲折隐蔽、互相映衬的景致。此岩上面依附着层层山崖，下面临靠着陡峭的深壑，洞门被重重峰峦所簇拥，左右两边环靠着平台和屏障一般的山峰。刚上登高岩，就看到阴森深邃的洞穴，洞壁斜穿山中；在洞中走了几步，山崖忽然断开了五尺的距离，没有落脚的地方。向导因为是当地的老樵夫，身手敏捷得好似猿猴一般，侧着身子就跳到了断崖对面，并取来两根树枝，横架在断崖上做成阁道。过了断崖，就见隆起的岩石高高地覆盖在上方，里面有乳泉、丹灶、石榻等名胜。从岩石侧边攀登而上，另外又有一个平台，三面悬空在陡峻的深壑中。向导说：“向下可以俯瞰登封县，远望可以看到箕山、颍水。”当时浓雾弥漫四周，什么也看不见。出了登高岩，转而向北行走了二里路，到达白鹤观遗址。遗址在山中一块平地上，远离险峻的地势而靠近平坦的地方，有一棵松树独自挺立于此，别有一种旷达雅致的情趣。又往北面攀登了三里路，才登上峰顶，峰顶上有真武庙，分为三间。庙旁有一口井，井水非常清莹，叫作御井，是宋真宗到峰顶避暑的时候开掘的。

饭真武庙中。问下山道，导者曰："正道从万岁峰抵麓二十里。若从西沟悬溜而下，可省其半，然路极险峻。"余色喜，谓嵩无奇，以无险耳。亟从之，遂策杖前。始犹依岩凌石，披丛条以降。既而从两石峡溜中直下，仰望夹崖逼天。先是峰顶雾滴如雨，至此渐开，景亦渐奇。然皆垂沟脱磴，无论不能行，且不能止。愈下，崖势愈壮，一峡穷，复转一峡。吾目不使旁瞬，吾足不容求息也。如是十里，始出峡，抵平地，得正道。过无极洞[1]，西越岭，趋草莽中，五里，得法皇寺[2]。寺有金莲花，为特产，他处所无。山雨忽来，遂借榻僧寮[3]。其东石峰夹峙，每月初生，正从峡中出，所称"嵩门待月[4]"也。计余所下之峡，即在其上，今坐对之，只觉云气出没，安知身自此中来也。

【注释】

❶无极洞：即今老君洞，原奉太极、皇极，故名无极洞。❷法皇寺：应作法王寺，位于嵩山太室山南麓。东汉永平十四年（公元 71 年）创建，仅比有"释源"之称的洛阳白马寺晚三年，是嵩山最古老的寺院。❸僧寮（liáo）：指和尚住的小屋。❹嵩门待月：嵩山八景之一。

【译文】

在真武庙中用饭。打听下山的路，向导说："正道是顺着万岁峰下到山脚，路程有二十里。如果从西沟悬空滑行下去，可省去一半路程，然而道路险峻至极。"我露出喜悦的神色，以前认为嵩山没有奇特之处，是因为没有遇到险峻的地方。于是急忙跟随向导，拄着手杖前行。开始还依傍着岩石穿越，拨开丛生的草木向下走。接着就从两座石峡的夹道中滑行直下，抬头望去，两侧相夹的崖壁几乎逼近天际。之前峰顶上的雾气似雨一般往下滴落，下到这里，雾气逐渐散开，景致也渐渐奇异起来。然而沟谷一路垂直，没有石阶，别说不能行走，而且就连停都停不下来。越往下滑，石崖的气势就越壮观，下完一道峡谷，又转进另一道峡谷。我的眼睛不敢斜视，我的脚不容停歇。就这样往下滑行了十里路，才出了峡谷，到达平地，走上正道。途经无极洞，向西翻过山岭，在丛生的杂草中行进，五里路后，到达法皇寺。寺里生长着金莲花，为本地特产，是其他地方所没有的。山雨忽然下了起来，于是借宿于僧人的小屋。法皇寺东面有石峰相对耸立，每当月亮刚刚升起的时候，恰好处于峡谷中间，被称为“嵩山待月”。想来我之前所下的峡谷，就在这道峡谷的上面，现在对面而坐，只觉得上面云蒸雾绕，哪里知道自己就是从那儿下来的呢。

二十二日　出山，东行五里，抵嵩阳宫废址[1]。惟三将军柏郁然如山，汉所封也；大者围七人，中者五，小者三。柏之北，有室三楹，祠二程[2]先生。柏之西，有旧殿石柱一，大半没于土，上多宋人题名，可辨者为范阳[3]祖无择、上谷[4]寇武仲及苏才翁数人而已。柏之西南，雄碑杰然，四面刻蛟螭[5]甚精。右则为唐碑，裴迥撰文，徐浩八分书[6]也。又东二里，过崇福宫[7]故址，又名万寿宫，为宋宰相提点处。又东为启母石[8]，大如数间屋，侧有一平石如砥。又东八里，还饭岳庙，看宋、元碑。

【注释】

①嵩阳宫废址：位于登封市以北 2.5 公里处。北魏时始建，称嵩阳寺，隋代时称嵩阳观，唐代时高宗曾以此为行宫。宋至道三年（公元 997 年）赐名太室书院，景祐二年（公元 1035 年）重修后更名为嵩阳书院，被称作宋代四大书院之一。今为登封师范学校。②二程：指北宋理学家程颐和程颢，二人曾在此讲学。③范阳：地名，历史上其所辖区域多有变迁。唐天宝年间（公元 742—756 年）设范阳郡，唐后期有范阳节度使，所辖皆在今北京市西南。唐初期设范阳县，辖今河北省涿州市。④上谷：战国、秦代、汉代有上谷郡，辖今河北省怀来县东南。隋代、唐代亦设上谷郡，辖今河北省易县。⑤螭（chī）：传说中的一种龙，无角，色黄，在古代建筑中，它的形状常被用作装饰。⑥八分书：一种书法体。程邈作隶书，李斯作小篆，王次仲割程邈隶书八分，取二分，割李斯小篆二分，取八分，别成一格，故称八分书。⑦崇福宫：位于万岁峰南麓，汉代时建有万岁观。宋代时改名崇福宫。⑧启母石：今存。嵩山南麓的万岁峰下有一座汉代石阙，

名为启母阙。启母阙东北边矗立着几丈高的巨石，即为启母石。从轮廓来看，平石是从主石之上崩下来的，上面平滑。两石之间立有一块碑，是隆庆三年（公元1569年）监察御史蒋机所立。

【译文】

二十二日　出了山，向东面走了五里路，来到了荒废已久的嵩阳宫遗址。遗址上只有三棵郁郁葱葱、高大如山的将军柏，这是汉朝封的名号；最大的一棵有七人围抱那么粗，中等的有五人围抱，最小的也有三人围抱。柏树的北面，有三排房舍，祭祀的是程颐、程颢两位先生。柏树的西面，有一根旧殿里的石柱，大半截是埋在土里的，上面刻有许多宋代人的题名，能辨认出来的有范阳人祖无择、上谷人寇武仲和苏才翁等。柏树的西南面，矗立着雄伟的巨大石碑，石碑四面雕刻着十分精致的龙形装饰图。右侧则是唐代石碑，碑文是由裴迥所撰，由徐浩用八分书书写在上面的。又往东边走了二里路，路过崇福宫旧址，崇福宫也称为万寿宫，是宋朝宰相提点官处。再往东是启母石，有好几间屋子那么大，旁边有一块平如磨刀石的平石。又向东面走了八里路，返回到中岳庙用饭，观摩宋代、元代的碑刻。

西八里，入登封县[1]。西五里，从小径西北行。又五里，入会善寺[2]，"茶榜"在其西小轩内，元刻也。后有一石碑仆墙下，为唐贞元[3]《戒坛记》，汝州刺史陆长源[4]撰文，河南陆郢书。又西为戒坛废址，石上刻镂极精工，俱断委草砾。西南行五里，出大路，又十里，至郭店[5]。折而西南，为少林道。五里，入寺，宿瑞光上人房。

【注释】

1 登封县：即今河南省登封市，位于嵩山南麓。明为县，隶属河南府。古城位于今市区西南，主要街道呈"十"字分布，今尚存部分城墙遗址。2 会善寺：位于嵩山积翠峰下，大殿为元代建筑。唐代著名天文学家一行就是在该寺出家为僧的。寺东山坡上有三座塔，寺西山坡上是一行创建的戒坛遗址。3 贞元：唐德宗年号，共二十年，时为公元785—804年。4 陆长源：字泳，今江苏苏州人，善书法。唐代贞元中，为汝州刺史。5 郭店：位于登封市西北，登封通往偃师的公路边。

【译文】

向西走八里路，来到登封县。再向西走五里路，沿着小路朝西北方向行进。又走五里路，到达会善寺，“茶榜”碑刻在寺内西面的小屋子里，为元代人所刻。寺后面有一块石碑倒在墙脚下，是唐朝贞元年间刻的《戒坛记》，碑文是由汝州刺史陆长源所撰，由河南人陆郢书写在上面的。再往西是荒废的戒坛遗址，石上的雕刻非常精致、工整，但都残缺不全地置于荒草碎石之间。往西南走五里路，到了大路上，又走十里路，到达郭店。转而往西南方向走，是通往少林寺的路。五里路后，进入少林寺，投宿于僧人瑞光的房舍中。

二十三日　云气俱尽。入正殿，礼佛毕，登南寨。南寨者，少室绝顶，高与太室等，而峰峦峭拔，负“九鼎莲花”之名。俯环其后者为九乳峰，蜿蜒东接太室，其阴则少林寺[1]在焉。寺甚整丽，庭中新旧碑森列成行，俱完善。夹墀[2]二松，高伟而整，如有尺度。少室横峙于前，仰不能见顶，游者如面墙而立，辄谓少室以远胜。余昨暮入寺，即问少室道，俱谓雪深道绝，必无往。凡登山以晴朗为佳。余登太室，云气弥漫，或以为仙灵见拒，不知此山魁梧，正须止露半面。若少室工于掩映，虽微云岂宜点滓？今则霁甚，适逢其会，乌可阻也！乃从寺南渡涧登山，六七里，得二祖庵[3]。山至此忽截然土尽而石，石崖下坠成坑。坑半有泉，突石飞下，亦以“珠帘”名之。余策杖独前，愈下愈不得路，久之乃达。其岩雄拓不如卢岩，而深峭过之。岩下深潭泓碧，僵雪四积。再上，至炼丹台。三面孤悬，斜倚翠壁，有亭曰小有天，探幽之屐，从未有抵此者。过此皆从石脊仰攀直跻，两旁危崖万仞，石脊悬其间，殆无寸土，手与足代匮[4]而后得升。凡七里，始跻大峰。峰势宽衍，向之危石，又截然忽尽为土。从草棘中莽莽南上，约五里，遂凌南寨顶，屏翳之土始尽。南寨实少室北顶，自少林言之，为南寨云。盖其顶中裂，横界南北，北顶若展屏，南顶列戟峙，其前相去仅寻丈，中为深崖，直下如剖。两崖夹中，坑底特起一峰，高出诸峰上，所谓摘星台也，为少室[5]中央。绝顶与北崖离倚，彼此斩绝不可度。俯瞩其下，一丝相属。余解衣从之，登其上，则南顶之九峰森立于前，北顶之半壁横障于后，东西皆深坑，俯不见底，罡风[6]乍至，几假翰[7]飞去。

【注释】

❶ 少林寺：位于少室山以北，背靠五乳峰，距离登封城13公里。该寺始建于北魏，孝昌三年（公元527年），印度僧人菩提达摩在这里首传禅宗，因此这里成为我国佛教禅宗祖庭，以传授少林派的拳术闻名于世。❷ 墀（chí）：台阶上的空地。❸ 二祖庵：位于少林寺西南4公里处的钵盂峰上，二祖即慧可。❹ 手与足代匮（kuì）：脚不够用而用手来帮助。代匮，备缺乏以为代。❺ 少室：即少室山，有36峰。最高峰是南寨，即今御寨山，海拔1405米。❻ 罡（gāng）风：也作刚风，指高空中的强风。❼ 翰（hàn）：指天鸡的红色羽毛。

【译文】

二十三日　云雾完全消散。进入正殿，行完拜佛之礼后，攀登南寨。南寨是少室山的最高峰，与太室山一样高，而峰峦挺拔陡峭，享有“九鼎莲花”的盛名。低伏环绕在少室山后面的是九乳峰，峰峦向东面蜿蜒伸展，与太室山相连，而少室山北面就是少林寺的所在地了。少林寺非常庄严秀丽，庭院中林立的新旧碑刻排列成行，都保存得十分完好。台阶上面的两侧空地上有两棵松树，高大雄壮而又很整齐，就好像用尺量裁过一样。少室山横耸于寺前，抬头望不到山顶，游人仿佛站在墙壁面前一般，于是认为少室山的景致，还是以远观为好。我昨天傍晚进寺的时候，就询问了攀登少室山的路，都说积雪深厚道路断绝，肯定去不了。一般在晴朗的天气登山才是最佳选择。我攀登太室山时，云烟雾气弥漫山中，有人认为这是山神在拒绝游客，却不知道太室山太过雄伟，恰好只需要露出半面而已。如果少室山的美在于云雾山石互相掩映，那么虽有薄云，又怎能遮蔽住山色呢？今天的天气就十分晴朗，恰好遇到这样的好机会，又有什么能够阻止我登山呢！于是从少林寺南面越过山涧，开始登山，走了六七里路，抵达二祖庵。到了这里，忽然感到山明显没有了土而全成了石头，石崖向下陡立，形成深坑。坑的半腰处有流泉，泉水翻越岩石飞速下泻，也是用“珠帘”来命名的。我拄着拐杖独自前行，越往下走越没有路，走了很长时间才到崖底。这里的岩石不像卢岩那样雄伟开阔，却比卢岩更加幽深峻峭。岩石下面有一潭深邃而碧绿的清泉，四周的积雪已经板结。又向上走，到达炼丹台。炼丹台三面孤立悬空，一面斜傍青翠的崖壁，台上有座亭子，叫小有天，游人寻幽探奇的足迹，从未到达过这里。从此处就都要顺着石脊仰着头直直地向上攀登了，两旁陡崖高达万仞，石脊悬于陡崖之间，几乎一寸土都没有，手脚竭力地交替使用才能向上攀升。一共爬了七里路，才登上大峰。大峰的山势宽阔平坦，刚才一直是陡峻的岩石，现在又突然全成了土。从丛密的杂草荆棘中向南攀爬，大约五里路后，终于登上了南寨的顶峰，屏蔽在岩石上的土到了此处则完全消失了。南寨实际上是少室山北顶，就少林寺而言，才称为南寨。原来少室山山顶中间是裂开的，横断为南北两部分，北顶好似伸展开来的屏风，南顶则如排列峙立的利刃，两座山顶的前沿仅相距八尺到一寸，中间是深深的崖谷，陡直下陷，犹如刀剖。两边的山崖相夹而立，崖底突兀地耸起一座山峰，竟比众峰都要高峻，这就是所谓的摘星台，居于少室山的正中央。最高峰和北部山崖好像接近又好像不接近，彼此间是断开的，无法越过。俯瞰最高峰的下面，仅有很少的一点儿是和北部山崖相连的。我脱掉衣服顺着山势攀爬，登上了最高峰，只见南顶的九峰高耸林立于眼前，北顶的半壁如屏障般横列在后面，东西两面都是深深的坑谷，低头望不到底，狂风忽然刮起来，几乎使人想像羽毛那样乘风飞去。

从南寨东北转，下土山，忽见虎迹大如升[1]。草莽中行五六里，得茅庵，击石炊所携米为粥，啜三四碗，饥渴霍然[2]去。倩[3]庵僧为引龙潭道。下一峰，峰脊渐窄，土石间出，棘蔓翳之，悬枝以行，忽石削万丈，势不可度。转而上跻，望峰势蜿蜒处趋下，而石削复如前。往复不啻数里，乃迂过一坳，又五里而道出，则龙潭沟也。仰望前迷路处，危崖欹石，俱在万仞峭壁上。流泉喷薄其中，崖石之阴森崭巇[4]者，俱散成霞绮。峡夹涧转，两崖静室如蜂房燕垒。凡五里，一龙潭沉涵凝碧，深不可规[5]以丈。又经二龙潭，遂出峡，宿少林寺。

【注释】

❶升：盛粮食的器具。❷霍然：急速，快。❸倩（qìng）：请，央求。❹崭巇：形容山势高峻挺拔。❺规：测量。

【译文】

沿着南寨往东北方向转，下了土山，忽然看见老虎的足迹，有升那么大。在丛生的杂草中走了五六里路，遇到一座茅庵，用打火石取火，将带来的米煮为粥，喝了三四碗后，饥渴的感觉迅速消失了。请庵内的僧人为我指引去往龙潭的道路。走下一座山峰，峰脊渐渐变得狭窄，土和岩石交替出现，上面布满了荆棘藤蔓，抓扯着树枝荡着前行，岩石忽然陡立万丈，看那态势肯定过不去。转而向上攀登，顺着峰势的曲折处往下行，然而又碰到了像前面那样陡然突立的岩石。来回往复不止数里，才迂回绕过了一道山坳，又走了五里才出现道路，这就是龙潭沟。抬头观望刚才迷路的地方，峻峭的崖壁、陡斜的岩石，全都居于万仞之高的绝壁上。清澈的泉水从中喷涌而出，那高峻挺拔的崖石，都披上了五彩的霞光。峡谷夹着回旋盘绕的山涧，两边山崖上的静室如同蜂穴、燕巢一般。共走了五里路，来到一处清幽碧绿的龙潭，潭水深邃得无法用丈来测量。又经过了两处龙潭，便走出峡谷，回少林寺歇宿。

二十四日　从寺西北行，过甘露台，又过初祖庵。北四里，上五乳峰，探初祖洞。洞深二丈，阔杀[1]之，达摩[2]九年面壁处也。洞门下临寺，面对少室。地无泉，故无栖者。下至初祖庵[3]，庵中供达摩影石。石高不及三尺，白质黑章，俨然西僧立像。中殿六祖[4]手植柏，大已三人围，碑言自广东置钵中携至者。夹墀二松亚少林。少林松柏俱修伟，不似岳庙偃仆[5]盘曲，此松亦然。下至甘露台，土阜矗起，上有藏经殿。下台，历殿三重，碑碣[6]散布，目不暇接。后为千佛殿，雄丽罕匹。出饭瑞光上人舍。策骑趋登封道，过镮辕岭[7]，宿大屯[8]。

【注释】

❶杀：少，减。❷达摩：全称菩提达摩。相传南天竺人达摩于南朝宋末时来到金陵，梁武帝与其谈佛理。而后他又去往北魏，住在了嵩山少林寺，自此被认为是中国佛教禅宗的初祖。❸初祖庵：宋代时，少林寺僧徒为纪念禅宗初祖达摩在少林寺达摩洞面壁九年而特修此庵，因此也叫面壁庵。今存大殿和千佛阁，二十多米高的古柏也保存完好。❹六祖：指唐代僧人慧能。本姓卢，生于南海新兴（今属广东）。作为中国佛教禅宗的实际创立者，慧能被尊为禅宗第六祖。❺偃（yǎn）仆：仰而倒称为偃，伏而覆叫作仆。❻碑碣：人工竖立的碑刻。方者为碑，圆者为碣。❼镮辕岭：位于登封市西北部，岭上有镮辕关，崎岖的石路，数里的长坡，构成了险要的地势，是许昌通往洛阳的交通要道，今公路仍然从这里经过。❽大屯：位于河南省偃师市高龙镇东侧不远处。

【译文】

二十四日　顺着少林寺西边向北走，途经甘露台，又经过初祖庵。向北走四里路后，到达五乳峰，探游初祖洞。洞的深度有二丈，宽度不到二丈，这里是达摩面壁九年的地方。洞门下边对着少林寺，正面对着少室山。地下没有泉水，因此没有人居住。往下走到初祖庵，庵内供奉着达摩影石。影石高度不超过三尺，白色石质、黑色花纹，简直就像胡僧站立的样子。六祖慧能亲手种的柏树，已有三人围抱那么粗了，据碑文记载，慧能将树放在钵中，从广东带到了此地。台阶两侧空地上的两棵松树比不上少林寺的松树。少林寺的松柏都雄伟挺拔，不像中岳庙的那样仰倒、低伏而盘曲，这里的松柏也是笔直挺立的。往下走到甘露台，一座土山拔地而起，山上建有藏经殿。从甘露台下去，经过了三重殿宇，看到各种碑刻遍布各处，让人看都看不过来。后面是千佛殿，建造得雄壮华丽，很少有能比得过它的。从千佛殿出来，到僧人瑞光房中吃饭。策马走上通往登封的大路，过了镮辕岭，在大屯落宿。

二十五日　西南行五十里，山冈忽断，即伊阙[1]也。伊水南来经其下，深可浮数石舟。伊阙连冈，东西横亘，水上编木桥之。渡而西，崖更危耸。一山皆劈为崖，满崖镌佛其上。大洞数十，高皆数十丈。大洞外峭崖直入山顶，顶俱刊小洞，洞俱刊佛其内。虽尺寸之肤，无不满者，望之不可数计[2]。洞左，泉自山流下，汇为方池，余泻入伊川。山高不及百丈，而清流淙淙不绝，为此地所难。伊阙摩肩接毂[3]，为楚、豫大道，西北历关陕。余由此取西岳道去。

【注释】

❶ 伊阙：位于今河南省洛阳市南 12 公里处。因青山对峙，形如门阙，伊水由南至北从中流过，故称伊阙。龙门石窟佛雕群就在伊河两岸的山崖上。《明史·地理志》有云：洛阳“西南有阙塞山，亦曰阙口山，亦曰伊阙山，俗曰龙门山”。❷“一山皆劈为崖”十句：这就是闻名遐迩的龙门石窟，龙门石窟始凿于北魏时期，后来的 400 多年间，都断续地大规模营造过。现存 2100 多个窟龛，十万余尊造像，3600 多块造像题记。主要洞窟位于河西，最大的是唐代所凿的奉先寺佛像。龙门石窟与莫高窟、云冈石窟、麦积山石窟并称为中国四大石窟。❸ 摩肩接毂（gǔ）：人的肩膀拥挤摩擦，车毂之间相互碰接，比喻十分繁盛。毂，指车轮中心有窟窿可以插轴的部分。

【译文】

二十五日　往西南方向走了五十里路，山冈忽然中断，这就是伊阙山。伊水从南面而来流经山下，水很深，载重数石的船可以通行其上。伊阙山的山冈相连，由东至西横贯，伊水上面架有木桥。渡过伊水来到西岸，山崖更加陡峻、高耸了。一座山整个儿都劈成了崖壁，崖壁上全部雕刻着佛像。大洞有好几十个，个个都有几十丈之高。大洞外面，陡峭的崖壁直插山顶，顶上又凿有许多小洞，小洞里面也都雕刻着佛像。即使是一尺一寸大小的地方，也都雕满了佛像，看上去数都数不过来。山洞左侧，泉水从山上流下，汇聚成了一块方池，余下的水则泻入伊水。伊阙山高不超过一百丈，却有着源源不断的清流，这在当地是非常难得的。山前车来人往，热闹非凡，这是湖北、河南来往必经的大路，主要通往西北陕西关中。我就从这里前往西岳华山。

游太华山日记

·陕西西安府华阴县·

二月晦　入潼关[1]，三十五里，乃税驾西岳庙[2]。黄河从朔漠[3]南下，至潼关，折而东。关正当河、山隘口，北瞰河流，南连华岳[4]，惟此一线为东西大道，以百雉[5]锁之。舍此而北，必渡黄河，南必趋武关[6]，而华岳以南，峭壁层崖，无可度者。未入关，百里外即见太华屼出云表；及入关，反为冈陇[7]所蔽。行二十里，忽仰见芙蓉片片，已直造其下。不特三峰秀绝，而东西拥攒诸峰，俱片削层悬。惟北面时有土冈，至此尽脱山骨，竞发为极胜处。

【注释】

① 潼关：作者所描述的潼关，就是历史上的潼关，位于今陕西省渭南市潼关县北，风陵渡对岸的黄河边。潼关为关中东大门，历来是兵家必争之地。② 西岳庙：位于陕西省华阴市以东 1.5 公里处的岳镇东边，也叫华阴庙，建筑宏伟，碑刻众多，是道教全真派圣地。③ 朔漠：北方沙漠地带。④ 华岳：即华山，又叫太华山、西岳、泰华，因峰峦攒聚好似莲花，故名华山（古音“华”同“花”），位于华阴市以南，南接秦岭，北瞰黄河，是西北进出中原的门户。⑤ 百雉（zhì）：古代计算城墙以雉为单位，一雉即长三丈、高一丈。此处是指又长又高的城墙。⑥ 武关：即春秋时的少习关，战国时改为武关，位于陕西省丹凤县武关河北岸，自古便是兵家必争之地。⑦ 冈陇：山冈，山岭。

【译文】

二月底　进入潼关，走了三十五里路，便歇宿于西岳庙。黄河从北方沙漠地带向南面奔流，到达潼关后，转而向东面流去。潼关恰好位于狭窄险要的黄河、华山口，向北俯瞰黄河之水，南面与华山相连，只有潼关是横贯东西唯一的大路，用又长又高的城墙封锁着。如果不走这里向北去，那就必须要横渡黄河，向南面则必须从武关走，而华山的南面，山崖岩壁层叠峭拔，没有路可以穿越。还没进入潼关的时候，在百里之外就看到华山突兀高耸直插云霄；等到进入潼关，华山反而被低矮的山冈遮蔽了。走了二十里路，一抬头，忽然看见那美如莲花的座座山峰，才知道原来已经直接到达华山的脚下了。华山不仅有落雁、朝阳、莲花这三座秀美非凡的山峰，而且聚集、簇拥在东西两侧的众多山峰，也都是如刀削般层叠高悬的石片。唯独北侧不时出现的土冈，到了这个时候才完全露出了岩石，争相展现着最美的景观。

三月初一日　入谒西岳神，登万寿阁。向岳南趋十五里，入云台观。觅导于十方庵。由峪[1]口入，两崖壁立，一溪中出，玉泉院[2]当其左。循溪随峪行十里，为莎萝宫，路始峻。又十里，为青柯坪[3]，路少坦。五里，过寥阳桥，路遂绝。攀锁上千尺幢[4]，再上百尺峡。从崖左转，上老君犁沟[5]，过猢狲岭[6]。去青柯五里，有峰北悬深崖中，三面绝壁，则白云峰也。舍之南，上苍龙岭[7]，过日月岩。去犁沟又五里，始上三峰足。望东峰[8]侧而上，谒玉女祠[9]，入迎阳洞。道士李姓者，留余宿。乃以余暑[10]上东峰，昏返洞。

【注释】

❶ 峪（yù）：北方称山谷为峪。❷ 玉泉院：位于华山北麓谷口，是攀登华山的必经之路。❸ 青柯坪：位于华山谷道的尽头处，是登山途中唯一较平坦处，有通仙观和东道院可供食宿。❹ 千尺幢（chuáng）：两侧峭壁相夹，中间一条狭窄石缝，内凿陡峻的石阶，两边挂着供人牵拉的铁链。接近幢顶的地方有可以启闭的铁板。此为华山咽喉。❺ 老君犁沟：东边是峭壁，西边是深壑，自上而下共 570 余级。传说老子修道时，看到人们开山凿道很不容易，便令其乘牛一夜之间犁成此道，故名。❻ 猢狲岭：也叫猢狲愁，此岭山崖陡峻，难以攀登。传说以前猿猴从华山水帘洞出来后，每次到这里就只好返回，因为连它们也无法通过，故名。❼ 苍龙岭：是一条南北长达 1500 米的狭长山脊，最窄的地方只有一尺多，

两旁就是深深的山谷，游人必须拉住铁链才能前进，这里是攀登华山最为险峻的地段。❽东峰：即朝阳峰，因位置居东而得名，是华山主峰之一。❾玉女祠：位于中峰玉女峰上。❿晷（guǐ）：本义为日影。古人通过测日影来判断时间，因此又引申为时间。

【译文】

三月初一日　进入庙内拜谒华山之神，登上万寿阁。往华山的南边走了十五里路，进入云台观。在十方庵找了一位向导。从山谷口进入，只见两边山崖陡直挺立，一条溪流在山谷中流淌，玉泉院就在溪流的左岸。顺着溪流沿着山谷走十里路，到达莎萝宫，道路开始陡峻起来。又走了十里路，到达青柯坪，道路稍微平坦些了。走五里路，过了寥阳桥，就没有路了。攀缘着铁链登上千尺幢，再向上登到百尺峡。顺着山崖向左转，登上老君犁沟，翻越猢狲岭。离青柯坪五里远的地方，有一座山峰悬立于北边的深谷之中，山峰三面全是陡峭的岩壁，这就是白云峰。我放弃攀登白云峰而向南面走，爬上苍龙岭，途经日月岩。距离老君犁沟又有五里远的时候，开始攀登三峰足。望着东峰的侧面向上攀登，来到玉女祠拜谒，进入迎阳洞。一个姓李的道士，留我住宿。于是用剩余的时间去攀登东峰，天黑了才返回迎阳洞。

初二日　从南峰[1]北麓上峰顶，悬南崖而下，观避静处。复上，直跻峰绝顶，上有小孔，道士指为仰天池。旁有黑龙潭。从西下，复上西峰[2]。峰上石耸起，有石片覆其上如荷叶。旁有玉井甚深，以阁掩其上，不知何故。还饭于迎阳。上东峰，悬南崖而下，一小台峙绝壑中，是为棋盘台。既上，别道士，从旧径下，观白云峰，圣母殿在焉。下至莎萝坪，暮色逼人，急出谷，黑行三里，宿十方庵。出青柯坪，左上有杯渡庵、毛女洞；出莎萝坪，右上有上方峰；皆华之支峰也。路俱峭削，以日暮不及登。

【注释】

❶南峰：也叫落霞峰，海拔 2160 米，是华山最高峰。峰顶有老君洞，洞的北面

有泉水，四季不竭，叫作仰天池。❷西峰：也称莲花峰，因位置居西而得名，是华山主峰之一。

【译文】

初二日　从南峰北麓向峰顶攀爬，顺着南面的山崖悬空坠落而下，观览避静处。又往上爬，直登南峰之顶，峰顶上有一个小孔穴，道士指着说是仰天池。旁边有黑龙潭。从西边下去，又登上西峰。西峰上有岩石耸立，岩石被荷叶般的石片覆盖着。旁边有十分深邃的玉井，有阁楼建盖在玉井上，不知是什么原因。回到迎阳洞吃饭。之后登上东峰，顺着南面的山崖悬空坠落而下，陡峻的壑谷中峙立着一座小平台，这就是棋盘台。登上峰顶后，辞别了道士，顺原路下山，赏游白云峰，圣母殿就在那里。下到莎萝坪的时候，天色渐渐昏黑，便急忙走出山谷，摸黑走了三里路，在十方庵落宿。从青柯坪出来往左上方走，有柸渡庵、毛女洞；从莎萝坪出来往右上方走，有上方峰；全是华山支峰。道路都很险峻，因为天黑了来不及攀登。

初三日　行十五里，入岳庙。西五里，出华阴[1]西门，从小径西南二十里，入泓峪，即华山之西第三峪也。两崖参天而起，夹立甚隘，水奔流其间。循涧南行，倏而[2]东折，倏而西转。盖山壁片削，俱犬牙错入，行从牙罅中，宛转如江行调舱然。二十里，宿于木柸。自岳庙来，四十五里矣。

【注释】

❶华阴：即今陕西省华阴市，位于陇海铁路线上。明为县，隶属西安府华州。

❷倏（shū）而：忽而。倏，极快地。

【译文】

初三日　走了十五里路，到达岳庙。向西走五里路，从华阴县城的西门出来，顺着小路往西南方向走二十里路，进入泓峪，这是华山西面的第三个山谷。山谷两侧的崖壁直插云天，夹谷而立，非常狭窄，溪水在山谷中奔流着。沿着山涧向南面走，道路忽而折向东面，忽而转向西面。因为山崖岩壁如刀削的石片，都似犬牙般交错着，所以从石片缝隙中转来绕去，就好像在弯弯曲曲的大江上行船，

需要不断地调整航向一般。二十里路后，投宿于木柸。自打从岳庙出来，行程总计四十五里路。

初四日　行十里，山峪既穷，遂上泓岭。十里，蹑其巅。北望太华，兀立天表。东瞻一峰，嵯峨特异，土人云赛华山。始悟西南三十里有少华[1]，即此山矣。南下十里，有溪从东南注西北，是为华阳川[2]。溯川东行十里，南登秦岭，为华阴、洛南[3]界。上下共五里。又十里为黄螺铺[4]。循溪东南下，三十里，抵杨氏城[5]。

【注释】

①少华：即少华山，位于陕西省华县东南5公里处，相比于太华山要矮小一些。少华山分为三峰，东为半截山，中为玉女峰，西为独秀峰。②华阳川：今仍称“华阳”，在华阴市西南部的华阳乡。③洛南：隶属西安府商州，即今陕西省洛南县。④黄螺铺：今又作黄龙铺，位于洛南县西北。⑤杨氏城：今作杨诗城，位于洛南县北，石门河东岸。

【译文】

初四日　走了十里路，到达山谷的尽头，于是攀登泓岭。十里路后，登上了泓岭顶。朝北眺望太华山，只见它高高地直插天外。往东面看见一座山峰，其山势高峻得奇特出众，当地人说那是赛华山。我才醒悟到西南三十里处有座少华山，指的就是这座山。往南下了十里路，有一条溪水从东南往西北流，这是华阳川。逆着川流往东面走了十里路，向南攀登秦岭，这是华阴、洛南的县界。上上下下共走了五里路。又走了十里路到达黄螺铺。顺着溪水往东南方向下山，走了三十里路，抵达杨氏城。

初五日　行二十里，出石门[1]，山始开。又七里，折而东南，入隔凡峪。西南二十里，即洛南县峪；东南三里，越岭，行峪中。十里出山，则洛水自西而东，即河南所渡之上流也。渡洛复上岭，曰田家原。五里，下峪中，有水自南来入洛。溯之入，十五里，为景村[2]。山复开，始见稻畦。过此仍溯流入南峪，南行五里，至草树沟。山空日暮，借宿山家。

【注释】

❶石门：位于洛南县北境。❷景村：位于洛南县东南境。

【译文】

初五日　走了二十里路，从石门出去，山势才开阔起来。又走了七里路，转而往东南方向走，进入隔凡峪。从这里往西南方向走二十里路，就是洛南县城所处的山谷；往东南方向走三里路，翻过山岭，行走在山谷中。十里路后出了山，而洛水从西往东流，这就是在河南所渡河水的上游。渡过洛水之后又攀登山岭，山岭名为田家原。走了五里路，下到山谷里，从南边流来一股溪水注入洛水。逆流往里走，十五里路后，到达景村。山势又开阔起来了，才开始看到稻田。过了景村之后仍旧逆流行进，进入南峪，向南走五里路，到达草树沟。山野空旷，日落西山，借宿在山里人家。

自岳庙至木柸，俱西南行，过华阳川则东南矣。华阳而南，溪渐大，山渐开，然对面之峰峥峥[1]也。下秦岭，至杨氏城，两崖忽开忽合，一时互见，又不比木柸峪中，两崖壁立，有回曲无开合也。

【注释】

❶峥峥：高峻的样子。

【译文】

从岳庙到木柸，一直都是往西南方向走，过了华阳川则往东南方向走。从华阳川往南面走，溪水渐渐宽大了，山势渐渐开阔了，然而对面的山峰非常高峻。下了秦岭，到达杨氏城，两侧的山崖忽而分离，忽而聚拢，一时间交错出现，又跟木柸山谷中的景致不一样，那里两边崖壁高耸直立，山势迂回曲折，没有这般分离聚拢的景观。

初六日　越岭两重，凡二十五里，饭坞底岔。其西行道，即向洛南者。又东南十里，入商州[1]界，去洛南七十余里矣。又二十五里，上仓龙岭[2]。蜿蜒行岭上，两溪屈曲夹之。五里，下岭，两溪适合。随溪行老君峪中，十里，暮雨忽至，投宿于峪口。

【注释】

① 商州：隶属西安府，即今陕西省商洛市商州区。② 仓龙岭：即今蟒岭，是华山著名险道之一。“仓龙”疑为“苍龙”。

【译文】

初六日　越过两重山岭，一共走了二十五里路，在坞底岔吃饭。从坞底岔向西面去的路，通往洛南县。我又往东南方向走了十里路，进入商州境内，已经距离洛南县七十多里路了。又走了二十五里路，登上仓龙岭。在蜿蜒曲折的山岭上行进，两边有弯弯曲曲的溪流相夹。五里路后，下了山岭，而两条溪流恰好汇合在一起了。顺着溪流在老君峪中行进，十里路后，昏黑的天幕忽然开始降下雨来，于是在老君峪口停宿。

初七日　行五里，出峪。大溪[1]自西注于东，循之行十里，龙驹寨[2]。寨东去武关九十里，西向商州，即陕省间道[3]，马骡商货，不让[4]潼关道中。溪下板船，可胜五石舟。水自商州西至此，经武关之南，历胡村，至小江口[5]入汉者也。遂趋觅舟。甫[6]定，雨大注，终日不休，舟不行。

【注释】

① 大溪：即今丹江，明代称丹水。② 龙驹寨：隶属商州，为陕西省丹凤县治。③ 间（jiàn）道：偏僻的小路。④ 不让：不比……少。⑤ 小江口：今称江口，位于湖北省均县丹江汇入汉水的地方。⑥ 甫（fǔ）：方才。

【译文】

初七日　走了五里路，从山谷中出来。一条大溪自西面往东流，沿着溪水走了十里路，到达龙驹寨。龙驹寨东面距离武关有九十里路，西面通向商州，是去往陕西的小路，路上来来往往的骡马、商人、货物，不比潼关大路上的少。溪中的板船，可以承载五石的重量。溪水从商州西边流到此处，经过武关后朝南流去，过了胡村，到达小江口而后注入汉水。于是去寻找船只。刚刚定了船，天就下起大雨来，一整天都没有停，船无法航行。

初八日　舟子以贩盐故，久乃行。雨后，怒溪如奔马，两山夹之，曲折萦回，轰雷入地之险，与建溪[1]无异。已而雨复至。午抵影石滩[2]，雨大作，遂泊于小影石滩。

【注释】

①建溪：福建省闽江上游最大的支流，也是闽江的主要源头之一。②影石滩：即今月日滩，位于丹凤县稍南。

【译文】

初八日　船夫由于要贩卖盐，因此很长时间之后才起航。大雨过后，溪流水势盛大，有如万马奔腾，夹在两侧的山崖中，曲折回环，雷鸣般轰然作响，流入险要的地段，和建溪没有什么差别。不一会儿，雨又下了起来。下午抵达影石滩，雨下得更大了，于是将船停泊在了小影石滩。

初九日　行四十里，过龙关[1]。五十里，北一溪来注，则武关之流[2]也。其地北去武关四十里，盖商州南境矣。时浮云已尽，丽日乘空，山岚重叠竞秀。怒流送舟，两岸秾桃艳李，泛光欲舞，出坐船头，不觉欲仙也。又八十里，日才下午，榜人[3]以所带盐化迁[4]柴竹，屡止不进。夜宿于山涯之下。

【注释】

①龙关：即今竹林关，位于丹凤县南境，银花河汇入丹江的地方。②武关之流：即今武关河，因流经武关而得名。③榜（bàng）人：指摇船的人。榜，即棹，

摇船工具。④ 迁：交换。

【译文】

初九日　行驶了四十里路，途经龙关。五十里路后，有一条溪水从北边流入，那是武关的河流。这里距离北面的武关有四十里路，是商州南部的边境。此时浮云已经尽数散去，艳阳当空，云萦雾绕的山峰层叠交错，争相显示着秀美。奔腾的流水推送着行船，两岸盛开的桃花、李花美艳无比，沐浴在阳光中，仿佛在翩翩起舞，走出船舱，在船头坐下来，不知不觉便飘飘欲仙。又行驶了八十里路，时间才到下午，摇船的人因为要用所带的盐来交换柴、竹，所以多次停船不行。晚上就住在山下的水边。

初十日　五十里，下莲滩。大浪扑入舟中，倾囊倒箧，无不沾濡[1]。二十里，过百姓滩，有峰突立溪右，崖为水所摧，岌岌[2]欲堕。出蜀西楼[3]，山峡少开，已入南阳[4]淅川[5]境，为秦、豫[6]界。三十里，过胡村。四十里，抵石庙湾[7]，登涯投店。东南去均州，上太和，盖一百三十里云。

【注释】

① 沾濡（rú）：被水沾湿。② 岌岌（jí）：形容山峰高峻危险的样子。③ 蜀西楼：今作梳洗楼，位于陕西省商南县东南。④ 南阳：明置南阳府，辖南阳，即今河南省南阳市。⑤ 淅川：明成化六年（公元 1470 年）从内乡县划出一块，单独设县，即淅川县，隶属南阳府。⑥ 秦、豫：秦是陕西省的简称，豫是河南省的简称。⑦ 石庙湾：位于河南省淅川县西，丹江西岸。

【译文】

初十日　行驶了五十里路，到达莲滩。大浪扑进了船舱里，掀翻了包裹、弄倒了箱柜，没有不被水打湿的。二十里路后，过了百姓滩，有一座山峰突兀地耸立在溪流的右岸，山崖被水流所冲击，危险得好像要坠落下来一般。船驶出了蜀西楼，峡谷稍稍开阔了，不久就驶进了南阳府的淅川县境，这是陕西、河南两省的省界。船行驶三十里路，经过胡村。四十里路后，抵达石庙湾，上岸后投宿于旅店。这里距离东南边的均州，上太和山，大概有一百三十里的路程。

游太和山日记

·湖广襄阳府均州·

十一日　登仙猿岭。十余里，有枯溪小桥，为郧县[1]境，乃河南、湖广界。东五里，有池一泓，曰青泉，上源不见所自来，而下流淙淙，地又属淅川。盖二县界址相错，依山溪曲折，路经其间故也。五里，越一小岭，仍为郧县境。岭下有玉皇观、龙潭寺。一溪滔滔自西南走东北，盖自郧中来者。渡溪，南上九里冈，经其脊而下，为蟠桃岭。溯溪行坞中十里，为葛九沟。又十里，登土地岭，岭南则均州[2]境。自此连逾山岭，桃李缤纷，山花夹道，幽艳异常。山坞之中，居庐相望，沿流稻畦，高下鳞次，不似山、陕间矣。但途中蹊径狭，行人稀，且闻虎暴，日方下舂，竟止坞中曹家店[3]。

【注释】

①郧县：明代统治者在镇压了规模巨大的荆襄流民起义之后，于成化十二年（公元1476年）设郧阳府，辖郧县等七县，郧县即今湖北省郧县。②均州：隶属襄阳府，即今湖北省丹江口市，因武当山坐落于境内而闻名。③曹家店：位于丹江口市以北。

【译文】

十一日　攀登仙猿岭。走了十多里路后，有座枯溪小桥，属于郧县境内，是河南和湖广的分界处。朝东面走五里路，有一汪清澈的池水，叫作青泉，往上看不到水源从哪里流来，而只见下游的流水淙淙地流淌，此地又属于淅川县了。因为郧县和淅川县的边界是相互交错的，依照山势和溪流的曲折程度划分，因此道路在两县之间。五里路后，越过一道小岭，仍在郧县境内。山岭下面有玉皇观、龙潭寺。一股浩大的溪水从西南向东北奔流，大概是从郧县中部而来的。渡过溪水，向南登上九里冈，越过冈脊向下走，是蟠桃岭。逆着溪流在山坳中走十里路，到葛九沟。又走十里路，登上土地岭，岭南就是均州境。从这里接连翻山越岭，沿途桃李缤纷，山花夹道，景致异常幽雅艳丽。山坳之中，庐舍遥遥对望，溪流两岸，稻田高低排列，像鱼鳞一样整齐，同山西、陕西的稻田不大一样。但是途中的小路十分狭窄，行人稀少，而且听说有老虎在路上施害，太阳正要西沉，最终停宿于山坳中的曹家店。

十二日　行五里，上火龙岭。下岭随流出峡，四十里，下行头冈。十五里，抵红粉渡，汉水汪然[1]西来，涯下苍壁悬空，清流绕面。循汉东行，抵均州。静乐宫当州之中，踞城之半，规制宏整。停行李于南城外，定计明晨登山。

【注释】

[1]汪然：形容水深而广的样子。

【译文】

十二日　走了五里路，登上火龙岭。下了山岭顺着水流走出峡谷，四十里路后，下到了行头冈。又走了十五里路，到达红粉渡，汉水浩浩荡荡地从西面流过来，岸边翠壁悬空，清流环抱。顺着汉水向东走，来到均州。静乐宫居于州城正中，占据了州城的一半，规模宏大，建筑庄严。将行李放在南城外面，决定明天早上去登山。

十三日　骑而南趋，石道平敞。三十里，越一石梁，有溪自西东注，即太和下流入汉者。越桥为迎恩宫，西向。前有碑大书“第一山”三字，乃米襄阳[1]笔，书法飞动，当亦第一。又十里，过草店[2]，襄阳来道，亦至此合。路渐西向，过遇真宫[3]，越两隘下，入坞中。从此西行数里，为趋玉虚[4]道；南跻上岭，则走紫霄间道也。登岭。自草店至此，共十里，为回龙观[5]。望岳顶青紫插天，然相去尚五十里。满山乔木夹道，密布上下，如行绿幕中。

【注释】

1 米襄阳：即米芾，北宋著名画家、书法家。初名黻，字元章，号襄阳漫士、鹿门居士等。原籍襄阳（今属湖北），后定居润州（今江苏镇江）。襄阳的山水自然和来自荆楚文化的熏陶，对米芾后来的书法、绘画创作有着深远的影响，人称米襄阳。2 草店：位于丹江口市西境，铁路的北侧。3 遇真宫：位于武当山北麓，殿内供奉张三丰坐像。4 玉虚：即玉虚宫，它是武当山建筑群中最大的宫城之一。5 回龙观：应即今元和观，是从老路上山的必经之地。

【译文】

十三日　骑马向南面奔去，石路平坦而宽敞。走了三十里路，越过一座石桥，桥下有一条溪水从西往东流淌，这就是从太和山流下来注入汉水的溪流。过了桥就是迎恩宫，宫门朝西。前面的一块石碑上赫然书写着“第一山”三个大字，这出自襄阳人米芾的手笔，其书法飞扬灵动，应当也属天下第一。又走了十里路，经过草店，从襄阳伸过来的路也是在这里会合。路渐渐往西伸展，途经遇真宫，翻越两处险要之地向下走，进入山坳中。从这里向西走几里，就是去玉虚宫的路；往南面攀登山岭，走的是通往紫霄宫的小路。登上山岭。从草店到这里，总共走了十里路，来到回龙观。遥望山顶，只见一片青紫色直插云天，然而还隔着五十里的距离。满山都是高大的树木夹立在道路两旁，密布山上山下，就如同在绿幕中穿行一样。

从此沿山行，下而复上，共二十里，过太子坡[1]。又下入坞中，有石梁跨溪，是为九渡涧[2]下流。上为平台十八盘，即走紫霄登太和大道；左入溪，即溯九渡涧，向琼台观及八仙罗公院诸路也。峻登十里，则紫霄宫[3]在焉。紫霄前临禹迹池，背倚展旗峰，层台杰殿，高敞特异。入殿瞻谒。由殿右上跻，直造展旗峰之西。峰畔有太子洞、七星岩，俱不暇问。共五里，过南岩之南天门。舍之西，度岭，谒榔仙祠。祠与南岩对峙，前有榔树特大，无寸肤，赤干耸立，纤芽未发。旁多榔梅[4]树，亦高耸，花色深浅如桃杏，蒂垂丝作海棠状。梅与榔本山中两种，相传玄帝插梅寄榔，成此异种云。

【注释】

❶ 太子坡：又名复真观，是攀登金顶的孔道。❷ 九渡涧：又名剑河。河上有三孔石桥，名为天津桥，又叫剑河桥，建于明永乐年间（公元 1403—1424 年）。❸ 紫霄宫：位于主峰天柱峰东北面的展旗峰下，是武当山保存较为完整的宫观之一。❹ 榔梅：果名。《襄阳志》载："榔梅在太和山。相传真武折梅枝寄榔树上，仰天誓曰：'吾道若成，花开果结。'后竟如其言。今树尚存。"

【译文】

从此处沿着山前行，下了又上，总共二十里，途经太子坡。又下到山坳中，有一座石桥横跨溪水，这里是九渡涧的下游。往上走是平台十八盘，就是通往紫霄宫从而登太和山的大路；朝左面顺着溪水往里走，就是逆着九渡涧，去往琼台观和八仙罗公院等处的路。攀登了十里险峻山路，就到达紫霄宫所在地了。紫霄宫前面对着禹迹池，后面靠着展旗峰，平台层叠，殿宇宏伟，十分高大宽敞。进入殿内观览、拜谒。从大殿右侧向上攀登，直达展旗峰西侧。山峰附近有太子洞、七星岩，都没有时间去游览了。共走了五里路，途经南岩的南天门。放弃游览南天门而向西面走，越过山岭，进入榔仙祠内谒拜。榔仙祠与南岩对峙而立，祠前有一棵特别高大的榔树，没有一点树皮，光滑地挺立着，一丝芽也没发。旁边有许多榔梅树，也都高高地挺立着，花色的深浅和桃花、杏花一样，花蒂垂丝，形如海棠。梅树和榔树原本是山中的两种树，相传真武帝折下梅花嫁接在榔树之上，形成了榔梅这一奇异的树种。

共五里，过虎头岩。又三里，抵斜桥。突峰悬崖，屡屡而是，径多循峰隙上。五里，至一天门，过朝天宫，皆石级曲折上跻，两旁以铁柱悬索。由一天门而二天门、三天门，率取径峰坳间，悬级直上。路虽陡峻，而石级既整，栏索钩连，不似华山悬空飞度也。太和宫在三天门内。日将晡[1]，竭力造金顶，所谓天柱峰也。山顶众峰，皆如覆钟峙鼎，离离攒立；天柱中悬，独出众峰之表，四旁崭绝。峰顶平处，纵横止及寻丈。金殿[2]峙其上，中奉玄帝及四将，炉案俱具，悉以金为之。督以一千户[3]、一提点[4]，需索香金，不啻御夺。余入叩匆匆，而门已阖，遂下宿太和宫[5]。

【注释】

❶ 晡（bū）：申时，即下午三点至五点。这里指黄昏。❷ 金殿：位于武当山最高峰天柱峰的峰顶，俗称金顶，建于明永乐十四年（公元1416年），是中国现存最大的铜铸建筑物。❸ 千户：世袭的武官，金初置，元、明相沿。明代卫所兵制设有千户所，统兵1120人，驻守要地。千户是一所之长官。❹ 提点：官名，宋代始置，至清代废。寓有提举、检点之意。明代只有神乐观提点，管理道士。❺ 太和宫：位于天柱峰腰紫金城南天门外，于明永乐十四年从天柱峰顶移至此，是武当山著名的道教宫观之一。

【译文】

共走了五里路，途经虎头岩。又走了三里路，到达斜桥。突兀陡峻的悬崖，到处都是，道路大多是沿着峰崖之间的缝隙向上蜿蜒的。走了五里路，来到一天门，过了朝天宫，都是曲折上延的石阶路，两侧有铁柱悬索。从一天门到二天门，再到三天门，道路大多取自山峰之间的坳地，陡阶直上。虽然道路陡直险峻，但是石阶整齐，有栏索牵引着，不像攀登华山那样悬空飞越。太和宫位于三天门内。接近黄昏的时候，我竭力攀登金顶，就是所谓的天柱峰。山顶上的众多山峰，都好像是倒置的钟、屹立的鼎一般，一排排一列列地簇拥在一起；天柱峰悬立于正中间，独自突出于群峰之上，四周险峻无比。峰顶上有一块平地，长宽都超不过八尺到一丈。金殿矗立在平地之上，殿内供奉着真武帝及其四将，香炉、几案一应俱全，全部是用金子铸造的。朝廷在此设置了一个千户和一个提点来监督，索取香金，这跟巧取豪夺没什么差别。我急匆匆地要进殿叩拜，但是殿门已关，于是往下走到太和宫歇宿。

十四日　更衣上金顶。瞻叩毕，天宇澄朗，下瞰诸峰，近者鹄峙，远者罗列，诚天真[1]奥区[2]也！遂从三天门之右小径下峡中。此径无级无索，乱峰离立，路穿其间，迥觉幽胜。三里余，抵蜡烛峰右，泉涓涓溢出路旁，下为蜡烛涧。循涧右行三里余，峰随山转，下见平丘中开，为上琼台观。其旁榔梅数株，大皆合抱，花色浮空映山，绚烂岩际。地既幽绝，景复殊异。余求榔梅实，观[3]中道士噤不敢答。既而曰："此系禁物。前有人携出三四枚，道流株连破家者数人。"余不信，求之益力，出数枚畀余，皆已黝烂，且订无令人知。及趋中琼台，余复求之，观主仍辞谢弗有。因念由下琼台而出，可往玉虚岩，便失南岩、紫霄，奈何得一失二；不若仍由旧径上，至路旁泉溢处，左越蜡烛峰，去南岩应较近。忽后有追呼者，则中琼台小黄冠[4]以师命促余返。观主握手曰："公渴求珍植，幸得两枚，少慰公怀。但一泄于人，罪立至矣。"出而视之，形侔[5]金橘，漉[6]以蜂液，金相玉质，非凡品也。珍谢别去。复上三里余，直造蜡烛峰坳中。峰参差廉利[7]，人影中度，兀兀欲动。既度，循崖宛转，连越数重。峰头土石，往往随地异色。既而闻梵颂声，则仰见峰顶遥遥上悬，已出朝天宫右矣。仍上八里，造南岩之南天门，趋谒正殿。右转入殿后，崇崖嵌空，如悬廊复道，蜿蜒山半，下临无际，是名南岩[8]，亦名紫霄岩，为三十六岩之最，天柱峰正当其面。自岩还至殿左，历级坞中，数抱松杉，连阴挺秀。层台孤悬，高峰四眺，是名飞升台。暮返宫，贿其小徒，复得榔梅六枚。明日再索之，不可得矣。

【注释】

❶天真：指没有受到人世礼俗影响的大自然原貌。❷奥区：中心，腹地。❸观（guàn）：指道教庙宇，即道观。大道观称为道宫，比宫、观小的则称为道院。❹黄冠：因道士所戴束发的冠为黄色，所以又称道士为黄冠。❺侔（móu）：齐等，相同。❻漉（lù）：渗。❼廉利：指棱角锋利。❽南岩：上为陡崖，下为深谷，是武当山中景致最美的一岩，因其朝南而得名。

【译文】

十四日　换了衣服攀登金顶。观览、叩拜完毕，天空碧蓝明朗，俯瞰群峰，近处的山峦宛如天鹅引颈屹立，远处的山峦排列成行，实在是大自然玄妙奥秘的中心！于是沿着三天门右侧的小路往下面的峡谷走去。这条小路上既没有石阶，也没有缆索，散乱的山峰无序地耸立着，小路从山峰之间穿过，令人顿觉幽静至极。三里多路后，到达蜡烛峰右侧，涓涓泉水从路边溢出，下面是蜡烛涧。沿着涧右岸行走三里多路，峰随山转，再往下走就看到平整的山丘中有块开阔地，这是上琼台观。观旁有几株榔梅，都有一人围抱那么粗，榔梅花竞相开放，花色映照天际和山冈，山岩边为之绚丽灿烂。此地幽雅之至，景物又不同寻常。我索要榔梅的果实，观中的道士闭口不敢应答。过了一会儿才说道："这是禁物。之前有人带了三四枚出去，结果好几位道士都为此受了株连而家道破败。"我不相信，更加起劲地索求起来，道士只好拿出几枚给我，但果实都已变黑腐坏，而且道士反复叮嘱我不要让人知道。等到了中琼台观，我又索要榔梅果实，观主仍然托辞说没有。因为想着从下琼台观出去，可以去往玉虚岩，这样就不能游览南岩、紫霄宫了，为什么要得一失二呢；不如仍从原路往上走，到达路边泉水溢出处，向左越过蜡烛峰，离南岩应该比较近。忽然后面有人呼叫着追赶过来，原来是中琼台观的小道士奉了师傅的命令催我返回。观主握着我的手说："您特别想要的珍贵树种，幸好得到了两枚，可以稍稍满足一下您的愿望。只是一旦泄露，罪立刻就会降临。"拿出来仔细观摩，形状似金橘，渗出的汁液就像蜂蜜，金色外表、玉石质地，不是凡品。我真诚地道谢后辞别而去。又往上走了三里多路，直接到达蜡烛峰的山坳中。山峰高低错落，棱角锋利，人从山峰间穿行，影影绰绰，就好像山峰在晃动一样。越过蜡烛峰，顺着山崖转来绕去，接连越过好几重山崖。峰顶上的土和岩石，往往随地势而变幻颜色。不一会儿，听到诵读经文的声音，抬头一看，峰顶远远地悬立在上空，已经到了朝天宫右侧。仍往上走，八里路后，来到南岩的南天门，赶忙前去正殿拜谒。向右转，走到正殿后面，高峻的岩崖镶嵌在空中，犹如悬空的长廊或阁道，弯弯曲曲地延伸在山半腰处，下临深不见底的沟壑，这里就叫南岩，也叫紫霄岩，是武当山三十六岩当中最美的一岩，天柱峰恰好耸立在它的对面。从南岩返回去，到了正殿左侧，踏着石阶在山坳中行走，有一棵好几人围抱那么粗的松杉，枝叶繁茂，挺拔秀丽。一座孤悬而立的层台，站在上面可以眺望四周的高峰，名为飞升台。傍晚时分，返回朝天宫，用财物收买了这里的一个小道士，又得到了六枚榔梅。第二天又去索要，没有要到。

十五日　从南天门宫左趋雷公洞。洞在悬崖间。余欲返紫霄，由太子岩历不二庵，抵五龙。舆者[1]谓迂曲不便，不若由南岩下竹笆桥，可览滴水岩、仙侣岩诸胜。乃从北天门下，一径阴森，滴水、仙侣二岩，俱在路左，飞崖上突，泉滴沥于中，中可容室，皆祠真武。至竹笆桥，始有流泉声，然不随涧行。乃依山越岭，一路多突石危岩，间错于乱蒨[2]丛翠中，时时放榔梅花，映耀远近。

【注释】

❶舆者：即轿夫。舆，肩舆，俗称轿子。❷蒨（qiàn）：形容草茂盛的样子。

【译文】

十五日　从南天门宫向左直奔雷公洞。洞位于悬崖中间。我想返回紫霄岩，从太子岩途经不二庵，到达五龙宫。轿夫说这样迂回绕路很不方便，不如从南岩下到竹笆桥，可以观览滴水岩、仙侣岩等胜景。于是自北天门向下走，出现一条阴森的小路，滴水岩、仙侣岩，都在小路的左侧，悬崖向上突出，泉水滴落崖中，悬崖中可以容纳静室，静室里供奉的都是真武帝。到了竹笆桥，开始有泉水流淌的声音，然而道路不是顺着山涧的。于是傍山而行，越过山岭，一路上大多是突起的石头和危耸的岩石，杂乱地散布于茂盛的草木丛中，不时有榔梅花绽放其间，绮丽的色彩映照着远远近近的景致。

过白云、仙龟诸岩，共二十余里，循级直下涧底，则青羊桥也。涧即竹笆桥下流，两崖蓊葱蔽日，清流延回，桥跨其上，不知流之所去。仰视碧落[1]，宛若瓮口。度桥，直上攒天岭。五里，抵五龙宫[2]，规制与紫霄、南岩相伯仲。殿后登山里许，转入坞中，得自然庵。已还至殿右，折下坞中，二里，得凌虚岩。岩倚重峦，临绝壑，面对桃源洞诸山，嘉木尤深密，紫翠之色互映如图画，为希夷[3]习静处。前有传经台，孤瞰壑中，可与飞升作匹。还过殿左，登榔梅台，即下山至草店。

【注释】

① 碧落：道家将天空称作碧落。② 五龙宫：位于武当山天柱峰北面。唐贞观年间始建，称五龙祠，历经唐、宋、元、明几代修缮。现仅存宫门、红墙、碑亭、泉池、古井。③ 希夷：即陈抟，字图南，安徽人。后唐末举进士不第，归隐于武当山，以山水为乐。宋太平兴国（公元976—984年）中出山，宋太宗十分看重他，并赐号希夷先生。

【译文】

途经白云岩、仙龟岩等胜地，共走了二十多里路，顺着石阶一直往下走到涧底，就到了青羊桥。涧水就是竹笆桥下的水流的下游，两岸山崖上草木郁郁葱葱、树荫遮天蔽日，长长的清流萦绕曲折，一座桥横跨其上，不知道涧水要往什么地方流去。仰望天空，宛如瓮口一般。过了桥，径直向上攀登攒天岭。走了五里路，到达五龙宫，宫殿的规模和建筑形式跟紫霄宫、南岩差不多。从宫殿后面登山，一里多路后，转进山坳，到达自然庵。不久，回到五龙宫右侧，折转往下走向山坳，二里路后，到达凌虚岩。凌虚岩倚着重重峰峦，临着深不见底的沟壑，面对着桃源洞等众多山峰，满山的嘉树尤其繁茂，紫色和绿色互相掩映，宛如图画，这里就是希夷先生隐居修炼处。前面的传经台，孤零零地俯视着深壑，可以与飞升台相媲美了。返回时途经五龙宫左侧，攀登榔梅台，然后下山到达草店。

华山四面皆石壁，故峰麓无乔枝异干；直至峰顶，则松柏多合三人围者；松悉五鬣，实大如莲，间有未堕者，采食之，鲜香殊绝。太和则四山环抱，百里内密树森罗，蔽日参天；至近山数十里内，则异杉老柏合三人抱者，连络山坞，盖国禁也。嵩、少之间，平麓上至绝顶，樵伐无遗，独三将军树巍然杰出耳。山谷川原，候同气异。余出嵩、少，始见麦畦青；至陕州，杏始花，柳色依依向人；入潼关，则驿路既平，垂杨夹道，梨李参差矣；及转入泓峪，而层冰积雪，犹满涧谷，真春风所不度也。过坞底岔，复见杏花；出龙驹寨，桃雨柳烟，所在都有。忽忆日已清明，不胜景物悴[1]情。遂自草店，越二十四日，浴佛[2]后一日抵家。以太和榔梅为老母寿。

【注释】

① 悴（cuì）：忧伤。② 浴佛：相传农历四月初八日是释迦牟尼的诞辰，佛寺常在这一天设会诵经，并用香水将佛像洗浴一番，因此称这一天为浴佛节。

【译文】

华山的四周全是石壁，因此山脚下没有高大奇异的树木；一直到峰顶，则松柏大多有三人围抱那么粗；松树都是五针松，松子大如莲子，偶尔遇到未掉落的松果，就采下来吃，味道鲜香极了。太和山的四面则被群山环抱着，百里以内树木繁多，茂密纷杂，遮天蔽日，高耸入云；接近太和山数十里的范围内，则三人围抱那么粗的奇杉老柏，遍布山坳，这是因为朝廷禁止砍伐。嵩山、少室山之间，从平缓的山脚到最高峰，树木都被砍伐殆尽了，唯有三棵将军树巍然高耸着。山峰、峡谷、河川、平原等各种地势，季节一样而天气物象却不尽相同。我走出嵩山、少室山的时候，才看见麦田里秧苗青青；到了陕州，杏树才刚刚开花，嫩绿的柳枝摇曳在风中，柔美动人；进入潼关，大路非常平坦，垂杨夹立在道路两旁，梨树、李树高低错落；等到转进泓峪，则凝结的冰和堆积的雪，还遍布山谷沟涧，真是春风所吹不到的地方啊。经过坞底岔的时候，又看到绽放的杏花；走出龙驹寨，只见桃红柳绿，所到之处一派春色。忽然想起已经到了清明时节，不由得触景生情。于是从草店出发，历经二十四天，在浴佛节第二天回到了家，用从太和山得到的榔梅为老母亲祝寿。

游五台山日记

·山西太原府五台县·

癸酉[1]七月二十八日　出都[2]为五台游。越八月初四日，抵阜平[3]南关。山自唐县[4]来，至唐河始密，至黄葵[5]渐开，势不甚穹窿矣。从阜平西南过石梁，西北诸峰复峪嵷[6]起。循溪左北行八里，小溪自西来注，乃舍大溪，溯西溪北转，山峡渐束。又七里，饭于太子铺[7]。北行十五里，溪声忽至。回顾右崖，石壁数十仞，中坳如削瓜直下。上亦有坳，乃瀑布所从溢者，今天旱无瀑，瀑痕犹在削坳间。离涧二三尺，泉从坳间细孔泛滥出，下遂成流。再上，逾鞍子岭。岭上四眺，北坞颇开，东北、西北，高峰对峙，俱如仙掌插天，惟直北一隙少杀。复有远山横其外，即龙泉关也，去此尚四十里。岭下有水从西南来，初随之北行，已而溪从东峡中去。复逾一小岭，则大溪[8]从西北来，其势甚壮，亦从东南峡中去，当即与西南之溪合流出阜平北者。余初过阜平，舍大溪而西，以为西溪即龙泉之水也，不谓西溪乃出鞍子岭坳壁，逾岭而复与大溪之上流遇，大溪则出自龙泉者。溪有石梁曰万年，过之，溯流望西北高峰而趋。十里，逼峰下，为小山所掩，反不睹嶙峋之势。转北行，向所望东北高峰，瞻之愈出，趋之愈近，峭削之姿，遥遥逐人，二十里之间，劳于应接。是峰名五岩寨，又名吴王寨，有老僧庐其上。已而东北峰下，溪流溢出，与龙泉大溪会，土人构石梁于上，非龙关道所经。从桥左北行八里，时遇崩崖矗立溪上。又二里，重城当隘口，为龙泉关[9]。

【注释】

❶ 癸酉：即明崇祯六年（公元 1633 年）。❷ 都：指明代京师，位于今北京市。❸ 阜平：即今河北省阜平县，明为县，隶属真定府。❹ 唐县：隶属保定府，即今河北省唐县。❺ 黄葵：即今王快，位于阜平县东境，唐河北岸。❻ 嵱嵷（yǒng sǒng）：上下众多的样子。❼ 太子铺：位于阜平县稍西，沙河西边。❽ 大溪：即今阜平县境的大沙河，明代称作沙河。❾ 龙泉关：位于阜平县西边，有上、下二关。东为下关，西为上关，相距约 20 里。

【译文】

癸酉年七月二十八日　从京师出发前往五台山游览。到八月初四日，抵达阜平县南关。山从唐县伸展而来，到唐河开始密集，到黄葵又逐渐散开，山势不是十分高大。从阜平县朝西南方向走，过了石桥，西北面的众多山峰又起伏错落地突耸起来。沿着溪流左岸向北面走八里路，有一条从西面流来的小溪注入，然后离开大溪，沿着西边的小溪往北转，山谷逐渐变得狭窄。又走了七里路，在太子铺吃饭。向北走十五里路，忽然听见溪流的声音。回头看右侧山崖，石壁高达几十丈，中间的坳有如削瓜一样直剖下去。山崖上面也有坳，那是瀑布所流经的地方，今年天旱无水，但是瀑布冲刷的痕迹仍然留在如削的坳间。距离涧底二三尺处，有泉水从坳间的细孔中漫流而出，往下流去，汇成小溪。再向上走，翻过鞍子岭。在岭上向四周眺望，看到北面的山坳较为开阔，东北面、西北面，山峰高耸对立，都好似直插长空的仙人巨掌，只有正北方的一个崖隙稍微差些。远处还有一座山横贯在群峰之外，那是龙泉关，距离此地还有四十里路。岭下有一条自西南面流来的溪水，我最初顺着溪水向北走，不久，溪水就从东面的峡谷中流走了。又越过一座小岭，就有一条从西北面流过来的大溪，水势十分壮观，也从东南面的峡谷中流走了，应该是与从西南面流来的小溪汇合，然后从阜平县北流出去。我最初经过阜平县的时候，舍弃大溪朝西走，以为西面的溪水是从龙泉关流来的，没想到西面的溪水却是源自鞍子岭坳壁的，越过山岭后又跟大溪的上游相遇，原来大溪才是从龙泉关流出来的。溪流之上有座石桥，名为万年，过了桥，逆着溪流，望着西北面的高峰急行。走了十里路，靠近峰下，山峰被小山掩映着，反而看不到那峻峭重叠、高低起伏的山势。转而往北走，刚才看到的东北面的高峰，越看越觉得突出，越走近它，那峻峭如削的姿态，越像是远远地追随人而来似的，二十里路程之间，都忙于不断地观赏。这座山峰叫五岩寨，又叫吴王寨，有位老僧人住在峰上。不久，来到东北面的高峰下面，溪水向外流淌着，与从龙泉关流来的大溪汇合，当地人在溪上搭了石桥，但不是去往龙泉关要经过的路。从石桥左侧走八里路，不时遇到崩塌的崖石屹立在溪旁。又走了二里路，一个重镇坐落在关隘口，这就是龙泉关。

初五日　进南关，出东关。北行十里，路渐上，山渐奇，泉声渐微。既而石路陡绝，两崖巍峰峭壁，合沓攒奇，山树与石竞丽错绮，不复知升陟之烦也。如是五里，崖逼处复设石关二重。又直上五里，登长城岭绝顶。回望远峰，极高者亦伏足下，两旁近峰拥护，惟南来一线有山隙，彻目百里。岭之上，巍楼雄峙，即龙泉上关也。关内古松一株，枝耸叶茂，干云[1]俊物。关之西，即为山西五台县[2]界。下岭甚平，不及所上十之一。十三里，为旧路岭，已在平地。有溪自西南来，至此随山向西北去，行亦从之[3]。十里，五台水[4]自西北来会，合流注滹沱河。乃循西北溪数里，为天池庄[5]。北向坞中二十里，过白头庵村，去南台[6]止二十里，四顾山谷，犹不可得其仿佛。又西北二里，路左为白云寺[7]。由其前南折，攀跻四里，折上三里，至千佛洞，乃登台间道。又折而西行，三里始至，宿。

【注释】

❶干云：高入云端，这里用以形容树木参天。❷五台县：明为县，隶属太原府，即今山西省忻州市五台县，其东与河北省以太行山脊为界，五台山即坐落于境内。❸“有溪”三句：这条溪流是清水河。❹五台水：也叫虒阳河、台山河。两条溪水汇合后仍称清水河。❺天池庄：位于五台县东南境，台河的右岸。❻南台：即锦绣峰。❼白云寺：位于白头庵北，即今河北省崇礼县黄土嘴村附近。

【译文】

初五日　往南进龙泉关，往东出龙泉关。向北走十里，路逐渐往上延伸，山峰逐渐奇特，泉声逐渐微小。不久，险路断绝，路两旁峰高壁峭，重叠聚奇，山树和岩石争奇竞秀，交错如锦，令人忘却登山的烦劳。就在这样的景致中走了五里路，崖石狭窄的地方还设有两道石关。又直上五里，登上了长城岭最高顶。回头眺望远山，最高的也伏卧在脚下，两旁近峰环抱，只有南面的山中有一线缝隙，从缝隙中放眼观看，远达百里。长城岭上，耸立着一座雄壮的楼宇，是龙泉上关。关内有棵古松，树干挺拔、枝叶繁茂，是直插云霄、秀美出众的物种。龙泉上关西边，就是山西五台县境了。下岭的路很平缓，不到上岭时坡度的十分之一。十三里路后，到达旧路岭，已在平地上了。有条从西南流来的溪水，流到此地便沿山向西北流去，我也跟着走。十里路后，与从西北流来的五台水汇合后，注入滹沱河。于是沿水往西北走了几里，到达天池庄。在山坳中向北走二十里，过白头庵村，离南台只有二十里了，环视山谷，还看不出与天台山近似的形貌。又向西北走二里，路左边是白云寺。从寺前转向南，往上登四里，曲折上行三里，到达千佛洞，这是攀登五台山的小路。又转而往西，走了三里才到，在此落宿。

初六日　风怒起，滴水皆冰。风止日出，如火珠涌吐翠叶中。循山半西南行，四里，逾岭，始望南台在前。再上为灯寺[1]，由此路渐峻。十里，登南台绝顶，有文殊[2]舍利塔。北面诸台环列，惟东南、西南少有隙地。正南，古南台在其下[3]，远则盂县[4]诸山屏峙，而东与龙泉峥嵘接势。从台右道而下，途甚夷，可骑。循西岭西北行十五里，为金阁岭[5]。又循山左西北下，五里，抵清凉石[6]。寺宇幽丽，高下如图画。有石为芝形，纵横各九步，上可立四百人，面平而下锐，属于下石者无几。从西北历栈拾级而上，十二里，抵马跑泉。泉在路隅山窝间，石隙仅容半蹄，水从中溢出，窝亦平敞可寺，而马跑寺反在泉侧一里外。又平下八里，宿于狮子窠[7]。

【注释】

❶ 灯寺：即金灯寺，位于南台东北麓，白云寺西南隅。❷ 文殊：梵文全称为文殊师利，意为妙吉祥、妙德，是佛教菩萨之一。相传五台山是文殊菩萨道场，相关传说非常多。❸ “正南”二句：五台（即东台、西台、中台、南台、北台）的位置，古今有所不同。此古南台的位置在“台南二里”。而更古老的南台，则在今天的中台。❹ 盂县：隶属太原府，即今山西省盂县。❺ 金阁岭：在从太原进入五台山的必经之路上。岭畔今存金阁寺。❻ 清凉石：又叫文殊床。附近有清凉谷、清凉寺等。❼ 狮子窠（kē）：即文殊寺，俗称狮子窝。位于五台县台怀镇西南 10 公里处的山腰上。

【译文】

初六日　狂风呼啸，滴水成冰。风止日出，烈日如火球般从青翠的枝叶间喷薄而出。沿着山半腰朝西南方向走，前行四里，越过山岭，才看见南台就在前方。再往上是灯寺，山路从这里开始渐渐陡峻起来。十里路后，登上南台峰顶，峰顶上有文殊菩萨的舍利塔。北面各台环抱耸列，只有东南、西南稍有空隙。正南面，古南台居于其下，远处则是盂县的群峰屏障般矗立着，并且东端和龙泉关的高山峻岭相连。顺着南台右侧的路往下走，地势十分平坦，可以骑马。沿着西岭朝西北方向走了十五里路，到达金阁岭。又沿着金阁岭左侧朝西北面往下走，五里路后，到达清凉石。这里的庙宇深幽秀丽，高低错落，美如图画。有一块岩石，形似灵芝，长宽各九步，上面能站四百个人，岩石表面平整而下面敛缩，和下面石头连接的部分很少。从西北面穿过栈道踏着石阶向上走，十二里路后，来到马跑泉。马跑泉在路边的山窝间，石缝只能容纳半只马蹄，有泉水从石缝中溢出，山窝则平坦宽阔，可建盖寺庙，但马跑寺反而建在泉旁一里以外。又平缓地往下走了八里路，投宿于狮子窠。

初七日　西北行十里，度化度桥。一峰从中台[1]下，两旁流泉淙淙，幽靓[2]迥绝。复度其右涧之桥，循山西向而上，路欹甚。又十里，登西台[3]之顶。日映诸峰，一一献态呈奇。其西面，近则闭魔岩[4]，远则雁门关[5]，历历可俯而挈[6]也。闭魔岩在四十里外，山皆陡崖盘亘，层累而上，为此中奇处。入叩佛龛，即从台北下，三里，为八功德水[7]。

寺北面，左为维摩[8]阁，阁下二石耸起，阁架于上，阁柱长短，随石参差，有竟不用柱者。其中为万佛阁，佛俱金碧旃檀[9]，罗列辉映，不啻万尊。前有阁二重，俱三层，其周庐环阁亦三层，中架复道[10]，往来空中。当此万山艰阻，非神力不能运此！从寺东北行，五里，至大道，又十里，至中台。望东台[11]、南台，俱在五六十里外，而南台外之龙泉，反若更近，惟西台、北台[12]，相与连属。时风清日丽，山开列如须眉。余先趋台之南，登龙翻石。其地乱石数万，涌起峰头，下临绝坞，中悬独耸，言是文殊放光摄影处。从台北直下者四里，阴崖悬冰数百丈，曰“万年冰”。其坞中亦有结庐者。初寒无几，台间冰雪，种种而是。闻雪下于七月二十七日，正余出都时也。行四里，北上澡浴池。又北上十里，宿于北台。北台比诸台较峻，余乘日色，周眺寺外。及入寺，日落而风大作。

【注释】

①中台：即翠岩峰。②靓（jìng）：通“静”。③西台：即挂月峰。④闭魔岩：又作秘魔岩，有秘魔寺。位于今山西省繁峙县岩头村东北部，是西路进台通道。⑤雁门关：位于山西省代县西北部，是长城上的重要关隘。⑥挈（qiè）：提。⑦八功德水：在西台北边 3 里处，坐落着八功德水西来寺，建寺历史有 1500 多年。⑧维摩：梵文音译的略称，净名或无垢称的意思。据佛经记载，维摩与释迦牟尼在同一时代，长于辩才。⑨旃（zhān）檀：梵语音译，即檀香。⑩复道：山岩险要处或高楼之间架空的通道。因上下都有道，所以叫复道。⑪东台：即望海峰。⑫北台：即叶斗峰。五台中的最高峰，海拔 3058 米。

【译文】

初七日　往西北方向走了十里路，越过化度桥。一座山峰从中台伸展过来，两旁流淌着淙淙的泉水，景色幽静至极。又越过山峰右侧溪涧上的桥，沿着山峰朝西面往上攀登，道路相当倾斜。又走了十里路，登上西台顶。阳光映照下的群峰，各自呈现出奇异美丽的姿态和风貌。西台西侧，近处是闭魔岩，远处是雁门关，座座山峰都一一排列在眼前，仿佛俯下身去就能摸到似的。闭魔岩在四十里外，山中全是盘曲横贯的陡崖，层层叠叠堆砌而上，成为这山中的奇观。入寺叩拜佛像后，就从西台的北面往下走，三里路后，到达八功德水西来寺。寺北面，左侧是维摩阁，阁下耸立着两块岩石，阁就建盖在岩石上，阁柱的长短，随岩石的高低而参差错落，有的地方甚至完全不用柱子。正中间是万佛阁，佛像金光闪闪，用檀香木制成，成行成列而互相映衬，不止一万尊。万佛阁的前面有两排阁楼，都有三层高，在其四周环绕着的房屋楼阁也都有三层，各阁楼之间有上下通道，人来来往往就像在空中行走。在这充满艰难险阻的万山之中，如果不是神力，又怎能建盖起这样的楼阁呢！顺着寺向东北方向行五里，走上大路，又走了十里，来到中台。远望东台、南台，都在五六十里以外，但南台外的龙泉关，反而似乎离得更近一些，因为西台、北台，都与龙泉关的峰峦相连。此时风和日丽，两边的山像眉毛一样分开排列。我先前往中台南边，登上龙翻石。这里凌乱地遍布着几万块石头，堆砌起来形成峰头，下面临着深不见底的沟壑，峰头悬空独耸，传说是文殊菩萨放光显形之处。从中台向北面直下四里，阴森的崖壁之上悬挂着好几百丈的冰，叫“万年冰”。深壑之中也有人家居住。寒冷的天气刚来没几天，五台山中的冰雪，就已经呈现出了如此种种的形态。听说雪是七月二十七日下的，正是我从京师出发的时候。走了四里，向北登上澡浴池。又向北上行十里，在北台落宿。北台比其他各台都要陡峻，我趁天还亮着，去寺外环眺四周。等进了寺，便日落西山并刮起大风。

初八日　老僧石堂送余，历指诸山曰：“北台之下，东台西，中台中，南台北，有坞曰台湾[1]，此诸台环列之概也。其正东稍北，有浮青特锐者，恒山也。正西稍南，有连岚一抹者，雁门也。直南诸山，南台之外，惟龙泉为独雄。直北俯内外二边，诸山如蓓蕾，惟兹山之北护，峭削层叠，嵯峨之势，独露一斑。此北台历览之概也。此去东台四十里，华岩岭在其中。若探北岳，不若竟由岭北下，可省四十里登降。”余颔之。别而东，直下者八里，平下者十二里，抵华岩岭[2]。由北坞下十里，始夷。一涧自北，一涧自西，两涧合而群峰凑，深壑中“一壶天”也。循涧东北行二十里，曰野子场[3]。南自白头庵至此，数十里内生天花菜[4]，出此则绝种矣。由此，两崖屏列鼎峙，雄峭万状，如是者十里。石崖悬绝中，层阁杰起，则悬空寺也，石壁尤奇。此为北台外护山，不从此出，几不得台山神理云。

【注释】

❶ 台湾：即今台怀镇，位于五台县城东北120公里处。这里寺庙集聚，是游览五台山的中心。❷ 华岩岭：是从北边进入五台山的门户。❸ 野子场：今作野子厂，位于繁峙县东南境。❹ 天花菜：五台山特产，称台山香蘑，简称台蘑。《清凉志》载：“菌类，生于柴木，台山佳品也。”

【译文】

初八日　老僧人石堂把我送出来，并指着那一座座山峰说：“北台的下面，东台的西面，中台正中，南台的北面，有一个名叫台湾的山坳，这是五台环抱而列的概貌。这里正东稍北处，有一座非常奇峻的青翠山峰，那是恒山。正西稍南处，有和云雾连成一片的山峦，那是雁门关一带的山峰。一直朝南面延伸的群山，除了南台以外，只有龙泉关可以独自称雄。直向北面俯视内外两边，群山宛如花蕾，只有这座山从北边守护着群山，陡峭如削，层层叠叠，高峻险峭的山势，由此独见一斑。这是从北台上观览到的概貌。这里离东台有四十里路远，途中有华岩岭。如果要探访北岳恒山，不如直接从华岩岭往北面下去，可省去上下四十里的路程。”我点头同意。辞别石堂后向东走，陡直地往下走八里，平缓地往下走十二里，到达华岩岭。沿北坞向下走十里，路才平坦。一道从北伸来的涧沟，一道从西伸来的涧沟，两道涧沟交合后，群峰凑集在一起，成为深壑之中的“一壶天”名胜。沿着涧沟往东北方向走二十里路，到达野子场。从南面的白头庵一直到此地，几十里内都生长着天花菜，出了这里就绝种了。从此地开始，两侧山崖如屏障般排列，似鼎足般耸立，雄伟峻峭，姿态万千，在这样的景致中走了十里路。石崖峭壁间，有层层楼阁突起，那就是悬空寺，石壁相当奇特。此为北台外围的护山，不从这里出五台山，几乎领略不到五台山的神奇。

游秦人三洞日记

十六日[1]　东岭坞内居人段姓，引南行一里，登东岭，即从岭上西行。岭头多漩窝[2]成潭，如釜[3]之仰，釜底俱有穴直下为井，或深或浅，或不见其底，是为九十九井。始知是山下皆石骨玲珑，上透一窍，辄水捣成井。窍之直者，故下坠无底；窍之曲者，故深浅随之。井虽枯而无水，然一山而随处皆是，亦一奇也。又西一里，望见西南谷中，四山环绕，漩成一大窝，亦如仰釜，釜之底有涧，涧之东西皆秦人洞也。由灌莽[4]中直下二里，至其处。其涧由西洞出，由东洞入，涧横界窝之中，东西长半里，中流先捣入一穴，旋透穴中东出，即自石峡中行。其峡南北皆石崖壁立，夹成横槽；水由槽中抵东洞，南向捣入洞口。洞有两门，北向，水先分入小门，透峡下倾，人不能从，稍东而南入大门者，从众石中漫流，其势较平；第[5]洞内水汇成潭，深浸洞之两崖，旁无余隙可入。循崖则路断，涉水则底深，惜无浮槎[6]可觅支矶片石。惟小门之水，入峡后亦旁通大洞，其流可揭厉[7]而入。其窍宛转而披透，窍中如轩楞别启，返瞩捣入之势，亦甚奇也。西洞洞门东穹，较东洞之高峻少杀；水由洞后东向出，水亦较浅可揭。入洞五六丈，上嵌围顶，四围飞石驾空，两重如庋[8]悬阁，得二丈梯而度其上。其下再入，水亦成潭，深与东洞并，不能入矣。是日导者先至东洞，以水深难入而返，不知所谓西洞也。返五里，饭于导者家，日已午矣。其长询知洞水深，曰：“误矣！此入水洞，非水所从出者。”复导予行，始抵西洞。余幸兼收之胜，岂惮往复之烦！既出西洞过东洞，共一里，逾岭东望，见东洞水所出处；复一里，南抵坞下，其水东向涌出山麓，亦如黄雩之出石下也。土人环石为陂，壅[9]为巨潭以灌山塍[10]。从其东，水南流出谷，路北上逾岭，共二里始达东岭之上，此由州入坞之大道也。登岭，循旧路一里，返宿导者家。

【注释】

①十六日：即明崇祯十年（公元 1637 年）正月十六日。②漩窝：指水流回旋下落的样子。③釜（fǔ）：古代的一种炊具，类似现在的锅。④灌莽：丛生的草木。⑤第：只，只是。⑥浮槎：木筏。⑦揭厉：涉水。揭，水浅的地方提拉着衣裤涉水。厉，水深的地方穿着衣服涉水。⑧庋（guǐ）：安放。⑨壅（yōng）：堵塞。⑩塍（chéng）：田畦。

【译文】

十六日　东岭坞内住着一个姓段的居民，他引导我朝南面走了一里路，登上东岭，然后就从岭上向西走。岭头上多是水流回旋下落所冲出来的深水坑，就像一口口仰放着的锅，锅的底部都有直通向下的洞穴演变成的井，这些井有的深有的浅，有的看不见底，这个地方是九十九井。这才知道这座山的下面都是精巧的岩石，石上有一个洞，就被水流冲捣成了井。有的洞垂直下坠，所以看不见底；有的洞曲折弯转，所以深浅随着境况的变化而不同。井虽然已经干枯无水，但是整座山上到处都是这种井，也称得上是个奇观了。又向西走了一里路，看到西南边的山谷里，四面峰峦环抱，水流回旋下落将这里冲成了一个大洼坑，也像一口仰放着的锅，洼坑底部有溪涧，溪涧的东西两边都是秦人洞。从稠密的草木中径直往下走了二里路，到达那个大洼坑处。大洼坑中的涧流从秦人洞的西洞流出来，流入东洞之中，它横界于大洼坑的中间，东西向的长度有半里，流到中途的时候先冲捣进一个洞穴里，然后立刻穿过洞穴从东面流出，接着便从石峡中流去。那座石峡的南北两边都耸立着石崖，相夹对峙而形成了一条横槽；水从横槽之中流到东洞，向南面冲捣进洞口。东洞有两个门，面向北边，水先分流从小门进入，穿过夹壁往下倾泻，人不能随着水进去，稍往东而朝南流进大门里的水，从众多石头中间漫流而过，水势比较平缓；只是洞里的水流汇聚为潭，深深地浸没了洞里的两侧崖壁，旁边没有其他缝隙可供人进入。顺着山崖走则道路断绝，趟着水过则水太深，可惜没有木筏可乘坐，不然就可以寻取潭水边的支矶片石了。唯有小门中的水，流进夹壁后也能通到旁边的大洞，那水流比较浅，提起衣裤就可以过去。那通向大洞的孔穴弯转曲折而透着微光，孔穴中仿佛另有一间敞开着门的、围有栏杆的小屋，回过身来观看水流冲捣进来的态势，也是十分奇异。西洞的洞门向东面高高地隆起，与东洞洞门的高峻比起来，要稍逊一些；水从洞的后面朝东面流出，水流也是比较浅的，可以提起衣裤涉水而过。走进洞内五六丈之后，看到上面嵌着围顶，四周的石头凌空飞突而起，洞壁第二层上如同悬空架设着楼阁，如果有两丈高的梯子，就可以登到上面去。再往下行进，水流也汇聚成了潭，潭的深度同东洞中的差不多，不能再往里进入了。这天向导带着我先到东洞，因为洞里的水很深难以进入，所以返回了，没有见到所谓的西洞。往回走了五里路，在向导家吃完饭，已经是中午了。那向导家里的一位长者询问后得知我们所去的那个洞里水很深，便说："错了！这个是入水洞，不是水流出去的那个洞。"于是又引导我前往，这才到达西洞。我很庆幸这两个洞的胜景都得以游览，怎么会怕路途往返的麻烦呢！走出西洞后经过东洞，共走了一里路，翻过山岭朝东面望去，看到了东洞的水流出去的那个地方；又走了一里路，向南面走到山坳下，看见那水从山麓朝东面涌出来，也像黄雩江从石头下面涌出来那样。当地人用石块砌成了一个圆形的池子，围堵起一个很大的水潭用以灌溉山间田畦。从池子的东边，水朝南面流出了山谷，往北边走越过山岭，共走了二里路才来到东岭上，这是由茶陵州城进入东岭坞的大道。攀登山岭，顺着原路走了一里，回到向导的家中住宿。

十七日　晨餐后，仍由新庵北下龙头岭，共五里，由旧路至络丝潭下。先是，余按志有"秦人三洞[1]，而上洞惟石门不可入"之文，余既以误导兼得两洞，无从觅所谓上洞者。土人曰："络丝潭北有上清潭，其门甚隘，水由中出，人不能入，入即有奇胜。此洞与麻叶洞俱神龙蛰[2]处，非惟难入，亦不敢入也。"余闻之，益喜甚。既过络丝潭，不渡涧，即傍西麓下。盖渡涧为东麓，云阳之西也，枣核故道；不渡涧为西麓，大岭、洪碧之东也，出把七道。北半里，遇樵者，引至上清潭。其洞即在路之下、涧之上，门东向，夹如合掌。水由洞出，有二派[3]：自洞后者，汇而不流；由洞左者，乃洞南旁窦，其出甚急。既逾洞左急流，即当伏水而入。导者止供炬爇[4]火，无肯为前驱者。余乃解衣伏水，蛇行以进。石隙既低而复隘，且水没其大半，必身伏水中，手擎火炬，平出水上，乃得入。西入二丈，隙始高裂丈余，南北横裂者亦三丈余，然俱无入处。惟直西一窦，阔尺五，高二尺，而水没其中者亦尺五，隙之余水面者，五寸而已。计匍匐水中，必口鼻俱濡水，且以炬探之，贴隙顶而入，犹半为水渍。时顾仆守衣外洞，若泅水[5]入，谁为递炬者？身可由水，炬岂能由水耶？况秦人洞水，余亦曾没膝浸服，俱温然不觉其寒，而此洞水寒，与溪涧无异。而洞当风口，飕飗[6]弥甚。风与水交逼，而火复为阻，遂舍之出。出洞，披衣犹觉周身起粟，乃爇火洞门。久之，复循西麓随水北行，已在枣核岭之西矣。

【注释】

①秦人三洞：位于今湖南省株洲市茶陵县西部，包括秦人洞、上清洞和麻叶洞。②蛰（zhé）：指虫类因冬眠而藏伏起来。③派：一个系统的分支，这里指河流的支流。④爇（ruò）：烘烤。⑤泅（qiú）水：指游泳。⑥飕飗（sōu liú）：形容寒风凛冽的样子。

【译文】

十七日　吃完早餐后，仍旧从新庵向北下龙头岭，一共走了五里，顺着原路来到络丝潭下。之前，我从志书上查阅到“秦人洞分为三个洞，而上洞只有石门，不可以进入”的记载，后来我因为被误导而游览了两个洞，也就无从寻觅所谓的上洞了。当地人说：“络丝潭的北边有一个上清潭，其门十分狭窄，水从门中流出，人不可能进得去，如果进去便会看到奇美的景致。这个洞和麻叶洞都是神怪龙蛇藏伏处，不只是很难进去，而且也是不敢进去。”我听了这番话，更是兴奋异常。过了络丝潭，不渡过涧流，就沿着山岭西麓向下面走。因为渡过涧流是山岭的东麓，在云阳山的西面，就是之前来的时候经过枣核岭的那条路；不渡过涧流就是山岭的西麓，在大岭、洪碧山的东边，是通向把七铺的路。往北边走半里路，遇到一个樵夫，他领着我来到了上清潭。那洞就在路的下面、涧流的上面，洞门朝东，两边相夹就好像是两掌相合。水从洞中流出，分成了两股支流：从洞后面流出来的，汇集而不流动；从洞的左面，即洞南面的支洞流出来的，水势很急。随后我越过洞左的急流，就下水进洞。向导只肯提供火把，没有愿意当先导的。我于是脱掉衣服匍匐在水中，像蛇一样向前爬行。石间的缝隙既低又窄，而且被水淹没了大半，必须将身体潜入水中，手举着火把伸出水面，才能进去。往西面行进二丈，石间的缝隙才高高地裂开一丈多，南北横向也裂开了三丈多，然而都没有进入缝隙的通道。唯独正西面的一个小洞，宽一尺五，高二尺，而水淹没的部分也有一尺五，露在水面上的缝隙，不过五寸而已。我估计要是匍匐在水中往里面爬，必然会浸湿口鼻，而且我用火把试探了一下，就算紧贴着缝隙顶往里面爬，火把仍有一半浸泡在水里。当时顾仆在洞外看守着衣服，如果游水进去，谁给我递火把？身体能从水中游过，可是火把怎么能从水中过呢？况且秦人洞里的水，也曾淹没过我的膝盖、浸湿过我的大腿，都很温和不觉得冰冷，而这个洞里的水很寒冷，跟溪涧里的水差不多。再加上洞正当风口，寒风凛冽。风与水交相侵逼，而且火把也是阻止我进去的一个因素，于是只好放弃探险返身而出。出了洞，披上衣服之后仍然觉得浑身寒冷得直起鸡皮疙瘩，于是在洞门边燃起火堆来烘烤身体。过了很长时间，又顺着山岭西麓随水往北行进，这时已经处于枣核岭的西边了。

去上清三里，得麻叶洞。洞在麻叶湾，西为大岭，南为洪碧，东为云阳、枣核之支，北则枣核西垂。大岭东转，束涧下流，夹峙如门，而当门一峰，耸石屼突，为将军岭；涧捣其西，而枣核之支，西至此尽。涧西有石崖南向，环如展翅，东瞰涧中，而大岭之支，亦东至此尽。回崖之下，亦开一隙，浅不能入。崖前有小溪，自西而东，经崖前入于大涧。循小溪至崖之西胁乱石间，水穷于下，窍启于上，即麻叶洞也。洞口南向，大仅如斗，在石隙中转折数级而下。初觅炬倩导，亦俱以炬应，而无敢导者。曰："此中有神龙。"或曰："此中有精怪。非有法术者，不能摄服。"最后以重资觅一人，将脱衣入，问余乃儒者，非羽士，复惊而出曰："予以为大师，故欲随入；若读书人，余岂能以身殉[1]耶？"余乃过前村，寄行李于其家，与顾仆各持束炬入。时村民之随至洞口数十人，樵者腰镰，耕者荷锄，妇之炊者停爨[2]，织者投杼[3]，童子之牧者，行人之负载者，接踵而至，皆莫能从。余两人乃以足先入，历级转窦，递炬而下，数转至洞底。洞稍宽，可以侧身矫首[4]，乃始以炬前向。其东西裂隙，俱无入处，直北有穴，低仅一尺，阔亦如之，然其下甚燥而平。乃先以炬入，后蛇伏以进，背磨腰贴，以身后耸，乃度此内洞之第一关。其内裂隙既高，东西亦横亘，然亦无入处。又度第二关，其隘与低与前一辙[5]，进法亦如之。既入，内层亦横裂，其西南裂者不甚深。其东北裂者，上一石坳，忽又纵裂而起，上穹下狭，高不见顶，至此石幻异形，肤理顿换，片窍俱灵。其西北之峡，渐入渐束，内夹一缝，不能容炬。转从东南之峡，仍下一坳，其底砂石平铺，如涧底洁溜，第干燥无水，不特[6]免揭厉，且免沾污也。峡之东南尽处，乱石轰驾[7]，若楼台层叠，由其隙皆可攀跻而上。其上石窦一缕，直透洞顶，光由隙中下射，若明星钩月，可望而不可摘也。层石之下，涧底南通，覆石低压，高仅尺许；此必前通洞外，涧所从入者，第不知昔何以涌流，今何以枯涸也，不可解矣！由层石下北循涧底入，其隘甚低，与外二关相似。稍从其西攀上一石隙，北转而东，若度鞍历峤[8]。两壁石质石色，光莹欲滴，垂柱倒莲，纹若镂雕，形欲飞舞。东下一级，复值涧底，已转入隘关之内矣。于是辟成一衖[9]，阔有二丈，高有丈五，覆石平如布幄[10]，涧底坦若周行。北驰半里，下有一石，庋出如榻，楞边匀整；其上则莲花下垂，连络成帏，结成宝盖，四围垂幔，大与榻并，中圆透盘空，上穹为顶；其后西壁，玉柱圆竖，或大或小，不一其形，而色皆莹白，纹皆刻镂：此衖中第一奇也。又直北半里，洞分上下两层，涧底由东北去，上洞由西北登。时余所赍[11]火炬已去其七，恐归途莫辨，乃由前道数转而穿二隘关。抵透光处，炬恰尽矣。穿窍而出，恍若脱胎易世。洞外守视者，又增数十人，见余辈皆顶额称异，以为大法术人。且云："前久候以为必堕异吻，故余辈欲入不敢，欲去不能。兹安然无恙，非神灵摄服，安能得此！"余各谢之，曰："吾守吾常，吾探吾胜耳，烦诸君久伫，何以致之！"然其洞但入处多隘，其中洁净干燥，余所见洞，俱莫能及，不知土人何以畏入乃尔！乃取行囊于前村，从将军岭出，随涧北行十余里，抵大道。其处东向把七尚七里，西向还麻止三里，余初欲从把七附舟西行，至是反溯流逆上，既非所欲，又恐把七一时无舟，天色已霁，遂从陆路西向还麻。时日已下舂，尚未饭，索酒市中。又西十里，宿于黄石铺，去茶陵西已四十里矣。是晚碧天如洗，月白霜凄，亦旅中异境，竟以行倦而卧。

【注释】

❶殉：陪死，从葬。❷爨（cuàn）：烧火煮饭。❸投杼（zhù）：扔掉织布梭子，停止织布的意思。❹矫首：抬头。❺一辙：一样。❻不特：不但。❼轰驾：纷杂叠压的样子。❽峤（qiáo）：指高而尖的山地。❾衖：同“弄”，指小巷。❿幄（wò）：篷帐。⓫赍（jī）：带，持。

【译文】

从上清潭走出来三里路，来到麻叶洞。这个洞位于麻叶湾，西侧是大岭，南侧是洪碧山，东侧是云阳山、枣核岭的分支，北侧则是枣核岭的西面。大岭折而向东伸展，夹立在涧流下游，峰岭夹峙就像门一样，而正对着山门有一座山峰，峰上岩石高耸突兀，这是将军岭；涧流冲捣将军岭西侧，而枣核岭的分支，朝西延伸至此结束。涧流西边有一座向南环绕的石崖，形如鸟雀展开的翅膀，向东俯瞰涧谷，大岭的分支，也朝东延伸至此而结束。回旋的石崖下面，也裂开一道缝隙，但是很浅，不能进入。石崖前有一条小溪，从西往东流，经过石崖前面而汇入大涧流中。顺着小溪来到石崖西面的乱石间，水在崖下流尽，上面有一个洞穴张开，这就是麻叶洞了。麻叶洞洞口朝南，只有斗那么大，在岩石缝隙中折转了好几层而通向下面。刚开始寻火把请向导时，当地人也都只能提供火把，而不敢引导我游洞。他们说：“洞中有神龙。”或者说：“洞中有精怪。没有法术的人，不能使之畏惧而顺服。”最后出得重资找到一个人，正要脱衣进洞的时候，他问知我是个读书人，不是道士，又惊骇地返了出来，说：“我以为你是有法术的道士，所以想跟随你进去；如果是读书人，我怎么能以身殉葬呢？”我于是经过前村，把行李寄存在那人的家中，和顾仆每人拿着一个火把走进洞中。当时跟随我们到洞口的村民有好几十个人，打柴的人腰间挂着镰刀，耕田的人肩上扛着锄头，做饭的妇女们放下了灶上的活计，织布的人将梭子扔在一边，还有放牧的孩子、背东西的行人等，都前脚跟着后脚，接连不断地赶了过来，但是都没有跟着我们进洞。我们两人于是先把脚伸进洞，然后登踏着石坎，从小洞中绕行，互相传递着火把往下走，折转了几次后抵达洞底。洞底稍宽敞一些，可以侧着身体抬着头，于是才将火把举向了前面。洞东西两边的崖壁上有裂开的缝隙，但都没有可以进入的通道，正北面有一个孔穴，高度仅有一尺，宽度也一样，而孔穴下面十分干燥而且平坦。于是先把火把伸进去，然后我们像蛇一样朝里爬，脊背摩擦着穴顶，腰部紧贴着穴壁，身体向后翘起，才通过了此内洞的第一关。孔穴里洞壁上的缝隙已经很高了，东西也是贯通的，然而还是没有可供进入的通道。又通过第二关，其狭窄和低矮的程度和第一关一样，进去的方法也相同。进入后，内层也是横向裂开，西南侧裂开的缝隙不是十分深。东北侧裂开的缝隙，往上过一个石坳之后，忽然又纵向裂开而耸起，上面穹隆下面狭窄，高不见顶，到了这里，岩石变换出了不同的形态，表层的纹理顿时改换一新，每一片石、每一个孔都那么灵奇。西北侧的洞峡，越往里越狭窄，两壁夹出一道缝隙，窄得容纳不下火把。转而从东南侧的洞峡走，依然走下一个石坳，看到洞峡底部平铺着沙石，就像涧流底部一样光滑洁净，只是干燥无水，这不但省去了提衣涉水的麻烦，而且也避免了弄湿、弄脏衣服和身体。洞峡东南面的尽头处，凌乱的石头崩裂堆砌，如同层层累叠的楼台一样，从石头的缝隙间都能爬上去。那上面有一道窄小的石缝，直通洞顶，光线从缝隙中映射而下，仿佛那明亮的星星和如钩的月牙，看得见却摘不到。层叠的石头之下，洞底是通向南面的，石头低低地覆盖遮压在沟涧上面，间隙只有一尺多高；这一定是从前通向洞外、涧流所淌进来的通道，只是不知道从前为什么会有水流奔涌，现在却又为什么变成了干涸的洞，真是想不明白！从层叠的岩石下面向北顺着洞底走进去，那狭窄的通道十分低矮，与外面的两个关相似。稍从它的西面攀上一道石间夹缝，先转往北而后向东走，就像是翻越马鞍般又尖又高的山头一样。两壁的岩石质地和色泽，光洁如玉，润泽得好像能滴出水来似的，石柱悬垂、石莲花倒挂，上面的花纹就好像是人工雕刻出来的，形态像是在飞舞。往东面下一个石阶，又来到洞底，已经转到隘关之内了。从此处进去是一个小石巷，宽度有两丈，高度有一丈五，上面覆盖的岩石平得就像布篷，洞底又平又宽如同大路。向北急行了半里路，下面有一块石头，横伸出来就像一张床，石棱边缘匀称整齐；它的顶上有下垂的石莲花，纵横的石条围成了石帐，结成了宝盖，四面悬垂着帐幕，大小和床差不多，帐幕中间圆而向上贯通回旋，上面穹隆为顶；它后面的西壁，一根根像是用玉石做成的圆形石柱笔直地挺立着，有的大有的小，形态各异，而色泽都是洁白晶莹的，花纹都像是人工雕刻上去的：此为小石巷中的第一奇景。又朝正北走了半里路，洞分成了上下两层，洞底往东北方向延伸而去，到洞的上层可从西北面攀登。此时我们所带的火把已经用掉了十分之七，恐怕分辨不清回去的路了，于是从前面所走的路折转了好几次，穿过了两道隘关。到了透光的地方时，火把恰好燃尽。穿过孔穴出了洞，就好像投胎转世了一般。守在洞外观看的人，这时又增加了几十个，见到我们，都将手举到额头行礼，大呼奇异，认为我们两人是身怀大法术的人。并且说：“我们守了很久，以为你们必定落到了怪物口中，因此我们想进去看看可是不敢，想离开又不能。现在看到你们安然无恙，如果不是神灵精怪畏惧而顺服你们，怎么可能有这样的结果！”我向他们一一道谢后，说：“我遵从我的规则行事，我探游我喜爱的胜景，烦劳各位站在这里久候，叫我如何表达对各位的谢意呢！”然而那洞只是入口处有较多狭窄的地方，洞内却是洁净干燥，我所见过的洞，都不能与之相比，不知道当地人为什么如此害怕进去！然后我从前村取出了行李，走出将军岭，顺着山涧朝北走了十多里，来到了大路。那里向东距离把七铺还有七里的路程，向西距离还麻只有三里的路程，我最开始是想从把七铺乘船往西走，到了现在，要去把七铺反而得逆流上行，这已不是我所希望的，又担心在把七铺一时找不到船，而天色已晴，于是从陆路往西面的还麻走去。当时太阳已西沉，还未吃饭，便从集市里弄了些酒。又朝西走了十里路，在黄石铺停宿，离开茶陵州城往西面已经走四十里了。这天晚上碧空如洗，月白霜凉，也是旅途中不同寻常的境地，最终因为过于疲倦而睡去了。

黄石铺之南，即大岭北峙之峰，其石嶙峋插空，西南一峰尤甚，名五凤楼，去十里而近，即安仁道。余以早卧不及询，明日登途，知之已无及矣。

【译文】

黄石铺的南边，就是大岭北边耸峙的峰峦，怪石嶙峋，直插云霄，西南边的一座山峰尤其突出，叫作五凤楼峰，距离此峰不到十里，就是通向安仁县城的道路。我因为头天晚上睡得早，没来得及打听到这些，第二天踏上旅途，知道的时候已经来不及了。

黄石西北三十里为高暑山，又有小暑山，俱在攸县东，疑即司空山也。二山之西，高峰渐伏。茶陵江北曲，经高暑南麓而西，攸水在山北。是山界茶、攸两江云。

【译文】

黄石铺西北三十里处是高暑山，另外又有小暑山，它们都位于攸县东境，我怀疑就是司空山。两座山峰的西边，高峻的峰峦逐渐低伏。茶陵江往北边转，经过高暑山南麓而向西面流去，攸水在高暑山的北边。此山是茶陵江、攸水两条江流的分界。

湘江遇盗日记

十一日　五更复闻雨声，天明渐霁。二十五里，南上钩栏滩，衡南首滩也，江深流缩，势不甚汹涌。转而西，又五里为东阳渡[1]，其北岸为琉璃厂，乃桂府烧造之窑也。又西二十里为车江[2]，或作“汉江”。其北数里外即云母山。乃折而东南行，十里为云集潭，有小山在东岸。已复南转，十里为新塘站[3]。旧有驿，今废。又六里，泊于新塘站上流之对涯。同舟者为衡郡艾行可、石瑶庭，艾为桂府礼生[4]，而石本苏[5]人，居此已三代矣。其时日有余照，而其处止有谷舟二只，遂依之泊。已而，同上水者又五六舟，亦随泊焉。其涯上本无村落，余念石与前舱所搭徽人俱惯游江湖，而艾又本郡人，其行止余可无参与，乃听其泊。迨暮，月色颇明。余念入春以来尚未见月，及入舟前晚，则潇湘夜雨，此夕则湘浦[6]月明，两夕之间，各擅一胜，为之跃然。已而忽闻岸上涯边有啼号声，若幼童，又若妇女，更[7]余不止。众舟寂然，皆不敢问。余闻之不能寐，枕上方作诗怜之，有“箫管孤舟悲赤壁，琵琶两袖湿青衫[8]”之句，又有“滩惊回雁天方一，月叫杜鹃更已三”等句。然亦止虑有诈局，俟[9]怜而纳之，即有尾其后以挟诈[10]者，不虞[11]其为盗也。迨二鼓[12]，静闻心不能忍，因小解涉水登岸，静闻戒律甚严，一吐一解，必俟登涯，不入于水。呼而诘[13]之，则童子也，年十四五，尚未受全发[14]，诡言出王阉[15]之门，年甫[16]十二，王善酗酒，操大杖，故欲走避。静闻劝其归，且厚抚之，彼竟卧涯侧。比静闻登舟未久，则群盗喊杀入舟，火炬刀剑交丛而下。余时未寐，急从卧板下取匣中游资移之，越艾[17]舱，欲从舟尾赴水，而舟尾贼方挥剑斫[18]尾门，不得出。乃力掀篷隙，莽投之江中，复走卧处，觅衣披之。静闻、顾仆与艾、石主仆，或赤身，或拥被，俱逼聚一处。贼前从中舱，后破后门，前后刀戟乱戳，无不以赤体受之者。余念必为盗执，所持绌[19]衣不便，乃并弃之，各跪而请命，贼戳不已，遂一涌掀篷入水。入水余最后，足为竹纤所绊，竟同篷倒翻而下，首先及江底，耳鼻灌水一口，急踊而起。幸水浅止及腰，乃逆流行江中，得邻舟间避而至，遂跃入其中。时水浸寒甚，邻客以舟人被盖余，而卧其舟。溯流而上三四里，泊于香炉山，盖已隔江矣。还望所劫舟，火光赫然，群盗齐喊一声为号而去。已而同泊诸舟俱移泊而来，有言南京相公身被四创者，余闻之暗笑其言之妄。且幸乱刃交戟之下，赤身其间，独一创不及，此实天幸！惟静闻、顾奴不知其处，然亦以为一滚入水，得免虎口，资囊可无计矣。但张侯宗琏所著《南程续记》一帙[20]，乃其手笔，其家珍藏二百余年，而一入余手，遂罹[21]此厄，能不抚膺[22]！其时舟人父子亦俱被戳，哀号于邻舟。他舟又有石瑶庭及艾仆与顾仆，俱为盗戳，赤身而来，与余同被卧，始知所谓被四创者，乃余仆也。前舱五徽人俱木客，亦有二人在邻舟，其三人不知何处。而余舱尚不见静闻，后舱则艾行可与其友曾姓者，亦无问处。余时卧稠人中，顾仆呻吟甚，余念行囊虽焚劫无遗，而所投匣资或在江底可觅。但恐天明为见者取去，欲昧爽[23]即行，而身无寸丝，何以就岸？是晚初月甚明，及盗至，已阴云四布，迨晓，雨复霏霏。

【注释】

①东阳渡：位于湖南省衡阳市南境，湘江东岸。②车江：位于衡阳市衡南县中部，湘江西岸。③新塘站：位于衡南县南。④礼生：祭祀时赞礼司仪的执事。⑤苏：指苏州。⑥浦：水边。⑦更（gēng）：古代计时单位，一更相当于两个小时。⑧箫管孤舟悲赤壁，琵琶两袖湿青衫：前句引用的是宋代苏轼《前赤壁赋》的典故。该赋写作者月夜泛舟于赤壁，听见有人吹洞箫，那声音如泣如诉。后句引用的是唐代白居易《琵琶行》的典故。该诗写诗人在月夜的浔阳江上听琵琶女悲诉身世，颇为感动，说出"座中泣下谁最多，江州司马青衫湿"之句。⑨俟（sì）：等待。⑩挟诈：挟持诈骗。⑪不虞（yú）：没预料。⑫二鼓：二更。即晚上七时至九时之间。⑬诘（jié）：问。⑭未受全发：指未成年。古代男子二十岁时要举行冠礼，即将头发盘在头顶上，加上冠，以表示成年。⑮阉：指宦官。⑯甫：才。⑰艾：指前面提到的同船的"衡郡艾行可"。⑱斫（zhuó）：砍。⑲䌷（chóu）：指粗绸布。⑳帙（zhì）：旧时用布帛制作的包书套子，故称一套书为一帙。㉑罹（lí）：遭受。通常指遭受不幸的事。㉒抚膺：抚胸，表示气愤、痛惜。膺，胸。㉓昧爽：黎明。

【译文】

十一日　五更的时候又听见雨声，天亮后渐渐晴开。走了二十五里路后，向南面上了钩栏滩，它是衡州府城南边湘江上的第一个河滩，这里江流深，水面窄，水势不是十分汹涌。折转往西面走，又走了五里路来到东阳渡，东阳渡的北岸是琉璃厂，是桂府制造器皿的窑。又往西面走了二十里路来到车江，或作"汊江"。车江北边几里以外就是云母山。而后就折转往东南方向行进，走了十里路来到云集潭，云集潭的东岸上有一座小山。随后又转而向南边走，走了十里路后到达新塘站。这里早先有驿站，如今已废弃。又走了六里路，将船停泊在新塘站上游的对岸。一同乘船而来的是衡州府的艾行可、石瑶庭，艾行可是桂府祭祀时赞礼司仪的执事，而石瑶庭原本是苏州府人，移居到这里已经三代了。当时夕阳还有余晖，而那个地方只有两只装载谷物的船，于是挨着它们把船停泊了下来。过了一会儿，同是往上游航行而来的船只又来了五六条，它们也跟着停泊在了这里。船只停泊处的岸上原本是没有村落的，但是我想石瑶庭与前舱中搭乘的徽州府人都是惯游江湖的人，而艾行可又是本府人，是走是停我可以不必过问干预，于是任凭船只停泊了下来。等到夜幕降临的时候，天空中的月色非常明亮。我回想起自从入春以来还没有看到过月亮，到登船的前一天晚上，潇湘江下了一整夜的雨，今晚的湘江岸边却是明月高照，两个晚上之间，分别欣赏到了不同的优美的江上夜景，心中不禁为此感到喜悦。不一会儿，忽然听到江岸上有啼哭的声音，好像是幼童，又似乎是妇女，哭了一更多还没有停下来。众船之上静悄悄的，谁都不敢去打听。我听着那啼哭的声音不能安然入睡，便在枕头上作了一首表达怜悯之情的诗，诗里有“箫管孤舟悲赤壁，琵琶两袖湿青衫”这样的句子，又有“滩惊回雁天方一，月叫杜鹃更已三”等句子。然而我也只是考虑到可能有骗人的圈套，等到船上来的人可怜他而收留他的时候，便会有人尾随其后，到船上挟持诈骗，却没有料到他是盗贼。等到二更的时候，静闻抑制不住心中的怜悯之情，乘登岸小解的机会，静闻恪守教中戒律，无论吐痰还是解大小便等，必须上岸解决，绝不会在水中进行。招呼那啼哭的人询问了一番，那是一个童子，年龄大概十四五岁，还没有留全发，他谎称自己来自王宦官门下，才十二岁，因为王宦官嗜酒无度，常常用重棍打他，为了躲避所以想逃走。静闻劝他回去，并且好好地抚慰了他一番，而他竟然躺在岸边不动。静闻登上船后没多久，一群盗贼就喊叫着冲进了船，火把、刀剑交错杂乱地落了下来。我当时还没有睡着，连忙从铺板下面取出装着旅费的匣子，打算转移到别的地方。我越过艾行可住的那个船舱，想要从船尾把匣子投进水里，而那里盗贼们正挥舞着刀剑砍船尾的门，不能出去。于是我用力地掀起船篷，从露出的缝隙中，粗鲁地将匣子投进了江中，然后又跑回睡觉的地方，找了件衣服披在身上。静闻、顾仆以及艾行可、石瑶庭和他们的仆人，有的光着身子，有的裹着被子，都被逼到了一起。船头的盗贼从中舱往后面赶，船尾的盗贼砍破后门往前面逼，船前船后刀戟胡乱挥刺，船上的人无不赤身露体地挨着。我想我肯定会被盗贼抓住的，拿着绸子衣服不便于行动，便全都丢弃了。大家纷纷跪在盗贼面前求饶，可盗贼仍然砍个不停，于是大家一涌而起，掀起船篷就往水里跳。我是最后一个跳下水的，不料脚却被竹船索绊到，竟然连人带船篷一起倒翻了下去，头先触到了江底，耳鼻都灌进了水，随后才迅速向上浮了起来。幸好这里水很浅，只到腰部，于是逆流在江水中行走，遇到一只邻船为了躲避盗贼而驶了过来，我便跳上了那只船。当时江水浸得我全身冷冽异常，船上的一个乘客把船夫的被子盖到了我的身上，我于是躺卧在了船中。船逆流而上行驶了三四里，在香炉山下停泊下来，此地已是湘江的另一岸了。回身观望被抢劫的那只船，只见船上火光大起，众盗贼齐喊一声作为信号，然后离开了。没过多久，之前停泊在一处的那些船也都转移到了香炉山下，船中有人说一位来自南京的读书人身上被刺伤了四处，我听后暗笑那个人说的话真是虚妄。还要庆幸的是我赤身躲在利刃乱棍之下，竟然没有被伤到丝毫，这实在是天幸！只是不知道静闻、顾仆他们在哪里，然而也以为只要一滚进水里，就能免于落入虎口，至于钱财就大可不必计较了。只是张侯宗琏所著的《南程续记》这一套书，是他的手迹，在他的家中珍藏了二百多年，可是刚到我的手里，就遭遇了这般厄运，岂能不痛惜！当时那只船上的船夫父子俩也都被刺伤了，在邻船上悲痛地哭号着。另一只船上又有石瑶庭、艾行可的仆人以及顾仆，他们都被盗贼所刺伤，赤身来到我所在的船上，和我躺卧在一起同盖一床被子，我这才知道之前那个人所说的被刺伤四处的人，就是我的仆人。原先那只船上住在前舱中的五个徽州府的人都是木工，他们中的两个人也在邻船上，另外三个人不知去向。而我原先住的那个舱中还没有静闻的下落，住在后舱中的艾行可和他的那个曾姓朋友，也没有打听的地方。我当时躺卧在众人之中，听见顾仆呻吟得厉害，心想行李虽被焚烧、抢劫得丝毫不剩，而投进江中的装着旅费的匣子或许能在江底找到。只恐怕天亮后会被看到的人拿走，便想到了黎明就去寻找，但是身上没有衣服遮掩，怎么上岸？这天晚上，一开始是明月高照，等盗贼来到的时候，已经是阴云密布了，到了天亮的时候，又下起了绵绵细雨。

十二日　邻舟客戴姓者，甚怜余，从身分里衣、单裤各一以畀[1]余。余周身无一物，摸髻[2]中犹存银耳挖一事，余素不用髻簪，此行至吴门[3]，念二十年前从闽返钱塘江浒[5]，腰缠[6]已尽，得髻中簪一枝，夹其半酬饭，以其半觅舆，乃达昭庆[7]金心月房。此行因换耳挖一事，一以绾[8]发，一以备不时之需。及此堕江，幸有此物，发得不散。艾行可披发而行，遂至不救。一物虽微，亦天也！**遂以酬之，匆匆问其姓名而别。时顾仆赤身无蔽，余乃以所畀裤与之，而自着其里衣，然仅及腰而止。旁舟子又以衲一幅畀予，用蔽其前，乃登涯。涯犹在湘之北东岸，乃循岸北行。时同登者余及顾仆，石与艾仆并二徽客，共六人一行，俱若囚鬼。晓风**

砭[9]骨，砂砾裂足，行不能前，止不能已。四里，天渐明，望所焚劫舟在隔江，上下诸舟，见诸人形状，俱不肯渡，哀号再三，无有信者。艾仆隔江呼其主，余隔江呼静闻，徽人亦呼其侣，各各相呼，无一能应。已而闻有呼予者，予知为静闻也，心窃喜曰："吾三人俱生矣。"亟欲与静闻遇。隔江土人以舟来渡余，及焚舟，望见静闻，益喜甚。于是入水而行，先觅所投竹匣。静闻望而问其故，遥谓余曰："匣在此，匣中之资已乌有矣。手摹《禹碑》及《衡州统志》犹未沾濡也。"及登岸，见静闻焚舟中衣被竹笈[10]犹救数件，守之沙岸之侧。怜予寒，急脱身衣以衣予；复救得余一裤一袜，俱火伤水湿，乃益取焚余炽火以炙[11]之。其时徽客五人俱在，艾氏四人，二友一仆虽伤亦在，独艾行可竟无踪迹。其友、仆乞土人分舟沿流捱[12]觅，余辈炙衣沙上，以候其音。时饥甚，锅具焚没无余，静闻没水取得一铁铫，复没水取湿米，先取干米数斗，俱为艾仆取去。煮粥遍食诸难者，而后自食。迨下午，不得艾消息，徽人先附舟[13]返衡，余同石、曾、艾仆亦得土人舟同还衡州。余意犹妄意[14]艾先归也。土舟颇大，而操者一人，虽顺流行，不能达二十余里，至汉江已薄暮。二十里至东阳渡，已深夜。时月色再明，乘月行三十里，抵铁楼门[15]，已五鼓矣。艾使先返，问艾竟杳然也。

【注释】

❶畀（bì）：付与，给予。❷髻（jì）：指盘在头顶或脑后的发结。古代男女都将头发盘起来，并用簪子固定住。❸吴门：苏州的别称，是春秋时期吴国故地。❹钱塘江：古称浙，位于浙江省杭州市境内。❺浒：水边。❻腰缠：即随

身携带的财物。⑦ 昭庆：即昭庆寺，位于杭州市。⑧ 绾（wǎn）：结，系。⑨ 砭（biān）：刺。⑩ 竹笈（jí）：指竹编的小箱子。笈，书箱。⑪ 炙：烘烤。⑫ 捱（āi）：通“挨”，逐个，依次。⑬ 附舟：搭船。⑭ 妄意：臆测。⑮ 铁楼门：即衡州城门。

【译文】

十二日　邻船上一个姓戴的乘客，十分同情我，便从自己身上分出里衣、单裤各一样赠予了我。我全身没有一件物品，摸到发髻中还有一个银耳挖，我一向不用髻簪，这次出行来到苏州的时候，想起二十年前从福建回到钱塘江边，随身携带的财物用光了，从发髻中摸到了一枝簪子，便剪下一半来付了饭钱，并用另一半雇了轿子，这才到了昭庆寺金心月房。于是这次出行换了个银耳挖，一是用它盘束头发，一是以备不时之需。直到这次落入江中，多亏有这个耳挖，头发才没有散开。艾行可散发而行，以至于无救。可见一件物品即使微小，也可能成为救命的稻草啊！于是就用它酬谢了这位乘客，然后匆匆询问了他的姓名后就辞别而去。当时顾仆赤着身子没有衣物遮体，我便把戴姓乘客赠予我的单裤给了他，自己穿着那件里衣，然而那件里衣长度只到腰间而已。旁边一只船上的船夫又送给了我一块补缀过的破布，我把它遮挡在前面，然后向岸上登去。所登临的地方还在湘江的东北岸上，于是沿着岸边向北边走。当时一起登岸的有我和顾仆，石瑶庭和艾行可的仆人，还有两个徽州府人，一行共六人，个个都好像囚犯鬼怪一样。黎明的风冷冽刺骨，碎沙乱石划裂脚板，向前不能走，想停又不能。走了四里路，天渐渐亮了起来，远远望见那只被焚烧抢劫的船就在江对面，那里的一众船家，看到我们这一行人的样子，都不肯摆渡过来，我们再三哀求哭喊，都没有人相信。艾行可的仆人隔着江高呼他的主人，我隔着江呼叫静闻，徽州府人也喊着他们的同伴，大家各自呼叫着，却没有听到任何应答。不一会儿，听见有人喊我，我知道那是静闻，心中暗自惊喜道：“我们三个人都还活着。”于是急着想跟静闻相会。江对面的一个当地人划船过来接我，来到被焚毁的船边，我看见静闻，更加高兴得不得了。我于是从残船处入水而行，先去寻找之前投进江里的匣子。静闻看到后问我缘故，然后远远地对我说：“匣子在这里，但是匣子里的财物已经没有了。你亲手临摹的《禹碑》和《衡州统志》还没有被沾湿。”等到登上岸，见静闻从被烧毁的船里还救回了衣服、被子、竹箱等几件物品，在沙岸边上守着。他怜惜我寒冷，急忙脱下了自己的衣服给我穿上；又救回了我的一条裤子和一双袜子，都被火烧、被水浸湿了，于是再去那残船上取了些烧得很旺的残火来烘烤衣物。这时徽州府的那五个乘客都聚齐了，艾行可他们四个人中，他的两个朋友和一个仆人虽然受了伤但是都在，唯独艾行可竟然没有踪迹。他的朋友、仆人乞求当地人分别划船沿江去一处处找寻，而我们在江边沙地上烘烤衣物，等候他们的消息。当时十分饥饿，但是锅具要么被烧毁要么沉入了江底，一件也没有剩下，于是静闻潜进水里捞回了一个铁铫锅，然后又潜进去捞到了一些湿米，之前捞到了几斗干米，但是都让艾行可的仆人拿去了。煮成粥分给每个遭难的人吃，然后自己才吃。一直等到了下午，也没有得到艾行可的消息，徽州府的几个人先搭船返回了衡州城，随后我们三人和石瑶庭、曾姓乘客、艾行可的仆人也找到了一只当地人的船，返还衡州城。我还臆测艾行可有可能先回城去了。我们乘坐的这只本地船很大，而驾船的只有一个人，虽然是顺流而下，但是行驶了不到二十里路，到汉江的时候就已经是傍晚了。又行驶了二十里路到达东阳渡，已经是深夜。这时月色更加明亮了，乘着月色行驶了三十里路，来到铁楼门，已经是五更天了。艾行可的仆人先返回桂府，打探艾行可的情况，结果竟然一点儿消息也没有。

先是，静闻见余辈赤身下水，彼念经笈在篷侧，遂留，舍命乞哀，贼为之置经[1]。及破余竹撞[2]，见撞中俱书，悉倾弃舟底。静闻复哀求拾取，仍置破撞中，盗亦不禁。撞中乃《一统志》诸书，及文湛持、黄石斋、钱牧斋[3]与余诸手柬，并余自著日记诸游稿。惟与刘愚公书稿失去。继开余皮厢[4]，见中有尺头[5]，即阖[6]置袋中携去。此厢中有眉公[7]与丽江木公[8]叙稿，及弘辨、安仁[9]诸书，与苍梧道顾东曙辈家书共数十通[10]，又有张公宗琏[11]所著《南程续记》乃宣德[12]初张侯特使广东时手书，其族人珍藏二百余年，予苦求得之。外以庄定山、陈白沙[13]字裹之，亦置书中。静闻不及知，亦不暇乞，俱为携去，不知弃置何所，真可惜也！又取余皮挂厢，中有家藏《晴山帖》六本，铁针、锡瓶、陈用卿[14]壶，俱重物，盗入手不开，亟取袋中。破予大笥[15]，取果饼俱投舡[16]底，而曹能始《名胜志》三本、《云南志》四本及

《游记》合刻十本，俱焚讫[17]。其艾舱诸物，亦多焚弃。独石瑶庭一竹笈竟未开。贼濒行，辄放火后舱。时静闻正留其侧，俟其去，即为扑灭，而余舱口亦火起，静闻复入江取水浇之。贼闻水声，以为有人也，及见静闻，戳两创而去，而火已不可救。时诸舟俱遥避，而两谷舟犹在，呼之，彼反移远。静闻乃入江取所堕篷作筏，亟携经笈并余烬余诸物，渡至谷舟；冒火再入取艾衣、被、书、米及石瑶庭竹笈，又置篷上，再渡谷舟；及第三次，则舟已沉矣。静闻从水底取得湿衣三四件，仍渡谷舟，而谷舟乘黑暗匿绸衣等物，止存布衣布被而已。静闻乃重移置沙上，谷舟亦开去。及守余辈渡江，石与艾仆见所救物，悉各认去。静闻因谓石曰："悉是君物乎？"石遂大诟[18]静闻，谓："众人疑尔登涯引盗。谓讯哭童也。汝真不良，欲掩我之箧。"不知静闻为彼冒刃、冒寒、冒火、冒水，夺护此箧，以待主者，彼不为德，而反诟之。盗犹怜僧，彼更胜盗哉矣，人之无良如此！

【注释】

①置经：指留下了经书，没有抢走。②竹撞：用篾条制作的竹匣子。③文湛持、黄石斋、钱牧斋：文湛持即文震孟，字文起，号湛持，江苏省苏州人，明代书法家，著名书画家文征明的曾孙。黄石斋即黄道周，字幼平，号石斋，今福建省东山县人，明代书法家。钱牧斋即钱谦益，字受之，号牧斋，苏州常熟人，明末清初散文家、诗人。④厢：同"箱"。⑤尺头：指绸缎衣料。⑥阖：关闭，合上。⑦眉公：即陈继儒，字仲醇，号眉公，今上海市松江人，明代文学家、书画家。⑧丽江木公：即木增，字长卿，号华岳。明代作家，云南省丽江纳西族土司。⑨弘辨、安仁：均为鸡足山寺僧。⑩通：量词，用于文章、书信等。⑪张公宗琏：即张宗琏，字重器，江西省吉水县人，明永乐年间进士，后被贬为常州同知。⑫宣德：明宣宗朱瞻基的年号，时为公元1426—1435年。⑬庄定山、陈白沙：庄定山即庄昶，字孔旸，号木斋，江苏人，明代学者，翰林四谏之一，后隐居定山，人称定山先

生，有《庄定山集》十卷。陈白沙即陈献章，广东省新会人，明代硕儒，因曾居白沙村，故被称为陈白沙。⑭陈用卿：明代天启、崇祯年间的紫砂壶制作大师。⑮笥（sì）：用以装衣物或饭食的一种方形的竹编器具。⑯舡（chuán）：同“船”。⑰讫（qì）：穷尽，绝止。⑱诟：辱骂。

【译文】

先前，静闻看到我等赤身跳进水里，他因顾念着佛经、书箱在船篷旁侧，便留了下来，冒死乞求，盗贼这才丢下经书，没有抢走。等盗贼破开我的竹箱，一看里面都是书，就全部倒出来扔在船底。静闻又去哀求拾取，仍放在破竹箱里，盗贼也没有阻止他。竹箱里是《大明一统志》等书籍，以及文湛持、黄石斋、钱牧斋给我的许多亲笔信，还有我自己每天记录的诸多游记手稿。唯独丢失了写给刘愚公的书稿。接着他们又破开我的皮箱，看到里面有块绸缎布料，就合上盖子装进袋中带走了。这个箱子里有陈眉公跟丽江木公叙谈的信稿，以及他给弘辨、安仁的几封书信，还有苍梧道顾东曙等人的几十封家信，另外还有张宗琏所著的《南程续记》，这是宣德初年张侯担任特使出使广东的时候亲笔撰写的，被他的族人珍藏了两百多年，是我苦苦相求才得来的。书的外面裹着庄定山、陈白沙写的字幅，也放在书信中。静闻不知道这些，也顾不上求讨回来，都被盗贼劫走，不知丢在了哪里，实在是可惜啊！盗贼又拿走了我的皮挂箱，箱子里有我家私藏的六本《晴山帖》，还有铁针、锡瓶、陈用卿的壶等，这些都是重物，盗贼拿到后打不开，就匆忙装进了袋子里。他们破开我的大笥，将果饼取出全部扔到船底，而曹能始的三本《名胜志》、四本《云南志》和十本《游记》的合刻本，全都被火烧尽了。艾行可所在舱中的各种物品，也大多被焚毁丢弃。唯独石瑶庭的一个竹书箱竟然没有被打开。盗贼临走的时候，就在后舱放火。当时静闻恰好留守在旁侧，等盗贼一走，就把火扑灭了，而我所在的船舱舱口也着了火，静闻又跳进江中取水去浇火。盗贼听见水声，以为有人来了，等看到是静闻时，就刺了他两下然后离开，而火已经救不了了。当时众船都躲避到远处去了，但是两艘运谷物的船还在，静闻呼喊他们，他们反而往远处转移。于是静闻潜入江中打捞起落水的船篷作为筏子，赶忙把佛经、书箱以及我的火烧后残存下来的物件放进筏子里，渡到了谷船处；再次冒火去残船上取艾行可的衣服、被子、书箱、米和石瑶庭的竹书箱，又放到船篷里，再往谷船处渡去；等到第三次返回来的时候，残船已经沉下去了。静闻从水底捞出了三四件湿衣服，仍旧渡到谷船处，而谷船上的人趁着黑暗藏下了我的绸子衣服等物品，只剩下一些布衣布被而已。于是静闻重新把它们搬到沙滩上，谷船也随即开走了。等我们渡江来到静闻那里的时候，石瑶庭和艾行可的仆人看到被救回的物件，都各自认领了去。静闻于是对石瑶庭说："这些都是你的东西吗？"石瑶庭便大骂静闻，说："众人怀疑是你登岸引来的盗贼。指上岸询问啼哭的童子那件事。你实在是品性不善，想盗走我的箱子。"他不知道静闻为了他冒着刀剑、冒着寒凉、冒着大火、冒着深水，守护这只箱子，以待其主人来领取，他不感激人家的恩德，反倒大加辱骂。盗贼尚且怜悯僧人，这家伙比盗贼更狠啊，人没有良心到了这种地步！

十三日　昧爽登涯，计无所之。思金祥甫为他乡故知，投之或可强留。候铁楼门开，乃入。急趋祥甫寓，告以遇盗始末，祥甫怆然[1]。初欲假[2]数十金[3]于藩府[4]，托祥甫担当，随托祥甫归家取还，而余辈仍了西方大愿。祥甫谓藩府无银可借，询余若归故乡，为别措以备衣装。余念遇难辄返，缺。觅资重来，妻孥[5]必无放行之理，不欲变余去志，仍求祥甫曲济。祥甫唯唯[6]。

【注释】

①怆然：形容悲伤的样子。②假：借。③金：古代银一两为一金。④藩府：指衡阳桂王府。⑤妻孥（nú）：妻子儿女。⑥唯唯：恭敬的应答声。

【译文】

十三日　黎明时分登陆，担心无处落宿。想到金祥甫是他乡旧识，投奔他也许可以勉强留下。等到铁楼门一开，就进去了。急忙来到祥甫的住处，把遇盗的经过告诉了他，祥甫听了大为悲伤。最初我想向桂王府借几十两银子，委托祥甫作担保，顺便托祥甫回老家的时候到我家取银子还给桂王府，而我等则仍然可以完成游历西部地区的愿望。可是祥甫说桂王府没有银两可以借给我，他询问我，说如果回老家，他会替我另筹盘缠备办行装。我考虑若是遇了难就回家，此处缺文。筹集旅费重新再来，妻子儿女肯定不放我走，我不想改变继续游历的意志，仍旧恳求祥甫设法周济一下。祥甫答应了。

游七星岩日记

初二日[1] 晨餐后，与静闻、顾仆裹蔬粮，携卧具，东出浮桥门。渡浮桥[2]，又东渡花桥[3]，从桥东即北转循山。花桥东涯有小石突临桥端，修[4]溪缀村，东往殊逗人心目。山峙花桥东北，其嵯峨之势，反不若东南夹道之峰，而七星岩[5]即峙焉，其去浮桥共里余耳。岩西向，其下有寿佛寺，即从寺左登山。先有亭翼然迎客，名曰摘星，则曹能始所构而书之。其上有崖横骞，仅可置足，然俯瞰城堞[6]西山，则甚畅也。其左即为佛庐，当岩之口，入其内不知其为岩也。询寺僧岩所何在，僧推后扉导余入。历级而上约三丈，洞口为庐掩黑暗；忽转而西北，豁然中开，上穹下平，中多列笋悬柱，爽朗通漏，此上洞[7]也，是为七星岩。从其右历级下，又入下洞，是为栖霞洞。其洞宏朗雄拓，门亦西北向，仰眺崇赫[8]。洞顶横裂一隙，有石鲤鱼从隙悬跃下向，首尾鳞鬐[9]，使琢石为之，不能酷肖乃尔。其旁盘结蟠盖，五色灿烂。西北层台高叠，缘级而上，是为老君台[10]。由台北向，洞若两界，西行高台之上，东循深壑之中。由台上行，入一门，直北至黑暗处，上穹无际，下陷成潭，濒洞[11]峭裂，忽变夷为险。时余先觅导者，燃松明于洞底以入洞，不由台上，故不及从，而不知其处之亦不可明也。乃下台，仍至洞底。导者携灯前趋，循台东壑中行，始见台壁攒裂绣错，备诸灵幻，更记身之自上来也。直北入一天门，石楹垂立，仅度单人。既入，则复穹然高远，其左有石栏横列，下陷深黑，杳不见底，是为獭子潭。导者言其渊深通海，未必然也。盖即老君台北向下坠处，至此则高深易位，丛辟交关[12]，又成一境矣。其内又连进两天门，路渐转而东北，内有“花瓶插竹”“撒网”“弈棋”“八仙”“馒头”诸石，两旁善才童子，中有观音诸像。导者行急，强留谛视[13]，顾此失彼。然余所欲观者，不在此也。又逾崖而上，其右有潭，渊黑一如獭子潭，而宏广更过之，是名龙江[14]，其盖与獭子相通焉。又北行东转，过红毡、白毡[15]，委裘垂毯，纹缕若织。又东过凤凰戏水，始穿一门，阴风飕飗，卷灯冽肌，盖风自洞外入，至此则逼聚而势愈大也。叠彩风洞亦然，然叠彩昔无风洞之名，而今人称之；此中昔有风洞，今无知者。出此，忽见白光一圆，内映深壑，空濛若天之欲曙。遂东出后洞，有水自洞北环流，南入洞中，想下为龙江者，小石梁跨其上，则宋相曾公布[16]所为也。度桥，拂洞口右崖，则曾公之记在焉。始知是洞昔名冷水岩，曾公帅桂[17]，搜奇置桥，始易名曾公岩，与栖霞盖一洞潜通，两门各擅耳。

【注释】

❶初二日：即明崇祯十年（公元 1637 年）五月初二日。❷浮桥：古称永济桥，位于今广西壮族自治区桂林市的解放桥处，是桂林老八景之一。唐代时，以船只横排相接，用铁锁连贯，铺上木板，拼搭为桥，十分晃荡，故名浮桥。❸花桥：始建于宋，横跨于小东江上，水洞四孔，上面建有长屋，可遮风避雨，形式美观。❹修：修长，悠长。❺七星岩：位于桂林市东郊，漓江东岸。七座排列成北斗七星状的残峰，总称为七星山。北边的天枢、天璇、天玑、天权四座山峰组成普

陀山，犹如北斗七星的斗魁；南边的玉衡、开阳、瑶光三座山峰组成月牙山，好比北斗七星的斗柄。高出地面130米的七星山主峰上，已查明的岩洞有15个。七星岩就在普陀山内，里面有八个石灰岩溶洞，由一条814米长的狭窄甬道连接成一体，最宽的地方可达43米，最高的地方有27米，洞内温度适宜，冬暖夏凉。⑥堞（dié）：齿状矮城墙。⑦上洞：《徐霞客游记》中的七星岩，是现在的碧虚亭洞和七星岩洞的总称，入洞后分为上下两层洞穴，当时称上洞为七星岩，下洞为栖霞洞。⑧崇赫：高大的样子。⑨鳃（sāi）：鱼鳃。⑩老君台：位于第一洞天“千人大厅”的左面高崖上，供奉老子像。⑪澒洞（hòng dòng）：弥漫无际。⑫丛辟交关：开合交错。丛，聚集。辟，掰开。⑬谛（dì）视：审视。谛，仔细。⑭龙江：七星岩内的地下河。⑮红毡、白毡：今名金纱、银纱，位于第二洞天。⑯曾公布：即曾布，字子宣，江西省南丰县人。北宋改革家，曾巩的异母弟。⑰帅桂：治理桂州。帅，镇守，掌管。

【译文】

初二日　吃完早餐后，我和静闻、顾仆打包了蔬菜和粮食，带上行李卧具，向东面走出了浮桥门。过了浮桥，又向东面走过花桥，从花桥东边立即转向北面顺着山行进。花桥东岸的桥头处有一块突起的岩石，悠长的小溪装点着村落，往东边去特别赏心悦目。花桥东北面耸立着一座山峰，其高峻的气势，反而不如东南面夹道而立的峰峦，而七星岩就矗立在那里，它离浮桥总共也就一里多路。岩洞往西，洞下面有一座寿佛寺，于是从寿佛寺的左侧攀登山峰。首先看到一个飞檐凌空的亭子，好像在张臂迎客，叫作摘星亭，是由曹能始筑造并题写亭名的。亭子上方有横向飞起的石崖，只能放得下脚，然而俯瞰城池之外的西山，却特别畅快。亭子左侧就是佛寺，正好位于岩洞的入口处，走进寺内不知道这里面就已经是岩洞了。向寺里的僧人询问七星岩在哪里，僧人推开后门引领我进去。踏着石阶往上登了大约三丈，洞口被屋宇遮得昏昏暗暗的；忽然转而往西北方向走，洞内豁然开阔，上面隆起下面平坦，洞内排列着许多石笋和悬垂的石柱，清爽明朗，通风透亮，这是上洞，也就是七星岩。从洞右侧沿着石阶往下走，又进入下洞，这是栖霞洞。这个洞宽大明朗，雄奇开阔，洞门也是朝向西北，抬头观望，很是高大。洞顶横向裂开一道缝隙，有条石鲤鱼从缝隙中悬跃而下，其头、尾、鳞甲、鱼鳃，就算是用岩石雕琢而成的，也不会这样惟妙惟肖。它旁边盘结的石头犹如蟠龙状的伞盖，五光十色，灿烂夺目。西北面的平台层层高叠，顺着石阶往上走，就到了老君台。从老君台上往北去，岩洞好像分成了两半，往西边走是在高台之上，往东边去就走进了深壑之中。从高台上走，进入一个石门，一直往北边走到了黑暗的地方，上方隆起没有边际，下面陷落成为深潭，弥漫无际，陡峻深裂，忽然变平坦为险阻。当时我事先找了向导，在洞底点燃松明以便入洞，向导不从高台上走，所以我来不及跟从他，却不知道这里也是不能使用松明照亮的。于是我走下高台，仍然来到洞底。向导带着灯往前走，顺着高台东边的壑谷行进，这才看到高台石壁上聚集的裂缝宛如锦绣的花纹一样交错着，具备了种种奇妙的变幻，更令人感到自己是从那上面下来的。往正北面进入一道天门，垂立的石柱之间，仅仅能容纳一个人通过。进去之后，就又看见洞内穹隆高远，洞的左侧有横向排列的石栏杆，下面则陷入黑暗之中，深不见底，这就是獭子潭。向导说这个潭极其深邃，与大海相通，事实未必是这样的。大概是老君台朝北下坠处，到了此处就高深变换，交错开合，又形成了一种境界。从洞里面接连进入两道天门，道路渐渐转向了东北边，里面有“花瓶插竹”“撒网”“弈棋”“八仙”“馒头”等众多岩石，两侧有善才童子，中间有观音菩萨等众神塑像。向导走得很快，强行留住他才得以仔细观看，顾此失彼。然而我想看的，并不在这里。又越过石崖往上面走，石崖右侧有一个深潭，水色幽深漆黑就像獭子潭一样，但是比獭子潭更宽广，此处名为龙江，这里大概和獭子潭是相互连通的。又往北走而后转向东面，途经红毡、白毡，就像是悬挂的裘衣、下垂的毛毯，纹缕仿佛是织出来的一般。又往东经过了凤凰戏水，开始穿越一个石门，阴风凛冽，吹卷着灯火，寒冷刺骨，风大概是从洞外刮进来的，刮到这狭窄局促的地方，风势就更加凶猛了。叠彩山的风洞也是如此，不过叠彩山以前没有风洞这个称呼，而是现在的人这样叫的；这个洞中以前有风洞这个名称，现在却没有知晓的人了。从这里走出去，忽然看到一股圆圆的白色光芒，映照在洞内的深谷里，缥缥缈缈仿佛天空中即将露出曙光。于是往东面走出了后洞，有一股溪水环流于洞北，往南边向洞内流去，推测流下去就到龙江了，一座小石桥横跨在溪水之上，这是宋代丞相曾布修建的。走过这座桥，拂试洞口右边的石崖，就看到了曾公在石壁上作的碑记。这才知道此洞以前叫作冷水岩，曾公治理桂州的时候，搜寻奇景修筑石桥，才改名为曾公岩，大概和栖霞洞是一个山洞潜流连通，两处洞门各具特色罢了。

余伫立桥上，见涧中有浣[1]而汲[2]者，余询：“此水从东北来，可溯之以入否？”其人言：“由水穴之上可深入数里，其中名胜，较之外洞，路倍而奇亦倍之。若水穴则深浅莫测，惟冬月可涉，此非其时也。”余即觅其人为导。其人

乃归取松明，余随之出洞而右，得庆林观焉。以所负橐[3]裹寄之，且托其炊黄粱[4]以待。遂同导者入，仍由隘口东门，过凤凰戏水，抵红、白二毡，始由岐北向行。其中有弄球之狮，卷鼻之象，长颈盎背[5]之骆驼；有土冢之祭，则猪鬣[6]鹅掌罗列于前；有罗汉之燕[7]，则金盏银台排列于下。其高处有山神，长尺许，飞坐悬崖；其深处有佛像，仅七寸，端居半壁；菩萨之侧，禅榻一龛，正可趺跏[8]而坐；观音座之前，法藏[9]一轮，若欲圆转而行。深处复有渊黑，当桥涧上流。至此导者亦不敢入，曰："挑灯引炬，即数日不能竟，但此从无入者，况当水涨之后，其可尝不测乎？"乃返，循红白二毡、凤凰戏水而出。计前自栖霞达曾公岩，约径过者共二里，后自曾公岩入而出，约盘旋者共三里，然二洞之胜，几一网无遗矣。

【注释】

①浣（huàn）：洗涤。②汲：汲水。③橐（tuó）：一种无底的袋子。此处泛指袋子。④黄粱：小米饭。⑤盎（àng）背：形容背部如倒扣的盎（一种盛器）一样突起。⑥猪鬣（liè）：猪头。⑦燕：通"宴"，宴饮。⑧趺跏（fū jiā）：佛教徒盘腿打坐的一种坐法，即双足交叠而坐。⑨法藏：此指佛教徒手里拿着的转动的圆筒形佛具。

【译文】

我伫立在桥上，看见山洞之中有一个洗衣汲水的人，我向他询问道："这条洞水是从东北方向流来的，能不能逆着水流去往洞中？"那个人说："从水洞上面可以往里面进入几里，洞中的胜景，与外洞相比，路程虽然远了一倍，但是奇异的景观也要多一倍。至于水洞里面则是深浅难辨，只有冬天的那几个月可以涉水进入，现在不是适当的季节。"我于是找这个人做向导。这个人便回去取松明，我跟着他走出洞后向右走，找到了庆林观。把所背着的包裹行囊寄放在这里，并且拜托观里的人煮好米饭等着我们。于是我跟随向导进洞，仍然从隘口东边的石门，经过凤凰戏水，到红毡、白毡，这才从岔道往北面行进。其中有戏球的狮子，卷鼻的大象，长脖子弓着背的骆驼；有土坟前的祭坛，猪头、鹅掌在祭坛上罗列着；有罗汉的宴饮，金杯、银座在下面排放着。那高处有山神，一尺多高，飞坐于悬崖之上；那深处有佛像，仅七寸高，端坐于半壁之间；菩萨的旁边，有一个石龛，里面有坐禅的禅床，正好可以双足交叠而坐；观音法座的前面，有一个圆形法轮，好像要圆圆地旋转起来的样子。深处又有幽黑的深潭，就处在那条有桥的山涧的上游。到了这里，向导也不敢进去了，说："挑着灯笼举着火把，就是走上几天也到不了尽头，只是这里从来没有人进去过，更何况正当水涨之后，怎么能去挑战这难以预料的危险呢？"于是只好返回来，沿着红白二毡、凤凰戏水走出了洞。计算了一下，之前从栖霞洞至曾公岩，直线走过的路程大约共有二里，后来从曾公岩进去又出来，绕来绕去的路程大约共有三里，然而两个山洞中的胜景，几乎是一览无遗了。

出洞，饭于庆林观。望来时所见娘媳妇峰即在其东，从间道趋其下，则峰下西开一窍，种圃灌园者而聚庐[1]焉。种金系草，为吃烟药者。其北复有岩洞种种，盖曾公岩之上下左右，不一而足也。于是循七星山之南麓，北向草莽中，连入三洞。计省春[2]当在其北，可逾岭而达，遂北望岭坳行。始有微路，里半至山顶，石骨崚嶒[3]，不容着足，而石隙少开处，则棘刺丛翳愈难跻；然石片之奇，峰瓣之异，远望则掩映，而愈披愈出[4]，令人心目俱眩。又里半，逾岭而下，复得凿石之级，下级而省春岩在矣。

【注释】

①聚庐：许多房所聚集在一起，即聚居。②省春：即省春岩，位于今桂林市七星公园普陀山东北麓。从东至西有三个洞，岩下有流往漓水的灵剑溪（古弹丸溪）。宋淳熙年间（公元 1174—1189 年），刘焞治理桂州时在此建亭。据《桂海志续》载，以前令长常来此处省视春耕的情况，故称省春岩。③崚嶒（léng céng）：形容山峰高峻突兀的样子。④愈披愈出：越是往前面穿过去，奇异的景致就越是层出不穷。

【译文】

出了洞，回到庆林观吃饭。看到来时所见到的娘媳妇峰就在庆林观的东侧，从小路赶到娘媳妇峰下，就看到峰下朝西面裂开一个洞，耕种苗圃灌溉田园的人家聚居在那里。种植的金系草，是吃烟人的药。它的北面又有各种形态的岩洞，原来曾公岩的上下左右全都是岩洞，数不胜数。从这里顺着七星山的南麓，往北走进草莽之中，接连进了三个岩洞。估计省春岩应该坐落在山的北面，可以越过山岭而抵达，于是望着北面的岭坳行走。开始时有一条窄小的路，走了一里半路到达山顶，只见岩石高峻突兀，不容落脚，而岩石缝隙中稍稍分开一些的地方，则是荆棘遍布，刺丛密蔽，更难攀登；然而石片的妙姿，瓣状石峰的奇态，远远望去则是互相掩映，而越是往前面穿过去，奇异的景致就越是层出不穷，令人目眩神迷。又走了一里半路，翻越山岭往下走，又找到了开凿出来的石阶，走下石阶便到了省春岩。

其岩三洞排列，俱东北向。最西者骞云[1]上飞，内深入，有石如垂肺中悬。西入南转，其洞渐黑，惜无居人，不能索炬以入，然闻内亦无奇，不必入也。洞右旁通一窍，以达中洞。居中者外深而中不能远入，洞前亦有垂槎倒龙[2]之石。洞右又透一门以达东洞。最东者垂石愈繁，洞亦旁裂，中有清泉下注成潭，寒碧可鉴[3]。余令顾仆守已行囊于中洞，与静闻由洞前循崖东行。洞上耸石如人，蹲石如兽。洞东则危石亘空，仰望如劈。其下清流潆之，曰拖剑江，即癸水也。源发尧山，自东北而抵山之北麓，乃西出葛老桥而西入漓水焉。时余转至山之东隅，仰见崖半裂窍层叠，若云嘘绡幕[4]，连过三窍，意谓若窍内旁通，连三为一，正如叠蕊阁于中天，透琼楞[5]于云表，此一奇也。然而未必可达，乃徘徊其下，披莽隙，梯悬崖，层累而上。既达一窍，则窍内果通中窍。第中窍卑伏，不能昂首，须从窍外横度，若台榭然，不由中奥[6]也。既达第三窍，穿隙而入，从后有一龛，前辟一窗，窗中有玉柱中悬。柱左又有龛一圆，上有圆顶，下有平座，结跏[7]而坐，四体恰适，即刮琢[8]不能若此之妙。其前正对玉柱，有小乳下垂，珠泉时时一滴。余与静闻分踞柱前窗隙，下临危崖。行道者望之，无不回旋其下，有再三不能去者。已而有二村樵，仰眺久之，亦攀跻而登，谓余："此处结庐甚便，余村近此，可以不时瞻仰也。"余谓："此空中楼阁，第恨略浅而隘，若少宏深，便可停栖耳。"其人曰："中窍之上，尚有一洞甚宏。"欲为余攀跻而上，久之不能达。余乃下倚松阴，从二樵仰眺处，反眺二樵在上，攀枝觅级，终阻悬崖，无从上跻也。久之，仍西行入省春东洞内，穿入中洞，又从其西腋穿入西洞。洞多今人摩崖[9]之刻。

【注释】

①骞（qiān）云：腾飞漫卷的云。②垂楂倒龙：形容怪石有的好似下垂的树杈，有的宛若倒挂的神龙。③鉴：镜子。这里指像镜子似的映照出人影。④云嘘绡幕：云雾吹拂着薄纱帷幕。形容层叠的裂窍浮空缥缈的姿态。⑤琼楞：即琼楼，指神仙居住的地方。⑥中奥：指洞中深处。⑦结跏：指佛教徒盘腿打坐。⑧刮琢：刀刮斧琢。⑨摩崖：在崖壁上镌刻文字。

【译文】

省春岩排列的三个山洞，都朝着东北方。最西面的一个洞前云雾腾飞漫卷，往里面走去，有一块岩石悬挂在洞中，就像是下垂的肺叶一般。朝西边往里走再转向南面，这个洞渐渐地黑了下来，可惜附近没有居民，不能索求火把以便进去，不过听说里面也没有什么奇特的地方，不用进去了。洞的右侧连通着一个旁洞，可以抵达中洞。居于中间的山洞，从外面看很深，却不能往深处进入，洞前面也有些像下垂的树杈、倒挂的神龙一样的岩石。洞的右侧又通着一个洞口，可以抵达东洞。最东面的一个洞里悬垂的岩石更加繁多，洞旁也有裂缝，洞中有清泉往下流去汇集成潭，潭水寒冷碧绿可以映照出人影。我让顾仆在中洞守着我们的行李，自己和静闻从洞前面顺着山崖往东边走去。洞上方高耸的岩石像人一样，蹲着的岩石似野兽一般。洞的东侧就有峻峭的岩石横亘在高高的上空，抬头望去，犹如刀劈出来的一样。岩石下面有清澈的流泉萦绕，叫作掩剑江，就是癸水。它发源于尧山，自东北方向流到七星山的北麓，便往西边从葛老桥流出去，然后向西面流入了漓水。这时我转到了山的东边，抬头看见崖壁半腰处裂开的洞穴层层叠叠的，好似云雾吹拂着的薄纱帷幕，接连走过了三个洞穴，心里想着如果洞内道路四通八达，三个洞连接为一体，正如叠蕊阁架在半空中，琼楼直插云天外，这称得上是一个奇观了。然而不一定能够到达那里，于是徘徊在它的下面，拨开杂草丛中的一条缝隙，以悬崖为梯，逐层向上攀登。到达一个洞穴后，就看见洞内果然连通着中洞。只是中洞低矮，抬不起头来，必须从洞外面横着过去，就像台榭那样，不从洞中的深处穿行。到达第三个洞后，从裂缝中穿进去，在后面有一个供奉佛像的小石阁，小石阁前边开了一扇窗，窗洞中悬吊着一根玉一般的石柱。石柱左边又有一个供奉佛像的圆形小石阁，上面为圆顶，下面是平座，盘腿坐下，四肢正好合适，即使是用刀刮削、用斧子雕琢出来的也不会像这般奇妙。座位前面正对着玉柱，有一个悬空下垂的小钟乳石，珍珠般的泉水时不时地滴落一滴。我和静闻分别盘坐在石柱前面的窗隙中，下面紧临着险峻的山崖。路上的行人看见我们，无不在崖下绕来绕去，有徘徊再三都不肯离开的人。不久，有两个村中的樵夫，抬着头观望了许久后，也向上攀登而来，告诉我说："在这里建盖房屋非常方便，我们村子离这里很近，可以不时前来瞻仰。"我说："此处是空中楼阁，只遗憾的是略微有些浅，有些窄，要是稍微深一些、宽一些，就可以停留下来住在这里了。"那两个人说："中洞的上方，还有一个十分宽敞的洞。"他们想要帮我攀爬上去，登了很长时间没能到达。我于是下了山倚靠在松荫下，从两个樵夫仰望的地方，反过来观望在山上的两个樵夫，他们攀缘着枝条寻找台阶，总是被悬崖挡住，没办法向上攀登。过了好一会儿，仍然往西面走进省春岩的东洞里，穿行到中洞，又从它的西侧钻进了西洞。洞里的岩壁上有很多当代人的摩崖石刻。

出洞而西，又得一洞，洞门北向，约高五丈，内稍下，西转虽渐昏黑，而崇宏之势愈甚，以无炬莫入，此古洞也。左崖大书"五美四恶"章[1]，乃张南轩[2]笔，遒劲[3]完美，惜无知者，并洞亦莫辨其名，或以为会仙岩，或以为弹丸岩。

拂岩壁，宋莆田陈黼[4]题，则渚岩洞也，岂以洞在癸水之渚耶？洞西拖涧水[5]自东北直逼崖下，崖愈穹削，高插霄而深嵌渊，甚雄壮也。石梁跨水西度，于是崖与水俱在路南矣。盖七星山之东北隅也，是名弹丸山，自省春来共一里矣。

【注释】

①“五美四恶”章：即《论语》中的子张问政一章：“子张问于孔子曰：‘何如斯可以从政矣？’子曰：‘尊五美，屏四恶，斯可以从政矣。’子张曰：‘何谓五美？’子曰：‘君子惠而不费，劳而不怨，欲而不贪，泰而不骄，威而不猛。’”②张南轩：即张栻，字敬夫，号南轩，四川省绵竹人，南宋时期著名理学家，岳麓书院的创办者。他和朱熹、吕祖谦并称为当时的“东南三贤”。③遒（qiú）劲：雄健，有力量的。④陈黼（fǔ）：即陈谠（dǎng），字正仲，福建省莆田人，宋隆兴元年（公元1163年）进士，累官兵部侍郎。⑤拖涧水：即今灵剑溪，属漓江支流。

【译文】

出洞后往西面走，又看到了一个洞，洞口朝向北面，大约五丈高，进洞后稍稍往下洼的地方走，往西转去虽然逐渐昏黑下来，气势却显得更加高峻宏大了，因为没有火把所以无法往深处进入，这是一个古洞。左边的崖壁上用大字刻写着《论语》中关于“五美四恶”的一段文章，出自张南轩的手笔，笔迹雄健有力，十分完美，可惜没有知道的人，就连这个洞也没有人知晓它的名字，有人说是会仙岩，有人说是弹丸岩。拂拭洞壁，从宋代莆田人陈黼的题记中看，则是叫作渚岩洞，难道是因为这个洞位于癸水江边而起的名字吗？洞的西面，拖涧水从东北方向流过来，一直流逼到山崖下面，山崖显得更加高耸峻峭，高入云霄而下嵌深渊，气势十分雄壮。从石桥上跨过江水向西边走去，于是山崖和江水就都在道路的南面了。这大概是七星山的东北边，名字叫作弹丸山，从省春岩走过来共有一里路。

由其西南渡各老桥[1]，以各乡之老所建，故以为名。望崖巅有洞高悬穹，上下俱极峭削，以为即栖霞洞口也。而细谛其左，又有一崖展云架庐[2]，与七星洞后门有异，亟东向登山。山下先有一刹，盖与寿佛寺、七星观南北鼎峙山前者也。南为七星观，东上即七星洞；中为寿佛寺，东上即栖霞洞；北为此刹，东上即朝云岩也。仰面局膝攀磴，直上者数百级，遂入朝云岩。其岩西向，在栖霞之北，从各老桥又一里矣。洞口高悬，其内北转，高穹愈甚，徽僧太虚叠磴驾阁于洞口，飞临绝壁，下瞰江城，远挹[3]西山，甚畅。第时当返照入壁，竭蹶[4]而登，喘汗交迫。甫投体叩佛，忽一僧前呼，则融止也。先是，与融止一遇于衡山太古坪，再遇于衡州绿竹庵，融止先归桂林，相期会于七星。比余至，逢人辄问，并无识者。过七星，谓已无从物色。至此忽外遇之，遂停宿其岩。因问其北上高岩之道，融止曰："此岩虽高耸，虽近崖右，曾无可登之级。约其洞之南壁，与此洞之北底，相隔只丈许，若从洞内可凿窦以通，洞以外更无悬杙[5]梯之处也。"凭栏北眺，洞为石掩，反不能近瞩，惟洒发[6]向西山，历数其诸峰耳。西山自北而南：极北为虞山，再南为东镇门山，再南为木龙风洞山，即桂山也，再南为伏波山。此城东一支也。虞山之西，极北为华景山，再南为马留山，再南为隐山，再南为侯山、广福王山。此城西一支也。伏波、隐山之中为独秀，其南对而踞于水口者，为漓山、穿山。皆漓江以西，故曰西山云。

【注释】

❶ 各老桥：即前文所说的"葛老桥"，今作国老桥，横跨于灵剑溪上。❷ 展云架庐：指在云层之上建造房舍。❸ 挹（yī）：通"揖"，古代的拱手礼。❹ 竭蹶（jué）：不遗余力而跌跌撞撞。❺ 杙（yì）：小木桩。❻ 洒发：头发散落的样子，这里指抬头远望。

【译文】

从弹丸山的西南面越过各老桥，因为该桥是由各乡的父老所修建，因而以“各老”为名。看见山崖顶端有一个洞高悬隆起，上下都极其险峻陡削，我以为那就是栖霞洞的洞口了。然而仔细地审视它的左侧，发现又有一座山崖，有人在崖上的云层之中建造了房舍，与七星洞的后面洞口有不一样的地方，急忙往东面攀登山峰。在山下先遇到一座寺庙，大概是同寿佛寺、七星观呈南北对峙之势鼎立在山前的寺庙。南边的是七星观，从这里往东面上去就是七星洞；中间的是寿佛寺，从这里向东面上山就是栖霞洞；北边的就是这座寺庙了，从这里朝东面上去就是朝云岩了。抬着头曲着膝沿着石磴攀登，一直向上登了几百级，于是来到了朝云岩。这个岩洞面朝西方，在栖霞洞的北侧，距离各老桥又是一里的路程了。洞口高悬，进洞后往北边转，高穹之势更加突出了，徽州僧人太虚在洞口垒砌了石阶、修建了佛阁，仿佛在绝壁之上飞突而起，向下环览江流与城池，远远地朝着西山拱手作揖，感觉十分畅快。只是此时正值落日余晖映射在绝壁之上，不遗余力而跌跌撞撞地攀登上来，喘息和汗水交加。我刚刚跪倒拜佛，忽然听见一个僧人在跟前叫我，原来是融止。在这之前，我跟融止第一次相遇是在衡山的太古坪，第二次相遇是在衡州的绿竹庵，然后融止先一步返还了桂林，彼此约定在七星岩相会。等我到达七星岩的时候，遇到人就打听他的下落，但是并没有认识他的人。过了七星岩，以为已经没办法找到他了。来到这里忽然间意外地遇见了他，便留宿在他的岩洞中。于是向融止打听往北登上高处那个岩洞的路，融止说：“这个岩洞虽然高耸，临近山崖的右面，却没有可以往上攀登的台阶。大约那个岩洞南边的洞壁，与这个岩洞北边的洞底，只相隔一丈左右，如果从洞内走，可以凿一个孔通过去，洞外面再没有地方可以悬挂木梯了。”倚靠着栏杆向北面眺望，岩洞被岩石所挡，反而不能在近处观望，只有抬头朝西山遥望，才能一一观览西山诸峰。西山从北到南：最北边是虞山，再往南边是东镇门坐落的山，再往南边是木龙洞和风洞坐落的山，也就是桂山，再往南边是伏波山。这是城池东面的一支山脉。虞山的西边，最北面的是华景山，再往南面是马留山，再往南面是隐山，再往南面是侯山、广福王山。这是城池西面的一支山脉。坐落在伏波山、隐山之中的是独秀峰，在它的南边，雄踞在江口与它相对峙的山，是漓山、穿山。它们都在漓江的西面，所以称为西山。

游漓江日记

二十一日　候附舟者，日中乃行。南过水月洞东，又南，雉山、穿山、斗鸡、刘仙、崖头诸山，皆从陆遍游者，惟斗鸡未到，今舟出斗鸡山东麓。崖头有石门净瓶胜，舟隔洲以行，不能近悉。去省已十里。又东南二十里，过龙门塘[1]，江流浩然，南有山嵯峨骈立，其中峰最高处，透明如月挂峰头，南北相透。又东五里，则横山岩屼突江右。渐转渐东北行，五里，则大墟[2]在江右，后有山自东北迤逦来，中有水口，疑即大涧榕村[3]之流南下至此者。于是南转又五里，江右复有削崖屏立。其隔江为逗日井，亦数百家之市也。又南五里，为碧崖，崖立江左，亦西向临江，下有庵。横山、碧崖，二岩夹江右左立，其势相等，俱不若削崖之崇扩也。碧崖之南，隔江石峰排列而起，横障南天，上分危岫，几埒[4]巫山，下突轰崖，数逾匡老。于是扼江而东之，江流啮[5]其北麓，怒涛翻壁，层岚倒影，赤壁[6]、采矶[7]，失其壮丽矣。崖间一石纹，黑缕白章，俨若泛海大士，名曰沉香堂。其处南虽崇渊极致，而北岸犹夷豁，是为卖柴埠。共东五里，下寸金滩，转而南入山峡，江左右自是皆石峰巑岏[8]，争奇炫诡，靡不出人意表矣。入峡，又下斗米滩，共南五里，为南田站。百家之聚，在江东岸，当临桂、阳朔界。山至是转峡为坞，四面层围，仅受此村。过南田，山色已暮，舟人夜棹不休。江为山所托，傀[9]东傀南，盘峡透崖，二十五里，至画山，月犹未起，而山色空濛，若隐若现。又南五里，为兴平[10]。群峰至是东开一隙，数家缀江左，真山水中窟色也。月亦从东隙中出，舟乃泊而候曙，以有客欲早起赴恭城[11]耳。由此东行，有陆路通恭城。

【注释】

❶ 龙门塘：位于桂林市东边，漓江北岸。❷ 大墟：又作大圩，位于广西壮族自治区灵川县东南边，漓江的转折处。明代时是广西四大墟市之一。❸ 榕村：位于桂林市东银烛山西。❹ 埒（liè）：相等。❺ 啮（niè）：本义为咬，这里引申为江流侵蚀岩石。❻ 赤壁：公元 208 年，孙权与刘备联军，大败曹操于此。这个战场通常被认为是在今湖北省赤壁市西北的赤壁山，而据近人考证，应在今湖北省江夏区西的赤矶山。❼ 采矶：即采石矶，位于安徽省马鞍山市西南，长江东岸，是江防重地和著名古战场。❽ 巑岏：形容山势高耸的样子。❾ 傀（guǐ）：偶然。❿ 兴平：今作兴坪，位于桂林市阳朔县北境，漓江东岸。⓫ 恭城：即今桂林市恭城县，明为县，隶属平乐府。

【译文】

二十一日　等候搭船的乘客，到了中午才开船。往南面走，经过水月洞的东侧，又往南面走，经过雉山、穿山、斗鸡山、刘仙岩、崖头等众多山峰，这些都是在陆地上所游历过的地方，只有斗鸡山没有去过，现在船只从斗鸡山东麓驶过。崖头有石门、净瓶这两处胜景，船只隔着小洲行驶，不能靠近仔细观览。距离省城已经有十里的路程了。又往东南方向行驶了二十里路，途经龙门塘，江流浩浩荡荡，南面有高峻险峭的山峰并立，其中峰的最高处，有亮光透出，好似明月一般悬挂在峰头，南北相通。又往东面行驶了五里路，就看到突起兀立于江右岸的横山岩。渐渐转向了东北方，行驶了五里路后，就看到江右岸有大墟，后面有从东北方绵延而来的峰峦，其中有河口，怀疑就是来自大涧榕村的水流往南面流到这里的河口。于是往南边转又行驶了五里路，江的右岸又有陡削的山崖如屏风般矗立着。其隔江对岸是逗日井，也是有几百户人家的集市。又往南边行驶了五里路，到了碧崖，石崖耸立在江的左岸，也是向西边对着江流，下面有寺庵。横山、碧崖这两座山崖，夹立于江流左右，两崖山势相等，都没有削崖那样高大。碧崖的南面，隔江对岸的石峰排排挺立，横向遮住了南边的天空，上部分出险峻高峰，几乎能和巫山媲美，下部石崖崩裂突出，每每超过庐山五老峰。石峰在此处扼住江流向东面延伸而去，江流侵蚀着它的北麓，汹涌的波涛翻卷上石壁，层层云雾掩映着山影，相比之下，赤壁、采石矶都失去了它们壮丽的气势。崖壁上有一石纹，黑白花纹相间，特别像是飘洋过海的观音大士，叫作沉香堂。这里南面虽然极为高峻渊深，但是北岸依然平坦开阔，叫作卖柴埠。一共往东边行驶了五里路，下了寸金滩，转而向南面驶进山峡之间，江左右两岸从这里开始全是高耸突兀的石峰，它们争奇竞秀，无不出乎人的意料。进峡之后，又下了斗米滩，一共往南面行驶了五里路，到达南田站。这里聚居着百户人家，在江的东岸，正好位于临桂县、阳朔县的交界处。山到了这里变峡谷为山坞，四周层层环围，只能容纳下这个村落。过了南田站，山间的天色已经很晚了，船夫夜里不停地划船。江流被山体所衬托，时而往东行时而往南走，盘绕着峡谷穿过山崖，二十五里路后，到了画山，这时月亮还没有升起，而山色空蒙，若隐若现。又往南面行驶了五里路，来到兴平。到了这里，群峰在东边张开了一道缝隙，有几户人家点缀在江的左岸上，实在是山水中隐居的美景。月亮也从东边的缝隙中升出来了，船只于是停泊下来等待天亮，因为有乘客想要一早起身赶往恭城。从这里往东边走，有陆路通往恭城。

漓江自桂林南来，两岸森壁回峰，中多洲渚[1]分合，无翻流之石，直泻之湍，故舟行屈曲石穴间，无妨夜棹；第月起稽[2]缓，暗行明止，未免怅怅[3]。

【注释】

1 洲渚：即水中的小块陆地。2 稽：延迟，缓慢。3 怅怅：形容心中失意不愉快的样子。

【译文】

漓江从桂林向南边流去，两岸的山崖石壁排排耸立，峰峦回环盘绕，江中有很多小块陆地时而分列时而合并，没有使江流翻卷的岩石，没有奔腾直泻的急流，因此船只虽然行驶在弯弯曲曲的山石洞穴之间，却不影响夜里行船；只是月亮升起得十分缓慢，在黑暗之中行船，月明的时候却停下来不走，心中未免有些不太愉快。

二十二日　鸡鸣，恭城客登陆去，即棹舟南行。晓月漾波，奇峰环棹，觉夜来幽奇之景，又翻出一段空明色相矣。南三里，为螺蛳岩[1]。一峰盘旋上，转峙江右，盖兴平水口山也。又七里，东南出水绿村[2]，山乃敛锋。天犹未晓，乃掩篷就寐。二十里，古祚驿[3]。又南十里，则龙头山铮铮露骨，县之四围，攒作碧莲玉笋世界矣。

【注释】

❶ 螺蛳岩：位于阳朔县北境的兴坪，其岩特点是从任何角度看都像螺蛳，故名。❷ 水绿村：今作水洛，位于阳朔县北境，漓江东岸。❸ 古祚驿：应即今高州，位于阳朔县北境，漓江西岸。

【译文】

二十二日　早上鸡鸣的时候，要去恭城的乘客登岸离开后，即刻划船往南面行驶。拂晓的月亮荡漾在碧波之中，奇异的峰峦环绕着小船，觉得夜里那种幽奇的景色，又转而呈现出一片澄澈空旷的景象来。朝南面行驶了三里路，来到螺蛳岩。一座山峰向上盘旋，转而峙立于江的右岸，这大概是兴平的水口山。又行驶了七里路，从东南面驶过水绿村，山势这才收敛起锋芒。天还没有亮起来，我便掩下船篷躺下睡觉。船只行驶了二十里路后，到达古祚驿。又往南面行驶了十里路，就看到露出铮铮石骨的龙头山，县城的四周，峰峦攒聚，仿佛是一个碧莲玉笋的世界。

阳朔县[1]北自龙头山，南抵鉴山[2]，二峰巍峙，当漓江上下流，中有掌平之地，乃东面濒江，以岸为城，而南北属于两山，西面叠垣为雉，而南北之属亦如之。西城之外，最近者为来仙洞山，而石人、牛洞、龙洞诸山森绕焉，通省大路从之，盖陆从西而水从东也。其东南门鉴山之下，则南趋平乐，水陆之路，俱统于此。正南门路亦西北转通省道。直南则为南斗山延寿殿，今从其旁建文昌阁焉，无径他达。正北即阳朔山，层峰屏峙，东接龙头。东西城俱属于南隅，北则以山为障，竟无城，亦无门焉。而东北一门在北极宫下，仅东通江水，北抵仪安祠与读书岩而已，然俱草塞，无人行也。惟东临漓江，开三门以取水。从东南门外渡江而东，濒江之聚有白沙湾、佛力司诸处，颇有人烟云。

【注释】

❶ 阳朔县：设立于隋代开皇十年（公元590年），明代时隶属桂林府，即今广西壮族自治区桂林市阳朔县。这里群山环绕，风景名胜尤多。❷ 鉴山：即通常所说的碧莲峰，位于阳朔县城边，漓江西岸。

【译文】

阳朔县北边自龙头山起，往南至鉴山，两座山峰巍然雄峙，恰好处于漓江的上、下游，这中间有一块巴掌大的平地，其东面临江，便缘江岸构筑了城池，而南北两边连接着两座山峰，西边垒墙作为城墙，南北两边连接两座山峰的地方也是如此。城西的外面，离得最近的地方是来仙洞山，而石人、牛洞、龙洞等山繁密地环绕着它，去往省城的大路就经过那里，大概陆路是从西边走而水路是从东面行。阳朔县城东南门的鉴山下面，往南是去平乐府的路，水路和陆路，全在这里会聚。县城正南门的路也是往西北方向转而通向省城的。一直往南走就到了南斗山的延寿殿，如今它的旁边建起了文昌阁，没有通往别处的路。县城正北面就是阳朔山，重重叠叠的山峰如屏风般挺立着，东边与龙头山相接。东西两侧的城墙都连到城南边，北边则把山峰当作屏障，没有垒城墙，也没有设城门。而东北边的一道城门位于北极宫下面，往东只通到江水，往北只到达仪安祠和读书岩而已，然而都被荒草所阻塞，没有人行走。唯有在东侧临靠着漓江的地方，开了三道城门以方便取水。从东南门外面渡过江水朝东行，临江的村落有白沙湾、佛力司等地，人烟很是稠密。

上午抵城，入正东门，即文庙前，从其西入县治，荒寂甚。县南半里，有桥曰“市桥双月”，八景之一也。桥下水西自龙洞入城，桥之东，飞流注壑。壑大四五丈，四面从石盘突，是为龙潭，入而不溢。桥之南有峰巍然独耸，询之土人，名曰易山，盖即南借以为城者。其东麓为鉴山寺[1]，亦八景之一。“鉴寺钟声”。寺南倚山临江，通道置门，是为东南门。山之西麓，为正南门。其南崖之侧，间有罅如合掌，即土人所号为雌山者也。从东南门外小磴，可至罅傍。余初登北麓，即觅道上跻，盖其山南东二面即就崖为城，惟北面在城内，有微路级，久为莽棘所蔽。乃攀条扪隙，久之，直造峭壁之下，莽径遂绝。复从其旁蹑巉石，缘飞磴，盘旋半空，终不能达。乃下，已过午矣。时顾仆守囊于舟，期候于东南门外渡埠旁。于是南经鉴山寺，出东南门，觅舟不得，得便粥就餐于市。询知渡江而东十里，有状元山，出西门二里，有龙洞岩，为此中名胜，此外更无古迹新奇着人耳目者矣。急于觅舟，遂复入城，登鉴山寺。寺倚山俯江，在翠微中，城郭得此，沈彬[2]诗云“碧莲峰里住人家”，诚不虚矣！时午日铄金[3]，遂解衣当窗，遇一儒生以八景授。市桥双月、鉴寺钟声、龙洞仙泉、白沙渔火、碧莲波影、东岭朝霞、状元骑马、马山岚气。复北由二门觅舟，至文庙门，终不得舟。于是仍出东南门，渡江而东，一里至白沙湾[4]，则舟人之家在焉。而舟泊其南，乃入舟解衣避暑，濯[5]足沽醪[6]，竟不复搜奇而就宿焉。

【注释】

①鉴山寺：位于鉴山山麓，曾毁于战争，近年重建鉴山楼，并建了迎江阁，透过阁中的画窗，可眺览阳朔胜景。②沈彬：唐代诗人。③午日铄（shuò）金：形容天气酷热，正午的炎炎烈日能将金属熔化。铄，熔化。④白沙湾：位于阳朔县城东南面。漓江于此转了一大弯，因为河湾岸上遍地都是白沙，所以称作

白沙湾。岸上的村落也因此叫作白沙湾村。⑤濯（zhuó）：即洗。⑥沽醪（gū láo）：即买酒。沽，买。醪，《说文解字》中有“醪，汁滓酒也”，指浊酒，也是酒的总称。

【译文】

上午抵达县城，从正东门进去，就在文庙前，自文庙西侧走进县衙，非常荒凉寂静。县城南边半里处，有一座叫作“市桥双月”的桥，是八景之一。桥下的水流从西边的龙洞岩流进城中，桥的东边，飞泻的流水注入壑谷中。壑谷有四五丈大，四周岩石错落丛杂、盘结飞突，这是龙潭，只见水往里流进却不见水往外溢出。桥的南面有一座巍峨独耸的山峰，询问当地人，得知其名为易山，大概就是南面借以构筑城池的那座山。易山东麓是鉴山寺，也是八景之一。叫作“鉴寺钟声”。鉴山寺南面依山临江，有道路相通，设有城门，这就是东南门。山的西麓，是正南门。南面山崖的旁边，崖壁间有裂缝，就像合起来的手掌一样，这就是当地人称之为雌山的地方了。从东南门外面的小石磴，可以走到那个裂缝旁边。我起初攀爬北麓，便寻找向上登的路，原来这座山的南、东两面就是能够缘着山崖构筑城池的，只有北面在城内，有窄小的石阶小道，时间久了都被杂草荆棘遮蔽住了。于是攀着枝条缘着石缝走，很久之后，径直来到了峭壁之下，丛草杂生的小道便由此断绝了。又从峭壁旁侧踏着险绝的岩石，缘着腾空的石磴，盘旋辗转于半空中，始终不能到达。于是只好下山，已经过了中午。当时顾仆在船上看守行李，约好在东南门外的渡口码头边等候。从此处往南面路过鉴山寺，走出东南门，没有找到船，于是就在市场上买了方便的稀粥开始吃饭。向人询问后得知，渡江之后往东面走十里路，有一座状元山，从西门出去后走二里路，有一个龙洞岩，是这一带有名的胜景，除此之外，再没有古迹和新奇的景致能够吸引人的耳目了。由于急着找船，于是再次进城，登上鉴山寺。鉴山寺背倚着山面临着江，在一片青山之中，城郭里能有这样的景致，沈彬诗里所说的“碧莲峰里住人家”，确实是不假呀！这时正午的炎炎烈日仿佛能将金属熔化，于是解开衣服伫立在窗前，遇见一位儒生给我讲了八景。八景分别是市桥双月、鉴寺钟声、龙洞仙泉、白沙渔火、碧莲波影、东岭朝霞、状元骑马、马山岚气。又往北面经过了两道城门去寻找船，直到文庙门，始终没有找到。于是仍旧从东南门出去，渡江之后朝东面走，走了一里路到达白沙湾，船夫的家就在这里。而船停泊在他家的南边，于是进了船脱去衣服以躲避酷暑，洗了脚买了酒，最终没有再去探寻奇景就躺下来睡觉了。

白沙湾在城东南二里，民居颇盛，有河泊所在焉。其南有三峰并列，最东一峰曰白鹤山。江流南抵其下，曲而东北行，抱此一湾，沙土俱白，故以“白沙”名。其东南一溪，南自二龙桥来，北入江。溪在南三峰之东，逼白鹤西址出。溪东又有数峰，自南趋北，界溪入江口，最北者，书童山也，江以此乃东北逆转。

【译文】

白沙湾位于县城东南面二里处，人烟非常兴盛，有河泊所在此地。其南面有三座并列的山峰，最东边的一座山峰叫作白鹤山。江流往南流到山下，弯弯曲曲地朝东北方向流去，环抱着的这处水湾，沙土全是白色的，因此这处水湾用“白沙”来命名。其东南面有一条溪流，从南面的二龙桥流来，向北流进漓江。这条溪流在南面三座山峰以东，逼近白鹤山的西山脚而流出去。溪流的东边又有几座山峰，从南往北延伸，处在溪流的入江口，最北边的山峰，是书童山，江水从这里便朝东北方向逆转而去。

二十三日　早索晨餐，从白沙随江东北行。一里，渡江而南，出东界书童山之东。由渡口东望，江之东北岸有高峰耸立，四尖并起，障江南趋。其北一峰，又岐分支石，缀立峰头作人形，而西北拱邑，此亦东人山之一也。既渡，南抵东界东麓。陂塘高下，林木翛然[1]，有澄心亭峙焉，可憩。又东一里，过穆山村，复渡江而东，循四尖之南麓趋出其东，山开目旷，奇致愈出。前望东北又起一峰，上分二岐，东岐矮而欹斜，若僧帽垂空，西岐高而独耸，此一山之二奇也。四尖东枝最秀，二岐西岫最雄，此两山之一致也。而回眺西南隔江，下则尖崖并削，上则双岫齐悬，此又即书童之南，群峰所幻而出者也。时循山东向，又五里已出二岐，东南逾一岭而下，是为佛力司。司当江南转处，北去县十里。置行李于旅肆，问状元峰而上，犹欲东趋，居人指而西，始知即二岐之峰是也。西峰最高，故以状元名之。乃仍逾后岭，即从岭上北去，越岭北下，西一里，抵红旗峒。竟峒，西北一里抵山下，路为草没，无从得上，乃攀援踯躅，渐高渐得磴道，旋复失之，盖或翳或现，俱草之疏密为岐也。西北上一里，逾山西下坳，乃东北上二里，逾山东上坳，此坳乃两峰分岐处也。从坳西北度，乱石重蔓，直抵高峰，崖畔则有洞东向焉。洞门虽高，而中不深广，内置仙妃像甚众，土人刻石于旁，言其求雨灵验，又名富教山焉。洞上悬窍两重，檐覆而出，无由得上。洞前有峰东向，即似僧帽者。其峰亦有一洞西与兹山对，悬崖隔莽，不能兼收。坐洞内久之，东眺恭城，东南瞻平乐，西南睨荔浦[2]，皆重山横亘。时欲一登高峰之顶，洞外南北俱壁立无磴，从洞南攀危崖，缘峭石，梯险踔虚，猿垂豹跃，转从峭壁之南，直抵崖半，则穹然无片隙，非复手足之力所及矣。时南山西市，雨势沛然，计上既无隙，下多灌莽，雨湿枝缪，益难着足。亟投崖而下，三里，至山足，又二里，逾岭，饭于佛力肆中。居人苏氏，世以耕读起家，以明经[3]贡者三四人。见客至，俱来聚观，言此峰悬削，曾无登路。数年前，峰侧有古木一株，其仆三人祷而后登，梯转緪[4]级，备极其险，然止达木所，亦未登巅，此后从无问津者。下午，雨中从佛力返，共十里，仍两渡而抵白沙湾，遂憩舟中。

【注释】

①翛（xiāo）然：形容自由自在、无拘无束的样子。②荔浦：即今桂林市荔浦县，

明为县，隶属平乐府。③ 明经：是唐代时科举制度的一个科目，和进士科并列，主要考经义。到了明清时，明经则用作贡生的别称。④ 絚（gēng）：指粗绳子。

【译文】

二十三日　清晨找了早餐吃后，从白沙湾顺着江水往东北方向行进。一里路后，渡江朝南面走，过了东界书童山的东边。从渡口往东面看去，江的东北岸挺立着高峻的山峰，四个山尖并排高耸，挡住江水往南流。它北边的一座山峰，又岔分出岩石，缀立在峰头，形状像人，并面向西北方作拱手揖拜状，这也是东人山之一。渡江之后，往南面走抵达东界的东麓。高处低处都是池塘，树木自在地生长着，有一座澄心亭屹立在此，可供休憩。又往东边走了一里路，经过穆山村，又渡江朝东走，顺着四座尖山的南麓赶往它的东侧，这里山势开阔眼界宽广，奇特的景象越发显现出来。往前看去，东北方又突起一座山峰，山峰上部分为两岔，东岔低矮而倾斜，好像僧人的帽子悬垂在半空中，西岔高峻而独耸，这是同一座山峰的两种奇景。四座尖山中属东边的支峰最为秀丽，分为两岔的山峰的西峰最为雄壮，这是两座山峰的一致之处。回头眺望西南面隔江对岸处，下边是一座座陡峭的尖崖，上面却是高高悬峙的双峰，这又是在书童山南侧，看到的群峰变幻而显现出来的景象。此时顺着山峰往东边走，又走了五里路，就走出了分为两岔的那座山峰，往东南面翻过一座山岭朝下走，来到佛力司。佛力司处于江流往南转弯的地方，北边距离县城有十里的路程。将行李安放在旅店中，询问了前往状元峰的路便开始往上攀登，还想着向东面急行，居民却指往西边，才知道就是那座分为两岔的山峰了。西峰最高，因此以状元来命名。于是仍旧翻过后面的山岭，即刻从岭上向北边走，越过山岭后朝北下山，往西面走一里路，到达红旗峒。走完全峒，向西北方向走了一里路来到山下，路被草遮蔽住了，无法往上走，于是只得跌跌撞撞地向上攀缘，随着越登越高，渐渐地找到了有石磴的道路，可是没多久路就又消失了，大体上道路一会儿被遮住一会儿又显现出来，都是由草丛的疏密程度决定的。往西北方向登山一里，越过山从西面下到山坳中，然后往东北方向上山二里，越过山从东面登上山坳，这个山坳就是两座山峰的分岔处了。从山坳朝西北方向越过去，乱石重叠蔓延，直达高峰，山崖旁边就有一个洞面朝东方。洞口虽然很高，但是洞内不幽深也不宽阔，里面摆放着许多仙妃像，旁边有当地人刻的石碑，石碑上说向她们求雨十分灵验，又叫富教山。洞的上方悬有两层洞穴，像屋檐那样倾覆在外，没办法上去。洞的前面有一座朝东绵延的山峰，就是那座像僧人帽子的山峰。那座山峰上也有一个洞朝西面与这座山对望，隔着悬崖丛莽，不能尽览美景。在洞里坐了很长时间，往东面眺望恭城县，往东南面远看平乐府，朝西南面斜视荔浦县，都有重重叠叠的山峰横亘着。这时想要一口气登上高峰的顶端，洞外南北两面都耸立着悬崖峭壁，没有石磴，从洞南面攀登高峻的山崖，缘着陡峭的岩石，踏着险路，跳过虚空，像猿猴那样悬垂着，如豹子般地跳跃着，转而从峭壁的南面，直达悬崖半腰，这里则是高高隆起，没有一丝缝隙，不再是手足的力量所能达成的了。此时南面的山峰和西边的集市上空，雨势很大，考虑着上面已经没有裂缝，而脚下杂草丛生，雨水潮湿，枝蔓盘结，更加难以落脚。于是急忙下了悬崖，走了三里路，到达山脚，又走了二里路，越过山岭后，回到佛力司的旅店中吃饭。居民姓苏，世代靠耕田读书起家，靠考明经科而成为贡生的人有三四个。见有客人到来，都聚过来观看，说这座山峰高悬陡峭，有如刀削，从来没有向上攀登的道路。几年以前，山峰侧旁有一棵古树，他家的三个仆人祈祷之后开始登山，靠梯子、粗绳一层层往上转，饱经艰难险阻，然而只到达那棵古树所在的地方，也没有登上峰顶，从那之后再也无人问津。下午，冒着雨从佛力司返回来，一共走了十里路，仍旧两次渡江后到达白沙湾，于是歇息在船中。

佛力司之南，山益开拓，内虽尚余石峰离立，而外俱绵山亘岭，碧簪玉笋之森罗，北自桂林，南尽于此。闻平乐以下，四顾皆土山，而巉厉之石，不挺于陆而藏于水矣。盖山至此而顽[1]，水至此而险也。

【注释】

①顽：本义指愚钝、固执，这里引申为圆浑。

【译文】

佛力司的南边，山势更加开阔起来，里面虽然还有残余的石峰独耸，外围却都是绵延的峰峦和横亘的山岭，宛如碧玉簪、白玉笋一般地排排罗列着，北面从桂林而起，南边到此地穷尽。听说平乐府以下，四下望去全是土山，而陡峻险峭的岩石，不是挺拔于陆地上，而是藏匿在水中。山势大体上到了这里就圆浑起来，水势到了这里却险恶起来。

游白水河瀑布日记

二十三日　雇短夫[1]遵大道南行。二里，从陇头东望双明西岩，其下犹透明而东也。洞中水西出流壑中，从大道下复西入山麓，再透再入，凡三穿岩腹，而后注于大溪。盖是中洼壑，皆四面山环，水必透穴也。又南逾阜，四升降，共四里，有堡在南山岭头。路从北岭转而西下，又二里，有草坊当路，路左有茅铺一家。又西下，升陟陇壑，共七里，得聚落一坞，曰白水铺[2]，已为中火铺矣。又西二里，遥闻水声轰轰，从陇隙北望，忽有水自东北山腋泻崖而下，捣入重渊，但见其上横白阔数丈，翻空涌雪，而不见其下截，盖为对崖所隔也。复逾阜下半里，遂临其下流，随之汤汤西去，还望东北悬流，恨不能一抵其下。担夫曰："是为白水河。前有悬坠处，比此更深。"余恨不一当其境，心犹慊慊[3]。随流半里，有巨石桥架水上，是为白虹桥。其桥南北横跨，下辟三门，而水流甚阔，每数丈，辄从溪底翻崖喷雪，满溪皆如白鹭群飞，"白水"之名不诬矣。度桥北，又随溪西行半里，忽陇箐亏蔽，复闻声如雷，余意又奇境至矣。透陇隙南顾，则路左一溪悬捣，万练飞空，溪上石如莲叶下覆，中剜三门，水由叶上漫顶而下，如鲛绡[4]万幅，横罩门外，直下者不可以丈数计，捣珠崩玉，飞沫反涌，如烟雾腾空，势甚雄厉，所谓"珠帘钩不卷，匹练挂遥峰"，俱不足以拟其壮也。盖余所见瀑布，高峻数倍者有之，而从无此阔而大者，但从其上侧身下瞰，不免神悚。而担夫曰："前有望水亭，可憩也。"瞻其亭，犹在对崖之上，遂从其侧西南下，复度峡南上，共一里余，跻西崖之巅。其亭乃覆茅所为，盖昔望水亭旧址，今以按君道经，恐其停眺，故编茅为之耳。其处正面揖飞流，奔腾喷薄之状，令人可望而不可即也⑤。停憩久之，从亭南西转，涧乃环山转峡东南去，路乃循崖拾级西南下。

【注释】

①短夫：指短程挑夫。②白水铺：位于贵州省安顺市镇宁布依族苗族自治县西境，打帮河稍东的公路旁边。今称白水或白水河。③慊慊（qiàn）：遗憾。④鲛绡（jiāo xiāo）：传说中鲛人织的绡，也泛指凉爽而名贵的薄纱。⑤"奔腾"二句：白水河就是今天的打帮河。以上所描述的是中国最大的瀑布群——黄果树瀑布群。这个瀑布群位于镇宁布依族苗族自治县和关岭布依族苗族自治县之间，由 18 个各具风姿的大小瀑布组成，其中黄果树大瀑布最为雄壮，因此统称为黄果树瀑布群。黄果树大瀑布高 67 米，宽 60 米，是主瀑；而最高瀑布是高滩瀑布，高达 120 米；最宽瀑布是陡坡塘瀑布，宽约 105 米。瀑布奔泻成潭，以犀牛潭规模最大，最为壮观。另外，这里的岩溶现象十分突出，有"十山九空"之称，者斗洞、观音洞、水帘洞和伙牛洞是其中的四大名洞。

【译文】

二十三日　雇了一个短程挑夫后沿着大路向南面行进。走了二里路，从陇头往东边观望双明洞的西岩，西岩下面依然向东透着亮光。洞里的水往西边淌出来后流进壑谷之中，从大路下方再朝西边流进山麓，两次渗出两次流入，总共三次从石山腹穿流而过，然后注入大溪。大概此处中间是洼壑，四面都被山峦所环绕，水流必须透过洞穴才能够外泄出去。又往南边越过了山阜，经过四次攀上四次下降，一共走了四里路，有一个土堡在南山岭头。路从北岭转向西面朝下走，又走了二里路，有一座茅草牌坊立在路中间，路的左侧有一家茅草店铺。又向西面朝下走，在土垄壑谷之间跋涉，一共走了七里路，在山坞中遇到一个村落，叫作白水铺，已经是中火铺了。又往西边走了二里路，远远地听见了轰轰隆隆的水声，从山垄的缝隙中向北边看，忽然看见有水从东北面的山窝向山崖下面倾泻，冲捣进深渊，只见它的上半截横飞着白色的水流，有好几丈宽，仿佛腾空翻涌而起的雪花，却看不见它的下半截，原来是被对面的山崖阻挡住了。再越过山阜往下走半里路，便接近了瀑布的下游，顺着浩浩荡荡的水流朝西面走去，回过头来观望东北面悬挂着的激流，我恨不得能够直奔其下看一看。挑夫说："这是白水河。前面有个地方的水流从高处悬空下坠，比这里更深。"我恨不能亲临其境，心里仍然很是遗憾。顺着水流走了半里路，有一座巨大的石桥架设在水上，这是白虹桥。这座桥呈南北向横跨在水上，下边开着三个桥洞，而水流非常宽阔，每个桥洞都有几丈宽，水就从河流底部翻过石崖溅起雪白的浪花，整条溪流上都好像有成群的白鹭在飞翔，"白水"这个名字名副其实啊。过桥到了桥北，又沿着河水往西面走了半里路，忽然看见山垄亏缺，树木遮天蔽日，又听到如雷轰鸣一般的水声，我料想又来到了一处奇美的境地。透过山垄的缝隙往南面回望过去，只见路的左侧有一条河流悬空直捣下来，犹如万条白绢在空中飞舞，溪流之上的岩石宛如荷叶一样低伏在水面上，中部是似刀剜的三个洞，水流从荷叶上面漫过顶部倾泻而下，有如万匹凉爽而名贵的薄纱，横罩在洞门之外，飞流下泻的距离无法用丈来计算，如同冲捣的珍珠，好似迸溅的玉屑，水沫四溅，浪涛回涌，仿佛烟雾腾空缭绕一般，气势十分雄壮迅猛，所谓"珠帘钩不卷，匹练挂遥峰"这样的诗句，都不足以形容它的壮丽气势。大体上我所见过的瀑布，有比它高峻好几倍的，却从来没有见过像这样宽而大的，只是从瀑布上方侧身向下观望，就免不得神魄悚然。而挑夫说："前面有一座望水亭，可供人休息。"远看那座亭子，还居于对面的山崖上，于是从瀑布旁侧朝西南方向往下走，再次穿过峡底向南面上山，共走了一里多路，登上了西侧山崖的顶端。这座亭子是用茅草建盖而成的，也许是以前望水亭的旧址，现在因为巡按大人要经过这里，担心他会停下来眺览一番，因此就用茅草搭成了这座亭子。此处正好可以面对着飞流揖拜致礼，飞流奔涌喷发的样子，令人可望而不可即。停下来休息了很长时间，从亭子南面往西面转去，涧流绕着山峰、顺着峡谷朝东南方向流去，道路则顺着山崖、沿着石阶朝西南面下山。

又升陟陇壑四里，西上入坞，有聚落一区在东山下，曰鸡公背。土人指其东南峰上，有洞西北向，外门如竖而内可容众，有"鸡公"焉，以形似名也。其洞东透前山，而此

坞在其后，故曰“背”。余闻之，乃贾勇先登，冀一入其内。比登，只有一道西南上，随之迤逦攀跻，竟无旁岐。已一里，登岭头矣，是为鸡公岭。坳中有佛宇。问洞何在，僧指在山下村南，已越之而上矣。担夫亦至，遂逾岭西向下，半里，抵壑中。又半里，有堡在南陇，曰太华哨[1]。又西上岭，逾而西，又一里，乃迤逦西南下，甚深。始望见西界遥峰，自北而南，屏立如障，与此东界为夹，互相颉颃[2]；中有溪流，亦自北而南，下嵌壑底[3]。望之而下，一下三里，从桥西度，是为关岭桥。越桥，即西向拾级上，其上甚峻。二里，有观音阁[4]当道左，阁下甃石池一方，泉自其西透穴而出，平流池中，溢而东下，是为马跑泉，乃关索之遗迹也。阁南道右，亦有泉出穴中，是为哑泉，人不得而尝焉。余勺马跑，甘冽次于惠，而高山得此，故自奇也，但与哑泉相去不数步，何良楛[5]之异如此！由阁南越一亭，又西上者二里，遂陟岭脊，是为关索岭。索为关公子，随蜀丞相诸葛南征，开辟蛮道至此。有庙，肇自国初[6]，而大于王靖远，至今祀典不废。越岭西下一里，有大堡在平坞中，曰关岭铺，乃关岭守御所[7]所在也。计其地犹在山顶，虽下，未及三之一也。至才过午，夫辞去，余憩肆中。

【注释】

①太华哨：今作大花哨，位于贵州省安顺市关岭布依族苗族自治县东境，打帮河与坝陵河之间的公路旁边。②颉颃（xié háng）：彼此抗衡，不相上下。③“中有溪流”三句：这条溪流今作坝陵河，从北往南流入打帮河。④观音阁：即双泉寺，清代时也称作龙泉寺，如今仅存石基。位于关索岭的东半山，古驿道的北侧。⑤楛（kǔ）：恶劣。⑥国初：明代时，人们将朱元璋建的明朝之初称为国初。⑦关岭守御所：即今贵州省中部的关岭布依族苗族自治县。

【译文】

又在山垄壑谷之间跋涉了四里路，朝西面上坡走进一个山坞，有一片村落坐落于东山下，叫作鸡公背。当地人指着说在村落东南面的山峰上，有一个洞口朝向西北的山洞，其外面的洞口就像一道竖缝，而洞里面可以容纳很多人，其中有“鸡公”，因为形状相似而命名。这个山洞往东面通往前山，而这个山坞在山洞的后面，所以叫作“背”。我听了这些话，便鼓足勇气首先登山，希望进洞一探究竟。等到登山的时候，发现只有往西南面攀登的一条路，顺着这条弯弯曲曲的路向上攀登，竟然没有一个岔道。走了一里路后，便登上了岭头，这就是鸡公岭。山坳之中有一个佛寺。询问山洞在哪里，僧人指着说在山下村落的南面，原来我们已经超过山洞走了上来。挑夫也赶到了，于是翻过山岭往西面下山，走了半里路后，来到壑谷中。又走了半里路，看到有一个堡在南面的山垄上，叫作太华哨。又往西面登岭，越过山岭朝西走，又是一里路，便沿着弯弯曲曲的路向西南面下了山，山谷非常深。这才望见西边远处的一列峰峦，从北向南，如屏障一般耸立着，与这边东面的一列峰峦夹峙而立，相互抗衡；这中间有一条溪流，也是从北往南流，镶嵌在下面的壑谷底部。望着溪流往山下走，一下就是三里路，从桥上往西边走，就是关岭桥。过了桥后，立刻朝西面沿着石阶往上攀登，石阶十分陡峻。走了二里路后，有观音阁坐落于路的左侧，阁下面有一个用石块砌成的方形池塘，泉水从池塘的西边穿过小孔流出来，平缓地流入池塘中，从池塘中溢出后朝东面流下去，就是马跑泉，这是关索的遗迹。观音阁南面道路的右侧，也有泉水从小孔里面流出来，这是哑泉，人不能喝这里的水。我从马跑泉中舀水喝，其清凉甘甜的滋味仅次于惠泉，然而高山上能有这样的泉水，本来就是一件奇事了，但是这里距离哑泉不到几步远，为什么好坏的差别如此之大呢！从观音阁向南面走过一座亭子，又往西面向上攀登二里路，随即便登上了岭脊，这就是关索岭。关索是关公之子，他跟随蜀国丞相诸葛亮南征，开辟蛮道来到了这里。这里有座神庙，始建于开国之初，后来经由王靖远扩建，至今祭祀之礼都没有被废除。翻过山岭向西面往下走一里路，有一个大堡坐落在平坦的山坞中，叫作关岭铺，这是关岭守御所的所在地。推想此地还处于山顶，虽然一直在往下走，但是还没有走到三分之一呢。抵达关岭铺的时候才过中午，挑夫告辞后离去了，我留在旅店中歇息。

游盘江桥日记

戊寅[1]四月二十五日　晨起，自鼎站西南行。一里余，有崖在路右，上下各有洞，洞门俱东南向，而上洞尤空阔，以高不及登。路左壑泉已成涧，随之南半里，山回壑尽，脊当其前，路乃上跻，水则自其下入穴。盘折二里，逾坳脊，是为梅子关。越关而西，路左有峡，复坠坑而下，东西径一里，而西复回环连脊。路循其上平行而西，复逾脊，始下陟。二里，又盘坞中山西南转，二里，复西北上，一里，是为黄土坝[2]。盖鼎站之岭，至此中降，又与西岭对峙成峡，有土山中突而连属之，其南北皆坠峡下，中踞若坝然，其云黄土坝者以此。有数家倚西山而当其坳，设巡司以稽察焉。又上逾岭脊，共五里为白云寺[3]。于是遂西南下，迤逦四里，途中扛担络绎[4]，车骑相望，则临安道母忠，以钦取[5]入京也。司道无钦取之例，其牌如此，当必有说。按母，川人，本乡荐[6]，岂果有卓异特达圣聪耶？然闻阿迷之僭据[7]未复，而舆扛之纷纭实繁，其才与操，似俱可议也。又至坞底，西北上一里，为新铺[8]。由铺西稍逾岭头，遂直垂垂下。

【注释】

①戊寅：即明崇祯十一年（公元1638年）。②黄土坝：今作黄土坡，也叫黄丰，位于贵州省关岭布依族苗族自治县西境公路旁边。③白云寺：今作白云，又叫白英哨，位于黄土坡稍往西边的公路旁边。④络绎：接连不断，往来不绝。络，

指前后相接。绎，指连续不绝。5 钦取：指皇帝取用。6 乡荐：明代时，每三年在各省举行的一次科举考试，称作乡试，而乡试取中为举人者，称领乡荐。7 僭（jiàn）据：僭越名位，非法割据。僭，指超越本分。8 新铺：位于关岭布依族苗族自治县的西边。

【译文】

戊寅年四月二十五日　早上起床后，从鼎站往西南方向行进。走了一里多路，看到道路右侧有座山崖，山崖上下各有一个洞，洞口都朝着东南方向，而上洞特别空阔，因为太高了所以没来得及向上攀登。道路左侧壑谷中的泉水已经变成了涧流，顺着涧流往南面走了半里路，只见峰峦回环，壑谷穷尽，山脊挡在前方，道路的趋势便向上升去，涧水则从山下流进了洞穴里。盘旋曲折地行进了二里路，翻过山坳上的山脊，来到了梅子关。越过梅子关往西面走，道路左侧有个山峡，又下陷为坑谷，东西方向的直径有一里的距离，而西边又回绕过来连接山脊。沿着峡上的道路平缓地往西面走，又翻过山脊，才开始向下跋涉。走了二里路，又绕着坞中的山峰往西南方向转，二里路后，再朝西北方向上山，一里路后，就是黄土坝。大概鼎站的山岭，到了这里从中下降，又和西岭对峙而立形成峡谷，有一座土山在峡谷中突起并和它相连接，土山的南北面都下陷在峡谷之中，盘踞在峡谷中央就像堤坝一样，它被称作黄土坝就是这个原因。有几户人家傍靠着西山居住在山坳之间，设置了巡检司以便稽查。又向上越过了岭脊，一共走了五里路来到白云寺。从这里便往西南方向下行，曲曲折折地走了四里路，途中扛轿挑担的人川流不息，车马相望，这是临安道道员母忠，被皇帝取用进京。司、道一级的官吏，没有被皇帝直接取用的成例，他的行道牌上这样写，肯定有他的道理。据调查，母忠是四川人，原本是乡荐出身，难道果然是有卓越而特异的政绩传递到了皇帝的耳朵里吗？然而听说阿迷州的非法割据还没有收复，而扛轿挑担喧嚷纷杂，实在是太繁华了，这个人的才能与操守，似乎都有可以议论的地方。又来到了坞底，朝西北方向往上攀登了一里路，到达新铺。从新铺的西边不远处翻过岭头，便垂直下山去了。

五里，过白基观。观前奉真武，后奉西方圣人，中颇整洁。时尚未午，驼骑[1]方放牧在后，余乃入后殿，就净几，以所携纸墨，记连日所游；盖以店肆杂沓，不若此之净而幽也。僧檀波，甚解人意，时时以茶蔬米粥供。下午，有象过，二大二小，停寺前久之。象奴下饮，濒去，象辄跪后二足，又跪前二足，伏而候升。既而驼骑亦过，余方草记甚酣，不暇同往。又久之，雷声殷殷[2]，天色以云幕而暗，辞檀波，以少礼酬之，固辞不受。

【注释】

❶驼骑：这里指马帮。❷殷殷（yǐn）：形容震动的声音。

【译文】

走了五里路，经过白基观。白基观的前殿中供奉着真武大帝，后殿中供奉着西方佛祖，观内非常整洁。此时还没有到中午，马帮正在后边放牧，我于是进入后殿，就着干净的几案，用随身携带的纸墨，开始记录连日以来所游历过的地方；这是因为旅店里过于纷繁杂乱，不如此处这样清洁而幽静。僧人檀波，十分懂得别人的心意，常常给我送来一些茶水、蔬菜、米粥。下午的时候，有大象经过这里，两头大的两头小的，在寺前停留了很长时间。赶象的仆人下来喝水，临走的时候，大象就先跪下后面的两条腿，再跪下前面的两条腿，伏在地上等待站立起来。不一会儿，马帮也过去了，我草记游程的兴致正十分浓厚，顾不得和他们一同起程。又过了很长时间，雷声轰隆隆地响了起来，天色由于云层的遮蔽而昏暗了下来，跟檀波辞别的时候，我用一点儿礼金酬谢他，可是他坚决推辞，不肯接受。

初，余以为去盘江[1]止五里耳，至是而知驼骑所期旧城，尚在盘江上五里，亟为前趋。乃西向直下三里，有枯涧自东而西，新构小石梁跨之，曰利济桥。越桥，度涧南，又西下半里，则盘江沸然[2]，自北南注。其峡不阔而甚深，其流浑浊如黄河而甚急。万山之中，众流皆清，而此独浊，不知何故？余三见此流：一在武宣入柳江，亦甚浊；一在三镇北罗木渡，则清；一在此，复浊。想清乃涸时也。

【注释】

❶ 盘江：此指北盘江。发源于云南省乌蒙山脉马雄山的西北麓，在贵州省的双江口与南盘江汇合后称红水河。❷ 沸然：形容水腾涌的样子。

【译文】

一开始，我以为距离盘江只有五里的路程了，来到这里之后才知道和马帮所约定的旧城，还在盘江以上的五里处，急忙朝前面赶路。于是往西面一直下行了三里路，看到有一条干枯的山涧从东往西延伸，新建构的小石桥横跨其上，叫作利济桥。过了利济桥，来到山涧的南边，又朝西面下行了半里路，就看见腾涌的盘江，从北向南流注。盘江峡谷不是很宽但是非常深，其间的水流像黄河水一样浑浊而且非常湍急。在万山之中，众多河流都是清澈的，而唯独盘江浑浊不堪，不知道这是什么缘故呢？我三次看到这条江流：一次是从武宣进入柳江的时候，也是非常浑浊；一次是在三镇北面的罗木渡，则是清澈的；一次是在这里，又变得浑浊起来。我推想水流清澈是在干涸的时候。

循江东岸南行，半里，抵盘江桥[1]。桥以铁索，东西属两崖上为经，以木板横铺之为纬。东西两崖，相距不十五丈，而高且三十丈，水奔腾于下，其深又不可测。初以舟渡，多漂溺之患[2]；垒石为桥，亦多不能成。崇祯四年[3]，今布政[4]朱，名家民，云南人。时为廉宪[5]，命安普游击[6]李芳先四川人。以大铁链维两崖，链数十条，铺板两重，其厚仅八寸，阔八尺余，望之飘渺，然践之则屹然不动，日过牛马千百群，皆负重而趋者。桥两旁，又高维铁链为栏，复以细链经纬为纹。两崖之端，各有石狮二座，高三四尺，栏链俱自狮口出。东西又各跨巨坊。其东者题曰“天堑云航”，督部朱公所标也；其西者题曰“□□□□”，傅宗龙[7]时为监军御史所标也。傅又竖穹碑，题曰“小葛桥”，谓诸葛武侯以铁为澜沧桥，数千百载，乃复有此，故云。余按，“渡澜沧，为他人[8]”乃汉武故事，而澜沧亦无铁桥；铁桥[9]故址在丽江，亦非诸葛所成者。桥两端碑刻祠宇甚盛，时暮雨大至，不及细观。度桥西，已入新城门内矣。左转瞰桥为大愿寺。西北循崖上，则新城所环也。自建桥后，增城置所，为锁钥之要[10]云。闻旧城尚在岭头五里，急冒雨竭蹶跻级而登。一里半，出北门。又北行半里，转而西，逶迤而上者二里，雨乃渐霁。新城内所上者峻，城外所上者坦。西逾坳，循右峰北转，又半里，则旧城悬岭后冈头矣。入东门，内有总府镇焉。其署与店舍无异。早晚发号用喇叭，声亦不扬，金鼓之声无有也。青崖总兵姓班，三汊总兵姓商，此间总兵姓胡。添设虽多，而势不尊矣。是夜，宿张斋公家；军人也。

【注释】

❶盘江桥：历代经多次重修，现为铁梁吊桥。位于今贵州省晴隆县与关岭布依族苗族自治县交界处的北盘江上。❷漂溺之患：指冲没溺水的灾难。❸崇祯四年：即公元1631年。❹布政：古代官名，即布政使，明代时为一省的最高行政长官。❺廉宪：古代官名，明代时各省设提刑按察使，职掌一省的司法。因元代时设有肃政廉访使，其职掌与按察使大略相同，因此按察使也尊称为廉宪。❻游击：古代武官名，明代时沿边守军中设有游击将军，分掌驻地的防守应援。❼傅宗龙：字仲纶，号括苍，云南省昆明人。明万历三十八年（公元1610年）进士，历任铜梁知县、贵州巡按、四川巡抚、兵部尚书。崇祯十四年（公元1641年），在镇压明末农民起义时被杀。❽渡澜沧，为他人：《华阳国志·南中志》卷四中载："孝武时，通博南山，度兰仓水、耆溪，置嶲唐、不韦二县，徙南越相吕嘉子孙宗族实之，因名不韦，以彰其先人恶。行人歌之曰：'汉德广，开不宾，渡博南，越兰津，渡兰仓，为他人。'渡兰仓水以取哀牢地，哀牢转衰。"其中的兰仓水就是今天的澜沧江。❾铁桥：唐代时即有铁桥，为吐蕃所建，位于今云南省玉龙县西北塔城关附近的金沙江上，是从云南通往西藏的交通要道。❿锁钥之要：这里指军事重镇所在的重要地点。锁钥，本义为开锁的器具，后比喻为成事的关键所在。

【译文】

沿着盘江东岸往南面行进，半里路后，抵达盘江桥。盘江桥的桥身使用铁链，其东西两边与两端山崖相连接构成纵向的桥体，用木板横向铺在铁链上构成横向的桥体。东西两端的山崖，相距不到十五丈，而高处接近三十丈，江水在桥下奔腾，水的深度难以测量。一开始人们用船摆渡，常常发生冲没溺水的灾难；用石块垒砌成桥，也大多不能建成。崇祯四年，如今的朱布政使，名字叫作朱家民，是云南人。时任提刑按察使，他命令安普的游击将军李芳先四川人。将大铁链系在两端的山崖上，有好几十条铁链，铁链上面铺了两层木板，木板只有八寸厚，宽有八尺多，远远望去，桥身飘飘荡荡地向深远处延伸，然而踩在上面则很稳固，岿然不动，每天有千百群牛马从上面经过，都是载着重物赶路的。桥的两边，又高高地系着铁链作为栏杆，再使用细铁链纵横连接成网。两端的山崖上，各有两尊石狮，高三四尺，做成栏杆的铁链全从石狮口中伸出来。东西两边又分别横跨着巨大的牌坊。东边的那座牌坊上题写着“天堑云航”，为总督朱公所题；西边的那座牌坊上题写着“□□□□”，是傅宗龙时任监军御史的时候题写的。傅宗龙又竖立了一块圆形石碑，题上“小葛桥”，是说武侯诸葛亮使用铁链建造了澜沧桥，算起来有千百年了，这才又有了这座桥，因此这样题写。据我考证，“渡澜沧，为他人”是发生在汉武帝时期的事，而且澜沧江上也没有铁桥；铁桥旧址在丽江，也不是诸葛亮建造的。桥两端的碑刻和祠堂庙宇众多，这时黄昏的雨骤然降临，来不及细细观看。过到桥西，就已经进入新城门里面了。转向左边后俯瞰大桥，旁边就是大愿寺。朝西北方向顺着山崖往上攀登，就来到新城所环绕的地方了。自从铁桥建成以后，这里又增建了城池、设置了卫所，成为军事重镇所在的重要地点了。听说旧城还在五里以外的岭头，于是急忙冒着雨不遗余力而跌跌撞撞地攀登石阶而上。一里半路后，出了北门。又往北面走了半里路，转而往西行，沿着弯弯曲曲的路向上走了二里，才渐渐地雨过天晴。从新城内向上登山的路很陡峻，从城外向上登山的路要平缓一些。向西面越过山坳，沿着右侧的山峰转而向北走，又是半里路，就看见旧城高高地悬在岭后的山冈头上。进入东门，里面有总兵府镇守。总兵府衙和旅店的房舍没什么差别。早上和晚上发号令使用喇叭，声音也不洪亮，没有锣鼓之声。青崖城的总兵姓班，三汊河的总兵姓商，此地的总兵姓胡。增设的总兵虽多，但他们的权势并不尊贵。这天晚上，投宿于张斋公家；他是军人。

游太华山记

出省城[1]，西南二里下舟，两岸平畴夹水。十里田尽，萑苇[2]满泽，舟行深绿间，不复知为滇池巨流，是为草海。草间舟道甚狭，遥望西山绕臂东出，削崖排空，则罗汉寺也。又西十五里抵高峣[3]，乃舍舟登陆。高峣者，西山中逊处[4]也。南北山皆环而东出，中独西逊，水亦西逼之，有数百家倚山临水，为迤西[5]大道。北上有傅园，园西上五里，为碧鸡关，即大道达安宁州者。由高峣南上，为杨太史[6]祠，祠南至华亭、太华[7]，尽于罗汉，即碧鸡山南突为重崖者。盖碧鸡山自西北亘东南，进耳诸峰由西南亘东北，两山相接，即西山中逊处，故大道从之，上置关，高峣实当水埠焉。

【注释】

①省城：指的是明代云南布政司的治所云南府城，即今昆明市。②萑（huán）苇：即长成之后的芦苇。③高峣（yáo）：位于云南省滇池西岸的西山脚下，昆明至滇西的公路旁边。④逊处：即低洼处。⑤迤（yǐ）西：地区名，明代时云南有迤东和迤西之分。⑥杨太史：即杨慎，字用修，号升庵，四川人。明代文学家。⑦华亭、太华：华亭即华亭寺，元代时，华亭山上修建了圆觉寺，到了明代即称作华亭寺。太华即太华寺，明代时西山最大的寺院。

【译文】

出了省城昆明，往西南方向行进二里路后上船。两岸平整的耕地夹着流水延伸。十里路后农田穷尽，芦苇遍布，船只航行在浓密的芦苇丛中，还不能感受到滇池这个大湖，这里是草海。芦苇间的航道非常狭窄，遥望西山，像手臂一样从东边环绕出去，陡峭如削的崖壁凌空耸立，那是罗汉寺。又西行十五里到达高峣，于是离船登岸。高峣，是西山中部的低洼处。南部和北部的山峰都向东边环绕出去，只有中部向西收缩，水流也朝西流去，有几百户人家倚山临水居住在此，是去往滇西大路的必经之地。从高峣往北面上去是傅园，从傅园往西面上五里，是碧鸡关，这是通往安宁州的大道。从高峣南上，是杨太史祠，从祠南可达华亭寺、太华寺，最后到罗汉寺，就是碧鸡山向南突出为重叠山崖的地方。大致碧鸡山从西北向东南绵延，进耳等山峰从西南向东北绵延，两山相接处，就是西山中部的低洼处，所以大路从此经过，在上面设关卡，高峣实际上堪称水陆码头。

余南一里，饭太史祠。又南过一村，乃西南上山，共三里，山半得华亭寺。寺东向，后倚危峰，草海临其前。由寺南侧门出，循寺南西上，南逾支陇入腋，共二里，东南升岭，岭界华亭、太华两寺中而东突者。南逾岭，西折入腋凑间[1]，上为危峰，下盘深谷，太华则高峙谷东，与行处平对。然路必穷极西腋，后乃东转出。腋中悬流两派坠石窟，幽峭险仄，不行此径不见也。转峡，又东盘山嘴，共一里，俯瞰一寺在下壑，乃太平寺也。又南一里，抵太华寺。寺亦东向，殿前夹墀[2]皆山茶，南一株尤巨异。前廊南穿庑入阁，东向瞰海。然此处所望犹止及草海，若漾漾浩荡观，当更在罗汉寺南也。

【注释】

①腋凑间：指山侧会聚处。②墀（chí）：台阶。

【译文】

我向南面走了一里路，在杨太史祠用饭。又向南走过一个村落，便朝西南方向上山，共走了三里路，在山腰遇到华亭寺。华亭寺正面朝东，背倚险峰，前临草海。从寺南的侧门出去，顺着寺南朝西上山，向南面越过分支的陇冈进入山坳，共走了二里路，朝东南方向登岭，这座山岭位于华亭寺和太华寺之间而朝东面突出。往南面越过山岭，转而向西进入山侧会聚处，路上面是陡峻的山峰，路下面盘绕着深深的山谷，太华寺高高地挺立在山谷的东面，与道路平行相对。然而必须走到山谷西侧的穷尽处，然后才能往东面转出山谷。山谷中悬挂着两股向石窟下坠的飞流，幽深峻峭、惊险逼仄，不走这条路是看不到的。转出峡谷，又向东面绕过山口，共走了一里路，朝下望见一座寺庙坐落于壑谷中，这是太平寺。又往南面走了一里路，到达太华寺。太华寺也是面朝东方，殿前石阶两边全是山茶花树，靠南的一株大得出奇。从前廊向南面穿过厢房走进一碧万顷阁，从阁东俯瞰滇池。然而此处还是只能看到草海，如果想要领略浩荡回旋的滇池大观，应当还在罗汉寺的南边。

遂出南侧门，稍南下，循坞西入。又东转一里半，南逾岭。岭自西峰最高处东垂下，有大道直上，为登顶道。截之东南下，复南转，遇石峰嶙峋南拥。辄从其北，东向坠土坑下，共一里，又西行石丛中。一里，复上蹑崖端，盘崖而南，见南崖上下，如蜂房燕窝，累累欲堕者，皆罗汉寺南北庵[1]也。披石隙稍下，一里，抵北庵，已出文殊岩上，始得正道。由此南下，为罗汉寺正殿；由此南上，为朝天桥。桥架断崖间，上下皆嵌崖，此复崭崖中坠。桥度而南，即为灵官殿，殿门北向临桥。由殿东侧门下，攀崖蹑峻，愈上愈奇，而楼、供纯阳。而殿、供元帝。而阁、供玉皇。而宫，名抱一。皆东向临海，嵌悬崖间。每上数十丈，得斗大平崖，辄杙空架隙成之。故诸殿俱不巨，而点云缀石，互为披映，至此始扩然全收水海[2]之胜。南崖有亭前突，北崖横倚楼，楼前高柏一株，浮空漾翠。并楼而坐，如倚危樯上，不复知有崖石下藉[3]也。抱一宫南削崖上，杙木栈，穿石穴，栈悬崖树，穴透崖隙，皆极险峭。度隙，有小楼粘石端，寝龛炊灶皆具。北庵景至此而极。返下朝天桥，谒罗汉正殿。殿后崖高百仞。崖南转折间，泉一方渟崖麓，乃朝天桥进缝而下者，曰勺冷泉。南逾泉，即东南折，其上崖更崇列，中止潆坪一缕若腰带，下悉陨阪崩崖，直插海底，坪间梵宇仙宫，雷神庙、三佛殿、寿佛殿、关帝殿、张仙祠、真武宫。次第连缀。真武宫之上，崖愈杰竦，昔梁王[4]避暑于此，又名避暑台，为南庵尽处，上即穴石小楼也。更南，则庵尽而崖不尽，穹壁覆云，重崖拓而更合。南绝壁下，有猗兰阁址。

【注释】

①罗汉寺南北庵：南庵今已不存，北庵即今三清阁建筑群。②水海：滇池被海埂分成了南北两部分。北部即草海，明代时又叫西湖，湖小水浅。南部是水海，也叫外海或昆阳海，湖大水深。③藉：衬垫，指垫在下边。④梁王：元代时被封在云南地区的皇族，他们在王府管辖范围之内享有绝对的权力。

【译文】

于是从南面的侧门走出太华寺，稍稍往南边下山，顺着山坞往西面进入。又转而向东边走一里半路，往南边越过山岭。山岭从西侧山峰的最高处朝东面垂下，有大路直通上去，是攀登峰顶的路。横穿大路往东南方向下去，再转而往南行进，遇到嶙峋的石峰向南簇拥。于是从石峰的北侧，朝东面往下走进土坑，共走了一里路，又向西边走进石丛中。一里路后，又往上顺着崖边攀登，盘绕着山崖往南边走，看到南面的山崖上下，如同蜂房燕窝一般的建筑，层层叠叠，呈坠落之势，那些都是罗汉寺的南庵与北庵。穿过岩石缝隙慢慢往下走，一里路后，到达北庵，出来后到了文殊岩上，这才走上正路。由此往南面下去，是罗汉寺正殿；由此往南面上去，是朝天桥。朝天桥架设在断崖之间，上下都镶嵌着险峻的山崖，此处又是山崖断开、中部下坠。过了桥往南面走，就到了灵官殿，殿门朝北，与桥相对。从殿东面的侧门下去，在崖壁上攀登险道，越往上走越奇异，又有楼、供奉纯阳祖师。又有殿、供奉元始天尊。又有阁、供奉玉皇大帝。又有宫，名为抱一宫。都面朝东方与滇池相对，镶嵌在悬崖间。每往上登几十丈，崖间便有一块斗大的平台，于是就在这空隙之间架设木材来建造庙宇。因此各殿都不是很大，而在白云崖石的点缀下，彼此映衬，到了这里视野才开阔起来，览尽了整个滇池外海的胜景。南崖边有一间向前突出的亭子，北崖边横列着楼宇，楼宇前面有一棵高大的柏树，碧绿的枝叶在空中飘浮。倚靠楼宇坐下来，仿佛乘坐在高悬的船上一样，感觉不到还有崖石支撑在下面。抱一宫南侧的峭壁上，有木桩铺成的栈道，穿过石洞，栈道悬在崖上的树木中间，石洞穿透崖间缝隙，都十分险峭。穿过缝隙，有一座小楼像是粘在石崖边上，住所、神龛、炊具、灶台都齐备。北庵的景象至此就结束了。往回走下了朝天桥，来到罗汉寺正殿拜佛。殿后的山崖高达百仞。山崖南面转折的地方，有一汪方方的泉水正好积聚在崖脚，这是从朝天桥的山缝中涌出而流下的，名为勺冷泉。往南面越过泉水，即刻转向东南方，从这里上去，山崖更加高耸，只有一缕平地如腰带般绕在半山中，从这里下去，全是坍塌的斜坡和崩裂的崖石，它们直插滇池底部，平地上的佛寺庙宇、仙人宫殿，雷神庙、三佛殿、寿佛殿、关帝殿、张仙祠、真武宫。依次排列连接。真武宫的上面，山崖更加奇异高耸，从前梁王在此地避暑，又叫避暑台，是南庵的尽头，上面就是凿石建造的小楼了。再往南面，则庵庙穷尽而山崖没有穷尽，高高隆起的崖壁被白云覆盖着，层叠的山崖分开后又合拢起来。南边的绝壁之下，是猗兰阁的旧址。

还至正殿，东向出山门，凡八折，下二里抵山麓，有村氓数十家[1]，俱网罟[2]为业。村南即龙王堂，前临水海。由其后南循南崖麓，村尽波连，崖势愈出，上已过猗兰旧址。南壁愈拓削，一去五里，黄石痕挂壁下，土人名为挂榜山。再南则崖回嘴突，巨石垒空嵌水折成矍[3]，南复分接屏壁，雄峭不若前，而兀突离奇，又开异境。三里，下瞰海涯，舟出没石隙中，有结茅南涯侧者，亟悬仄径下，得金线泉。泉自西山透腹出，外分三门，大仅如盎[4]，中崆峒，悉巨石欹侧，不可入。水由盎门出，分注海。海中细鱼溯流入洞，是名“金线鱼”。鱼大不逾四寸，中腴脂，首尾金一缕如线，为滇池珍味。泉北半里，有大石洞，洞门东瞰大海，即在大道下，崖倾莫可坠，必迂其南，始得透迤入，即前所望石中小舟出没处也。门内石质玲透，裂隙森柱，俱当明处。南入数丈辄暗，觅炬更南，洞愈崇拓。共一里，始转而分东西向，东上三丈止，西入窈窕莫极。惧火炬不给，乃出。

【注释】

❶有村氓数十家：就是今天的云南省山邑村，又叫龙门村。从三清阁门口到龙门村，足足有千级石阶，这条路被称为千步崖。❷网罟（gǔ）：渔网，此代指捕鱼业。罟，织网。❸璺（wèn）：破而未离为璺，即裂缝。❹盎（àng）：古代一种腹大口小的器皿，多用于盛物、洗物。

【译文】

回到正殿后，往东面出了山门，共转了八道弯，下行二里路到达山麓，这里住着有几十户村民，都以捕鱼为业。村落南面是龙王堂，堂前与滇池外海相对。从龙王堂后面向南面顺着南崖麓走，在村落的尽头，水波连接着山崖，山崖气势更加突出，上面已过了猗兰阁旧址。南面的崖壁更加宽大、峻峭，一直延伸五里，崖壁下部悬有黄色石痕，当地人称之为挂榜山。再往南面则崖壁回环，山嘴突出，巨石凌空垒起，嵌于水中，断出裂缝，往南与屏风般的崖壁忽而分开忽而相接，雄壮、峻峭的程度不如前面，然而高耸离奇的态势，又另外开辟出了奇异之境。三里路后，俯瞰滇池岸边，船只出没于石缝之中，南岸建有茅草房，急忙从陡悬狭窄的小路下去，找到金线泉。泉水自西山的腹部穿流而出，外边分为三道门，每道门仅有盎那么大，中间是空洞，但全都是倾斜的巨石，无法进入。泉水从如盎大的门里流出来，分别注入滇池。滇池中的一种小鱼逆流游进洞内，叫作金线鱼。金线鱼大小不过四寸，鱼质肥美，首尾间有一缕金线，这种鱼是滇池的珍贵美味。金线泉北边半里处，有一个大石洞，从洞口往东面俯瞰滇池外海，就在大路的下边，石崖倾覆没有能下去的地方，必须绕到洞的南侧，才能迂回进入，这里就是之前所看见的船只在石缝中出没的地方。洞里面岩石质地玲珑剔透，裂隙和石柱密布罗列，都处于光亮处。往南面进入几丈远就变黑了，找到火把后再往南面进入，洞更加高深、更加开阔了。共前行一里路，才转而分为东、西两个方向，往东边上三丈就到尽头了，往西面进去则幽深得没有穷尽。担心火把不够用，于是出了洞。

上山返抱一宫。问山顶黑龙池道，须北向太华中，乃南转。然池实在山南金线泉绝顶，以此地崖崇石峻，非攀援可至耳。余辄从危崖历隙上，壁虽峭，石缝多棱，悬跃无不如意。壁纹琼葩瑶茎，千容万变，皆目所未收。素习者惟牡丹，枝叶离披，布满石隙，为此地绝遘[1]，乃结子垂垂，外绿中红，又余地所未见。土人以高远莫知采鉴，第曰山间野药，不辨何物也。攀跻里余，遂蹑巅，则石萼鳞鳞，若出水青莲，平散竟地。峰端践侧锷而南，惟西南一峰最高。行峰顶四里，凌其上，为碧鸡绝顶[2]。顶南石萼骈丛，南坠又起一突兀峰，高少逊之，乃南尽海口山也。绝顶东下二里，已临金线泉之上，乃于耸崖间观黑龙池而下。

【注释】

❶ 绝遘（gòu）：绝对难以遇见的。❷ 碧鸡绝顶：西山绝顶海拔 2511 米，高出滇池水面 625.5 米。绝顶周围有片石萼，今俗称小石林。

【译文】

上山返回抱一宫。打听去往山顶黑龙池的路，必须往北到太华山中部，才往南转。然而黑龙池其实就在山南金线泉的最高顶上，因为此地崖高岩峭，不是攀缘可以到达的。我于是从陡崖间踩着裂隙向上攀登，崖壁虽陡，但石缝棱角突出，悬空上跃没有不如意的。崖壁缝隙间生长着一种花，好似琼花玉茎，姿态万千，都是从没见过的。我向来所熟悉的只有牡丹花，枝叶散乱，布满石缝，在此地是绝对难以遇见的，而这种花结子下垂，外边绿中间红，又是我家乡所没见过的。当地人因山高路险而没有采摘鉴赏，只以为是山间野药，分辨不清是什么品种。向上攀登一里多路，便登临山顶，看到鱼鳞状的石萼，宛如出水的青莲，均匀地散落满地。踏着峰头侧边的岩石向南走，只有西南面的一座山峰最为高峻。在峰顶上前行四里，登临最高处，是碧鸡山绝顶。绝顶南边石萼丛丛排列，向南下坠处又突立起一座山，稍低于碧鸡山绝顶，是南面尽头处海口的山。从绝顶向东下去二里，到达金线泉之上，便在耸立的山崖间观览黑龙池而后下山。

随笔二则

黔国公[1]沐昌祚卒，孙启元嗣爵。邑诸生往祭其祖，中门启，一生翘首内望，门吏杖箠[2]之。多士怒，亦箠其人，反为众桀奴所伤，遂诉于直指[3]金公。公讳瑊，将逮诸奴，奴耸[4]启元先疏诬多士。事下御史，金逮奴如故。启元益嗔，征兵祭纛[5]，环直指门，发巨炮恐之，金不为动。沐遂掠多士数十人，毒痛之，囊其首于木。金戒多士毋与争，急疏闻。下黔督张鹤鸣勘，张奏以实。时魏珰[6]专政，下调停旨，而启元愈猖狂不可制。母宋夫人惧斩世绪，泣三日，以毒进，启元陨，事乃解。宋夫人疏请，孙稚未胜爵服，乞权署名，俟长赐袭。会今上登极[7]，怜之，辄赐敕实授。即今嗣公沐天波，时仅岁一周支[8]也。

【注释】

1 黔国公：朱元璋的养子沐英是明代开国勋臣之一，受封为西平侯，后来他的子孙进封为黔国公，共传十六位黔国公，世袭镇守云南总兵官。时称昆明为沐府或黔府。2 箠（chuí）：用棍子打。3 直指：即指事而行。汉武帝派直指使者，衣绣衣，持节发兵，直指使者有权直接诛杀不力的官员。4 耸：通“怂”，怂恿。5 纛（dào）：古时仪仗队或军队的旗帜。6 魏珰：即魏忠贤，明末宦官。7 今上登极：指朱由检登帝位，年号崇祯，时为公元 1628 年。8 岁一周支：支指地支，古人常用十二地支计年，岁一周支即为一轮地支——十二岁。

【译文】

黔国公沐昌祚去世后，他的孙儿沐启元继承爵位。城里的儒生们去祭吊沐启元的祖父，中门打开后，有一位儒生抬头往门里看了看，守门的官吏就杖打他。许多儒生都愤怒了，也打守门的人，却反被沐府的众多凶暴奴仆打伤，于是儒生们向朝廷直接派来的官员金公告状。金公名瑊，他要逮捕那些奴仆，奴仆怂恿沐启元先上疏诬告那些儒生。事情告到了监察御史那里，金公依旧逮捕了那些奴仆。沐启元更生气了，他调动军队、祭奠军旗，将金公的衙门包围起来，发射大炮恐吓金公，金公却毫不动摇。沐启元于是抓捕拷打了几十位儒生，残害他们，用木枷锁住他们的脑袋。金公嘱咐儒生们不要和沐启元抗争，并赶忙上奏朝廷。朝廷派遣贵州省总督张鹤鸣核查情况，张鹤鸣根据实情上奏。当时魏忠贤专政，发下了调停的旨令，因而沐启元更加猖狂得没有节制了。其母宋夫人怕断送了世代相传的爵禄，哭了三天后，毒死了沐启元，事情才得以缓解。宋夫人上疏请求，孙儿年纪尚幼，胜任不了爵禄地位，请求暂时署名，等他长大后再赐予世袭的爵位。当时恰逢崇祯皇帝继位，怜惜沐昌祚的子孙，便下令授予实际的爵禄。就是现在继承黔国公爵禄的沐天波，他那时才十二岁。

普名胜者，阿迷州[1]土寇也。祖者辂，父子为乱三乡、维摩间。万历四十二年[2]，广西郡守萧以裕，调宁州[3]禄土司兵合剿，一鼓破之，辂父子俱就戮，始复维摩州[4]，开三乡县[5]。时名胜走阿迷，宁州禄洪欲除之。临安守梁贵梦、郡绅王中丞抚民，畏宁州强，留普树之敌，曲庇名胜。初犹屯阿迷境，后十余年，兵顿强，残破诸土司，遂驻州城，尽夺州守权。崇祯四年，抚臣王伉忧之，裹毡笠，同二骑潜至州，悉得其叛状，疏请剿。上命川、贵四省合剿之。石屏龙土司兵先薄漾田，为所歼。三月初八日，王中丞亲驻临安，布政周士昌统十三参将[6]，将本省兵万七千人，逼沈家坟。贼命黎亚选扼之，不得进，相持者二月。五月初二日，亚选自营中潜往为名胜寿，醉返营。一童子泄其事于龙。龙与王土司夜劫之，遂斩黎；进薄州城，环围四月，卒不下。时州人廖大亨任职方郎[7]，贼恃为奥援，潜使使入京纵反间，谓普实不叛，王抚起衅徼功，百姓悉糜烂。于是部郎疏论普地不百里，兵不千人，即叛可传檄定，何骚动大兵为？而王宫谕锡衮、杨庶常绳武[8]，各上疏言宜剿。事下枢部议。先是王抚疏名胜包藏祸心已久，前有司养疽莫发奸，致成难图蔓草，上因切责前抚、按。而前抚闵洪学已擢冢宰[9]，惧勿能自解，即以飞语[10]怂恿大司马[11]。大司马已先入部郎言，遂谓名胜地不当一县，抚、按比周，张大其事势，又延引日月，徒虚糜县官[12]饷。疏上，严旨逮伉及按臣赵世龙。十月十五日，抚、按俱临安就逮。十二月十八，周士昌中铳[13]死，十三参将悉战没。五年正月朔，贼悉兵攻临安，诈郡括万金犒之，受金，攻愈急。迨十六，城垂破，贼忽退师，以何天衢袭其穴也。天衢，江右人，居名胜十三头目之一，见名胜有异志，心不安，妻陈氏力劝归中朝，天衢因乞降，当道以三乡城处之，今遂得其解围力。后普屡以兵攻三乡，各相拒，无所胜，乃退兵，先修祖父怨于宁州。方攻宁时，洪已奉调中原，其母集众目，人犒五金、京青布二，各守要害，贼不得入。后洪返，谓所予太重，责之金，诸族目悉解体。贼谍之，乘之入，洪走避抚仙湖孤山[14]，州为残破。岁余，洪复故土，郁郁死。贼次攻石屏州，及沙土司等十三长官，悉服属之。志欲克维摩州南鲁白城，即大举。鲁白城在广南西南七日程，临安东南九日程，与交趾界，城天险，为白彝所踞。名胜常曰："进图中原，退守鲁白，吾无忧矣。"攻之三年，不能克。七年九月，忽病死。子福远，方九岁。妻万氏，多权略，威行远近。当事者姑以抚了局，酿祸至今，自临安以东、广西以南，不复知有明官矣！至今临安不敢一字指斥，旅人询及者，辄掩口相戒，府州文移，不过虚文。予过安庄，见为水西残破者，各各有同仇志，不惜为致命；而此方人人没齿无怨言，不意一妇人威略乃尔！南包沙土司，抵蒙自县[15]；北包弥勒州[16]，抵广西府；东包维摩州，抵三乡县；西抵临安府：皆其横压之区。东唯三乡何天衢，西唯龙鹏[17]龙在田，犹与抗斗，余皆闻风慑伏。有司为之笼络，仕绅受其羁靮[18]者，十八九。王伉以启衅被逮，后人苟且抚局，举动如此，朝廷可谓有人乎！夫伉之罪，在误用周士昌，不谙兵机，弥连数月，兵久变生耳。当时止宜责其迟，留策其后效。临敌易帅且不可，遽就军中逮之，亦太甚矣！嗟乎！朝廷于东西用兵，事事如此，不独西南彝也！

【注释】

①阿迷州：隶属临安府，即今云南省红河州开远市。②万历四十二年：即公元1614年。③宁州：隶属临安府，即今云南省玉溪市华宁县。④维摩州：隶属广西府，辖今云南省砚山县北境的维摩。明代末期，其治所位于今云南省邱北县下寨马头山的旧城。⑤三乡县：《明史·地理志》中载，维摩州“西有三乡城，万历二十二年筑”。万历四十二年设为三乡县。三乡城位于今邱北县下寨马头山的新城。⑥参将：明代时，沿边军事要地设有参府，分守各路。主持参府的统兵官就是参将，也叫参戎。⑦职方郎：明代时，兵部设有职方司，主要掌管疆域图籍、军制、征讨、镇戍、城隍等事宜。而职方司的长官就称作职方郎。⑧王宫谕锡衮、杨庶常绳武：王宫谕锡衮即王锡衮，云南省禄丰人，官至大学士。杨庶常绳武即杨绳武，字念尔，云南省弥勒人，官至兵部侍郎。⑨擢（zhuó）冢宰：提升为吏部尚书。擢，提升。冢宰，周代官名，是六卿之首，后作吏部尚书。⑩飞语：无根据的流言。⑪大司马：汉武帝时，大司马是全国军事首脑。明代时作兵部尚书的别称。⑫县官：指官府，朝廷。⑬铳（chòng）：古代一种火器。⑭孤山：又名环玉山，位于玉溪市抚仙湖南部。⑮蒙自县：隶属临安府，即今云南省蒙自市。⑯弥勒州：隶属广西府，即今云南省弥勒市。⑰龙鹏：今作龙朋，位于云南省石屏县北境。⑱靮（dí）：指马缰绳。

【译文】

普名胜这个人，是阿迷州的土匪。他的祖父普者辂，与儿子在三乡县、维摩州一带作乱。万历四十二年，广西府知府萧以裕，集结宁州禄土司的军队，合兵围剿，一鼓作气大败叛军，普者辂父子都被杀死，朝廷这才恢复了维摩州，设置了三乡县。当时普名胜逃到了阿迷州，宁州土司禄洪想要剿灭他。临安府知府梁贵梦、府内乡绅王抚民，恐怕宁州土司势力变强，如果留下普名胜便可与宁州土司抗衡，于是曲意包庇普名胜。起初普名胜还屯驻于阿迷州的边境，后来的十余年间，他的兵力迅速强大，消灭了各个土司，于是进驻州城，将阿迷州政权尽数夺取。崇祯四年，巡抚王伉担忧此事，裹上毡子斗笠，同两名骑手潜进了阿迷州，掌握了普名胜叛乱的全部情况，并上疏请求围剿。皇帝命令四川、贵州等四省合兵围剿普名胜。石屏州龙土司首先率军迫近漾田，结果被普名胜歼灭。三月初八日，巡抚王伉亲自进驻临安府，布政使周士昌统领十三位参将，率云南省军队一万七千人，向沈家坟逼近。叛军命令黎亚选前去阻扼，周士昌前进不得，双方就这样相持了两个月。五月初二日，黎亚选为给普名胜祝寿从军队中潜了回去，喝醉酒之后返回军营。一个童仆将这件事透露给了龙土司。龙土司和王土司便趁夜强攻，杀了黎亚选；进而迫近阿迷州城，包围了四个月，最终没有攻破。当时阿迷州人廖大亨任职方郎，叛军倚仗他为靠山，暗中派遣使者在京城中放出假消息，说普名胜其实并没有叛乱，是王巡抚故意挑起争端想要邀功，百姓全都受到了摧残。于是兵部职方郎上疏说普名胜的土地不足百里，军队不足千人，就算反叛，也是用一道命令就可以传檄平定的，何须调动大军去攻打呢？而宫谕王锡衮、庶常杨绳武，各自上疏说应该围剿。这件事下达到了中枢部议论。在此之前，王巡抚上疏说普名胜包藏祸心已经很久了，前任官员就像生了毒疮因为怕痛而不去割一样，没有揭发他的奸邪，致使如今形成了野草蔓延难以铲除之势，皇上因此大大地谴责了前任巡抚和巡按御史。而前任巡抚闵洪学现在已经被提升为吏部尚书了，他担心无法为自己辩解，就用毫无根据的流言怂恿兵部尚书。而兵部尚书已经事先听了兵部职方郎的话，于是也以为普名胜的土地比不上一个县，巡抚、巡按御使勾结在一起，将事态扩大，又拖延时间，这样只会白白耗费朝廷的粮饷。此疏上奏后，朝廷严令逮捕巡抚王伉和巡按御史赵世龙。十月十五日，巡抚和巡按御史都被捕于临安府。十二月十八日，周士昌被火器打中而死，他的十三名参将也全部战死。崇祯五年正月初一，叛军倾巢出动攻打临安府，使诈让临安府搜集一万两白银犒劳他们，可是他们收到银两后，攻势却更加急迫了。等到十六日，府城濒临失守，叛军忽然退兵，这是因为何天衢正偷袭他们的巢穴。何天衢，江西人，是普名胜手下的十三个头目之一，他见普名胜怀有异志，心中不安，其妻陈氏力劝他归顺朝廷，于是何天衢请求投降，当权者把他安置在了三乡县城，现在便是靠他的力量解除了包围之危。后来普名胜屡次率军攻打三乡县城，双方相持不下，普名胜取胜不得，便退了兵，先去找宁州土司为他的祖父和父亲报仇。正要攻打宁州之时，土司禄洪已奉命调到中原，禄洪之母招集各个头目，犒赏每人五两银子、两匹京城青布，令他们分别守卫要道，叛军无法攻入。后来禄洪返回，说犒赏得太多，便索回银两，各部族的头目便全都解体了。叛军打探到这个情况，乘机攻入，禄洪逃往抚仙湖孤山避难，宁州则被攻破。一年多后，禄洪回到了故土，最终抑郁而亡。叛军接着攻打石屏州，还有沙土司等十三个长官司，它们全都臣服于普名胜。普名胜立志要攻破维摩州之南的鲁白城，于是大举进攻。鲁白城在广南府的西南部，有七日路程，在临安府东南部，有九日路程，它与交趾接界，依傍天然的险要地势而修筑的城池，被白彝所占据。普名胜常说："进，图谋中原，退，死守鲁白，我没有什么后顾之忧了。"攻打了三年，没有攻克。崇祯七年九月，普名胜忽然病死。他的儿子普福远，才九岁。他的妻子万氏，擅长权术谋略，威慑远近。当权者姑息，使用安抚的方法稳住局势，所酿成的灾祸延续至今，从临安府的东面、广西府的南面，人们不再知道还有明朝官员！到现在临安府都不敢对这件事有一句指责的话，旅客问及这件事，总是闭口不言十分戒备，府、州的公文下达下来，不过是一纸没用的虚文。我路过安庄的时候，看到那些被水西土司所残害的人，他们个个身怀报仇的共同意愿，不惜为此牺牲生命;而这里却人人闭口毫无怨言,想不到一个妇人的威势和谋略竟到了如此地步！往南面包含沙土司，到蒙自县；往北面包含弥勒州，到广西府；往东面包含维摩州，到三乡县；往西面到临安府：都是遭受万氏横行压迫的地区。东面只有三乡县的何天衢，西面只有龙鹏的龙在田，还能与万氏相抗衡，其他的都闻风丧胆，惧怕万氏的威势而屈服。有地方官被万氏笼络的，有官吏、乡绅遭受万氏操纵的，达到十分之八九。王伉因挑起争端而被捕，后来的官吏苟且安抚局势，这样的举动，能说朝廷有人吗！王伉的过失，在于误用周士昌，不熟悉用兵的时机，战争蔓延数月，用兵时间一长就发生了变故。当时只该谴责王伉用兵迟缓，应保留并督促他，以观其以后的表现。面对敌人临时更换主帅都不行，更何况突然去军中逮捕主帅呢，这也太过分了！唉！朝廷对周边用兵，每每如此，不单是对西南地区的少数民族这样！

黄草坝札记

二十八日　晨雨不止。衣湿难行，俟炙衣而起。终日雨涔涔[1]也。是日此处马场，人集颇盛。市中无他异物，惟黄蜡与细笋为多。乃煨笋煮肉，竟日守雨。

【注释】

[1] 涔涔（cén）：形容雨水不断往下流的样子。

【译文】

二十八日　早晨雨还下个不停。衣服潮湿得难以出行，等着烤干衣服才能起程。一整天都是阴雨连绵的。这天恰逢黄草坝有马场，前来赶集的人非常多。集市上没有其他的珍贵物件，最多的只有黄蜡和细笋。于是煨笋煮肉，坐了一整天等候雨停。

黄草坝土司黄姓，加都司衔。乃普安十二营长官司之属。十二营以归顺为首，而钱赋之数则推黄草坝，土地之远则推步雄[1]焉。

【注释】

[1] 步雄：今作布雄，位于贵州省兴义市南境。

【译文】

黄草坝的土司姓黄，加封都司头衔。是普安州十二营长官司的下属。十二营长官司排第一的是归顺营，然而按缴纳钱赋的数量则首推黄草坝营，按土地的广阔则首推步雄营。

黄草坝东十五里为马鼻河[1]，又东五十里抵龙光[2]，乃广西右江分界；西二十里为步雄，又西五十里抵江底[3]，乃云南罗平州[4]分界；南三十里为安障[5]，又南四十里抵巴吉[6]，乃云南广南府[7]分界；北三十里为丰塘[8]，又北二十里抵碧洞，乃云南亦佐县[9]分界。东西南三面与两异省错壤，北去普安二百二十里。其地田塍中辟，道路四达，人民颇集，可建一县；而土司恐夺其权，州官恐分其利，故莫为举者。

【注释】

❶ 马鼻河：今作马别河，也叫清水河，位于兴义市东境。马鼻河自北向南流，注入南盘江。❷ 龙光：今作龙广，位于贵州省安龙县以西。❸ 江底：即今黄泥河边的老江底，位于兴义市以西，区别于公路旁边的新江底。❹ 罗平州：元代时称作罗雄州。明万历十五年（公元 1587 年）改名为罗平州，隶属曲靖府，位于今云南省罗平县，辖罗雄镇。❺ 安障：今作安章，位于兴义市南境。❻ 巴吉：今作巴结，位于兴义市东南，南盘江的北岸。❼ 广南府：即今云南省广南县。❽ 丰塘：今作枫塘，位于兴义市西北。❾ 亦佐县：隶属曲靖府，今仍名亦佐，辖今云南省富源县南境富村稍南。

【译文】

黄草坝以东十五里的地方是马鼻河，再往东走五十里路抵达龙光，这里是与广西省右江道的分界；西面二十里的地方是步雄，再往西走五十里路到达江底，这里是与云南省罗平州的分界；南面三十里的地方是安障，再往南走四十里路到达巴吉，这里是与云南省广南府的分界；北面三十里的地方是丰塘，再往北走二十里路到达碧洞，这里是与云南省亦佐县的分界。黄草坝的东、西、南三面与两个省接壤，北面与普安州相距二百二十里。这里田地广阔，道路通达，人口密集，可以设立一个县；然而土司担心权力被剥夺，州官担心利益被瓜分，所以没有人愿意举办这件事。

黄草坝东南，由龙光、箐口、者恐、板屯、坝楼[1]、以上俱安隆土司地。其土官自天启初为部人所杀，泗城以孙代署之。八蜡、者香，俱泗城州地。下田州，乃昔年大道。自安隆无土官，泗城代署，广南以兵争之，据其大半，道路不通，实由于此。

【注释】

❶ 箐口、者恐、板屯、坝楼：箐口位于兴义市东南。者恐位于安龙县以南，南盘江北岸，今作上者孔。板屯位于贵州省册亨县以西，南盘江边。坝楼位于今广西隆林各族自治县以东，冷水河注入南盘江的地方。

【译文】

黄草坝的东南面，路过龙光、箐口、者恐、板屯、坝楼、以上都是安隆土司的辖地。安隆土官自从天启初年被族人杀害之后，泗城州由其孙代为掌管。八蜡、者香，全是泗城州辖地。来到田州，走得是过去的大道。自从安隆长官司没有了土官，由泗城州代为掌管后，广南府便以武力相争，占据了安隆土司的多半辖地，道路不通畅，其实就是这个原因。

按盘江自八达、与罗平分界。巴泽、河格、巴吉、兴隆[1]、那贡[2]，以上俱安隆土司地，今俱为广南有。抵坝楼，遂下八蜡、者香。又有一水自东北来合，土人以为即安南卫北盘江，恐非是。安南北盘，合胆寒、罗运、白水河之流，已东南下都泥，由泗城东北界，经那地、永顺，出罗木渡，下迁江。则此东北来之水，自是泗城西北界山箐所出，其非北盘可知也。于是遂为右江。再下又有广南、富州之水，自者格[3]、亦安隆土司属，今为广南据者。葛阆[4]、历里俱泗城州地。来合，而下田州，此水即志所称南旺诸溪也。二水一出泗城西北，一出广南之东，皆右江之支，而非右江之源；其源惟南盘足以当之。胆寒、罗运出于白水河，乃都泥江之支，而非都泥江之源；其源惟北盘足以当之。各不相紊也。

【注释】

❶兴隆：即今安龙县东部的兴隆。❷那贡：今作纳贡，位于广西隆林各族自治县以北，南盘江南岸。❸者格：今作者厄，位于广南县以北。❹葛阆（làng）：即今云南省富宁县以东的谷拉。

【译文】

考察盘江自八达彝寨、是与罗平州的分界。巴泽、河格、巴吉、兴隆、那贡，以上都是安隆土司的辖地，如今都被广南府所占据。抵达坝楼，于是往下流经八蜡、者香。又有一条河从东北方向流过来与之汇合，当地人认为那是从安南卫流过来的北盘江，恐怕并不是这样。安南卫的北盘江，汇合了胆寒、罗运、白水河等河流后，便往东南方向流进了都泥江，顺着泗城州的东北边，流经那地、永顺，流出罗木渡，抵达迁江县。那么这条从东北方向流过来的河，当然是从泗城州西北边的山箐之中流出来的，很明显它不是北盘江。从这里开始盘江便称作右江。再往下又有广南府、富州的河流，从者格、也是安隆土司的辖地，如今被广南府所占据。葛阆、历里全是泗城州的辖地。汇合过来，然后流抵田州，这条河就是志书上所说的南旺诸溪了。两条河一是从泗城州西北边流出，一是从广南府东部流出，都是右江支流，而非右江源头；只有南盘江能够当得起右江源头。胆寒、罗运水源自白水河，是都泥江支流，而非都泥江源头；只有北盘江能够当得起都泥江源头。各条水道之间不会混乱。

按云南抵广西间道有三：一在临安府之东，由阿迷州、维摩州、本州昔置干沟、倒马坡、石天井、阿九、抹甲等哨，东通广南。每哨拨陆凉卫百户一员、军兵十五名、民兵十五名把守。后州治湮没，哨悉废弛。见有《府志》可考。抵广南富州，入广西归顺、下雷，而出驮伏，下南宁。此余初从左江取道至归顺，而卒阻于交彝者也，是为南路。一在平越府[1]之南，由独山州丰宁上下司，入广西南丹、河池州，出庆远。此余后从罗木渡取道而入黔、滇者也，是为北路。一在普安之南、罗平之东，由黄草坝，即安隆坝楼之下田州，出南宁者。此余初徘徊于田州界上，人皆以为不可行，而久候无同侣，竟不得行者也，是为中路。中路为南盘入粤出黔之交；南路为南盘潆滇之始，与下粤之末；北路为北盘经黔环粤之会。然此三路今皆阻塞。南阻于阿迷之普，富州之李、沈，见《广西小纪》。归顺之交彝；中阻于广南之蚕食，田州之狂狺[2]；北阻于下司之草窃，八寨之伏莽。既宦辙[3]之不敢入，亦商旅之莫能从。惟东路由沅[4]、靖而越沙泥[5]，多黎人[6]之恐州，为今人所趋。然怀远、沙泥，亦多黎人之恐。且迂陟湖南，又多历一省矣。

【注释】

①平越府：辖今贵州省福泉县。②狂狺（yín）：狗狂叫。比喻疯狂地争吵。③宦辙：官府车轮碾压的痕迹，这里是指封建中央派去的流官。④沅：明为州，辖今湖南省芷江县。⑤沙泥：今作沙宜，位于广西三江侗族自治县东北。⑥黎人：指侗族。分布于今贵州、湖南、广西三省的交界一带。

【译文】

考察从云南省去往广西省的路有三条：一条在临安府以东，路过阿迷州、维摩州，维摩州以前设有干沟、倒马坡、石天井、阿九、抹甲等哨，往东通往广南府。每个哨都由陆凉卫派遣一名百户长、十五名官兵、十五名民兵去把守。后来州治被毁，这些哨就全废弃了。《府志》中可以查到。到达广南府富州，进入广西归顺州、下雷州，然后出驮伏，来到南宁府。这是我起初取道左江道去归顺州，但最后被交彝所阻隔的路，是南路。一条在平越府以南，从独山州的丰宁上、下长官司，进入广西南丹州、河池州，再出去到达庆远府。这是我后来取道罗木渡进入黔、滇的路，是北路。一条在普安州以南、罗平州以东，从黄草坝沿安隆长官司的坝楼到田州，再出去到达南宁府。这是我当初徘徊于田州边界上，大家都认为不能走，因而等了许久也没找到同行旅伴，最后没能走成的路，是中路。中路是南盘江流进广西、流出贵州的交界；南路是南盘江开始在云南环流、最后流到广西所经过的路；北路是北盘江从贵州经过、在广西环流的汇合处。然而这三条路现在都阻塞不通。南路阻塞在阿迷州的普氏，富州的李氏、沈氏，见《广西小纪》。归顺府的交彝；中路阻塞在广南府的蚕食兼并，田州人的狂妄无理；北路阻塞在丰宁下长官司的草寇，八寨潜藏的盗贼。既是朝廷派去的流官所不敢进入的地区，也是商人旅客所不愿走的路。只有东路经过沅州、靖州而越过沙泥，人们大多惧怕黎人，是今天人们所行之路。然而怀远县、沙泥一带，也常惧怕黎人。而且绕路进入湖南省，则途经的省份又要多一个。

黄草坝东一百五十里为安笼所，又东为新城所，皆南与粤西之安隆、泗城接壤。然在黔曰“笼”，在粤曰“隆”，一音而各异字，一处而各异名，何也？岂两名本同一字，传写之异耶？按安庄之东，大路所经，亦有安笼箐山，与安笼所相距四百里，乃远者同而近者异，又何耶？大抵黔中多用“笼”字，粤中多用“隆”字，如隆安县之类。故各从其地，而不知其地之相近，其取名必非二也。

【译文】

黄草坝以东一百五十里的地方是安笼所，再往东走是新城所，新城所的南部都与广西西部的安隆长官司、泗城州接壤。然而在贵州叫作“笼”，在广西叫作“隆”，同一个音却是两个不一样的字，一个地方有两个不一样的名称，这是为什么呢？难道是这两个地名本来使用的是同一个字，因为传抄而导致的差异吗？考察安庄以东，大路所经之地，也有安笼箐山，与安笼所相距四百里，这距离远的地名一样，而距离近的地名不一样，又是什么缘故呢？大概贵州多用“笼”字，广西多用“隆”字，比如隆安县之类。因此地名都是各自从属它所在的省份，而不知道安笼所、安隆司这两个地方离得很近，不必取两样名称。

黄草坝著名黔西，而居聚阛阓[1]俱不及罗平州；罗平著名滇东，而居聚阛阓又不及广西府。此府、州、营、堡之异也。闻澄江府[2]湖山最胜，而居聚阛阓亦让广西府。临安府为滇中首郡，而今为普氏所残，凋敝未复，人民虽多，居聚虽远，而光景止与广西府同也。

【注释】

❶阛阓（huán huì）：指街市。❷澄江府：辖河阳，即今云南省澄江县。

【译文】

黄草坝在贵州西部十分有名，但民居、街市都不如罗平州；罗平州在云南东部十分有名，但民居、街市又不如广西府。这就是府、州、营、堡之间的差别。听说澄江府的湖泊山川最为优美，但民居、街市也不如广西府。临安府是云南第一郡，然而如今被普名胜所摧残，还没有从凋敝衰败的状况中恢复过来，人口虽然众多，民居虽然分布广阔，然而它的景象只和广西府相同。

迤东之县，通海为最盛；迤东之州，石屏为最盛；迤东之堡聚，宝秀为最盛；皆以免于普祸也。县以江川为最凋，州以师宗为最敝，堡聚以南庄[1]诸处为最惨，皆为普所蹂躏也。若步雄之龙、侬争代，黄草坝之被閧[2]于龙、沙，沙乃步雄龙氏之妇翁。安隆土司之纷争于岑、侬。岑为广西泗城，侬为广南府。今广南势大，安隆之地为占去八九矣。土司糜烂人民，乃其本性，而紊及朝廷之封疆，不可长也。诸彝种之苦于土司糜烂，真是痛心疾首，第势为所压，生死惟命耳，非真有恋主思旧之心，牢不可破也。其所以乐于反侧者，不过是遗孽煽动。其人不习汉语，而素昵彝风，故勾引为易。而遗孽亦非果有殷之顽、田横之客也，第跳梁[3]伏莽之奸，藉口愚众，以行其狡猾耳。

【注释】

❶南庄：位于云南省建水县北的公路旁边。❷閧（hòng）：争端，哄闹。❸跳梁：指跳梁小丑。

【译文】

滇东的县，通海是最兴盛的；滇东的州，石屏是最兴盛的；滇东的堡聚，宝秀是最兴盛的；都是因为没有遭受到普名胜的祸害。县中属江川最凋零，州中属师宗最衰败，堡聚中以南庄等处最凄惨，这都是由于遭受到了普名胜的蹂躏。导致了步雄龙土司、侬土司为了取代彼此而发生斗争，黄草坝被龙土司、沙土司所争夺，沙氏是步雄龙氏的岳父。安隆土司的岑氏、侬氏之间的纷争。岑氏在广西泗城州，侬氏在广南府。现在广南府势力变强，安隆长官司的领地被侬氏占据了十分之八九了。土司摧残百姓，是土司的本性，而且祸乱朝廷的边疆，这是不可助长的。各部彝人苦于遭受土司的糟蹋摧残，实在是令人痛心疾首，只是在土司的权势压迫下，生死只有听天由命了，并不是真的怀有牢不可破的恋主思归之心。彝人之所以乐于反叛，不过是受到了余孽的煽动。这些人的汉语不熟练，而一向亲近彝风彝人，因此勾引彝人反叛是容易的。然而余孽也并不是真的拥有商殷遗民、田横门客那种顽固不化的部众，只不过是跳梁小丑、潜伏盗匪之类的奸邪之徒，凭借口舌愚弄民众，从而施以狡诈的手段罢了。

所度诸山之险，远以罗平、师宗界偏头哨为最；其次则通海之建通关[1]，其险峻虽同，而无此荒寂；再次则阿迷之中道岭，沈家坟处。其深杳虽同，而无此崇隘；又次则步雄之江底东岭，其曲折虽同，而无此逼削。若溪渡之险，莫如江底，崖削九天[2]，堑[3]嵌九地[4]，盘江朋圃[5]之渡，皆莫及焉。

【注释】

❶ 建通关：《续修通海县志》中载，建通关“在县南二十里通海、建水分界处，设塘设铺”。❷ 九天：指高深莫测的九重天上。❸ 堑：指深邃的壑谷。❹ 九地：指无比深幽的九层地底。❺ 朋圃：即今朋普，位于弥勒市南境，明代时也作渊普、彭堡。

【译文】

所翻越过的众多险峻山峰，远处的以罗平州、师宗州交界处的偏头哨最为险要；其次是通海县的建通关，它虽然和偏头哨同样险峻，却没有偏头哨那么荒芜空寂；再次是阿迷州的中道岭，沈家坟所在地。它虽然和偏头哨一样幽深沉寂，却没有偏头哨那么高峻狭窄；又再次是步雄的江底寨东岭，它虽然和偏头哨一样曲折，却没有偏头哨那么逼仄陡峭。至于所渡过的溪涧之险，则没有比得上江底寨的，那里悬崖陡削高插九重天，壑谷深嵌九层地底，盘江之上的朋圃渡口，都赶不上它。

粤西之山，有纯石者，有间石者，各自分行独挺，不相混杂。滇南[1]之山，皆土峰缭绕，间有缀石，亦十不一二，故环洼为多。黔南[2]之山，则界于二者之间，独以逼耸见奇。滇山惟多土，故多壅流成海，而流多浑浊。惟抚仙湖[3]最清。粤山惟石，故多穿穴之流，而水悉澄清。而黔流亦界于二者之间。

【注释】

① 滇南：云南省简称滇，又因为位于国土南部，所以称作滇南。如今的滇南多指云南省南部，含义已经有所变化。② 黔南：贵州省本称黔，又因为位于国土南部，所以称作黔南。③ 抚仙湖：也叫澄江海，位于今澄江县南边。它是云南省第三大湖，面积有 212 平方公里，它也是云南省最深的湖泊，平均水深 87 米，最深的地方达 151.5 米。

【译文】

广西西部的山峰，有的完全是由岩石构成的，有的是土石相间，各自分行排列、独自高挺，不相互混杂。云南的山峰，都是土峰环绕，其中点缀有岩石的山峰，也不足十分之一二，因此山中的环洼有很多。贵州的山峰，则介于两者之间，独以峻峭、高耸称奇。云南的山峰多是由土构成，因此常常坍塌下来堵住溪流，形成湖泊，而且溪流大多都很浑浊。唯有抚仙湖最清澈。广西的山峰只有岩石，因此有很多河流都是从从洞穴里穿流而出的，而且河水都十分清澈。而贵州的河流，其清浊程度也是介于两者之间的。

游茈碧湖日记

十八日　昧爽促饭，而担夫逃矣。久之，店人厚索余赀，为送浪穹[1]。遂南行二里，过一石桥，循东山之麓而南，七里，至牛街子[2]。循山南去，为三营大道；由岐西南，过热水塘[3]，行坞中，为浪穹间道。盖此地已为浪穹、鹤庆犬牙错壤矣。于是西南从支坡下，一里，过热水塘，有居庐绕之。余南行塍间，其坞扩然大开。西南八里，有小溪自东而西注。越溪又南，东眺三营[4]，居庐甚盛，倚东山之麓，其峰更崇；西望溪流，逼西山之麓，其畴更沃；过此中横之溪，已全为浪穹境矣。三营亦浪穹境内，余始从鸡山闻其名，以为山阴也，而何以当山之南？至是而知沐西平再定佛光寨，以其地险要，特立三营以控扼之。土人呼“营”为“阴”，遂不免与会稽之邻县同一称谓莫辨矣[5]。

【注释】

①浪穹：即今云南省洱源县。明为县，隶属邓川州。②牛街子：即今洱源县北境的牛街乡。③热水塘：热水塘是云南地方对温泉的俗称，这里专指牛街温泉。该温泉位于牛街稍南的公路旁边。④三营：位于洱源县北境。⑤土人呼“营”二句：明代时设置绍兴府，山阴县与会稽县同为绍兴府的附郭县，治所都位于今浙江省绍兴市。

【译文】

十八日　黎明时分催促吃饭，然而挑夫逃走了。过了好久，店主人向我多索要钱财，为我把行李送到了浪穹县。于是往南面走了二里路，越过一座石桥，顺着东山麓朝南行，走了七里路，到达牛街子。沿山朝南面走，是去往三营的大道；从岔路往西南走，经过热水塘，行走于山坞中，是去往浪穹县的小道。原来此地已是浪穹县和鹤庆府犬牙交错、相互接壤的地带了。于是从西南面的一个支坡往下走，一里路后，经过热水塘，周围有民居环绕。我往南面行走于田畦中，山坞豁然开阔。朝西南面走了八里路，有一条小溪从东往西流。越过小溪又朝南行，往东面眺望三营，村居十分兴盛，背倚东山麓，那里山峰更加高峻；往西面眺望溪流，逼近西山麓，那里的土地更加肥沃；越过这条横在眼前的溪流，已经完全在浪穹县境了。三营也位于浪穹县境内，我最初是在鸡足山听说三营这个地名的，以为是山阴二字，却为什么在山南面呢？到了此地才知，西平侯沐英第二次平定佛光寨，因这里地势险要，专门建立了三营来控制。当地人将“营”读作“阴”声，于是不免与绍兴府会稽的邻县——山阴县相同称谓而不能分辨了。

又南十里，则大溪[1]自西而东向曲。由其西，有木桥南北跨之，桥左右俱有村庐。南度之，行溪之西三里，溪复自东而西向曲。又度桥而行溪之东三里，于是其溪西逼西山南突之嘴，路东南陟陇而行。四里，则大溪又自西而东向曲，有石梁南跨之，而梁已中圮，陟之颇危。梁之南，居庐亦盛，有关帝庙东南向，是为大屯。屯之西，一山北自西大山分支南突，其东南又有一山，南自东大山分支北突，若持衡之针，东西交对，而中不接。大溪之水北捣出洞鼻之东垂，又曲而南环东横山之西麓，若梭之穿其隙者。两山既分悬坞中，坞亦若界而为二。

【注释】

[1] 大溪：即今弥茨河。

【译文】

又朝南面走了十里路，大溪从西往东蜿蜒。沿着大溪向西面走，有一座南北向横跨于溪上的木桥，木桥左右两岸都有村舍。向南过桥，顺着大溪西岸走三里路，溪水又从东往西蜿蜒。又过桥而顺着大溪东岸走三里路，从这里开始溪水朝西面紧逼西山向南突出的山口，沿着道路向东南面登陇而行。四里路后，则大溪又从西往东蜿蜒，有一座石桥南北向横跨于溪上，然而石桥中段已经坍塌，过桥十分危险。石桥的南边，村居也很兴盛，有一座面朝东南的关帝庙，这是大屯。大屯的西边，一座山峰的北面从西部大山分出支脉向南耸起，其东南面又有一座山峰，南边从东部大山分出支脉向北面突出，如同保持平衡的针，东西交错相对，而中间没有连接。大溪的水朝北面冲向出洞鼻的东边，又转而向南环绕东部横山的西麓，如同梭子一样从山缝中穿过。两道山分别悬立于山坞之中，山坞也好像被分成了两部分。

于是又西南行塍间，三里，转而西，三里，过一小石梁，其西则平湖浩然，北接海子，南映山光，而西浮雉堞，有堤界其中，直西而达于城。乃遵堤西行，极似明圣苏堤，虽无六桥花柳，而四山环翠，中阜弄珠，又西子之所不能及也。湖中鱼舫泛泛，茸草新蒲，点琼飞翠，有不尽苍茫、无边潋滟之意，湖名"茈碧"，有以也。西二里，湖中有阜中悬，百家居其上。南有一突石，高六尺，大三丈，其形如龟。北有一回冈，高四尺，长十余丈，东突而昂其首，则蛇石也。龟与蛇交盘于一阜之间，四旁沸泉腾溢者九穴，而龟之口向东南，蛇之口向东北，皆张吻吐沸，交流环溢于重湖之内。龟之上建玄武阁，以九穴环其下，今名九炁台[1]。余循龟之南，见其腭中沸水，其上唇覆出，为人击缺，其水热不可以濯。有僧见余远至，遂留饭，且及夫仆焉。其北蛇冈之下，亦新建一庵，余以入城急，不暇遍历。

【注释】

[1] 九炁（qì）台：即今九气台温泉，位于洱源县东边的九气台村。该温泉的水温高达76℃，能将鸡蛋烫熟。当地人常从温泉的沟道上刮取天然硫磺，村周围今已成陆。炁，同"气"。

【译文】

于是又从西南面的田畦中走，三里路后，转而向西行，三里路后，经过一座小石桥，桥的西边是浩荡的平湖，北边连接着浪穹海子，南边映衬着山色，而西边有耸立的城墙，湖中央有堤界，堤一直向西通到城。于是顺着堤朝西面走，堤像极了西湖的苏堤，虽无六桥花柳，但四面青山环绕，湖中小岛犹如珠串，又是西湖所比不上的。湖中鱼船漂浮，新生的蒲草毛茸茸的，似琼玉点点，若翡翠纷飞，有苍茫无尽、潋滟无限的意境，湖名叫作“茈碧”，真是名副其实。往西面走二里路，有座小岛悬在湖中央，岛上居住着上百户人家。岛的南面有一块突起的石头，高六尺，长三丈，形如龟。岛的北面有一道回环的山冈，高四尺，长十多丈，东端如昂首般突起，这是蛇石。龟与蛇交错盘踞于一岛之上，四周有九个腾溢着沸泉的洞穴，而龟口朝向东南，蛇口朝向东北，都张嘴喷吐着沸泉，泉水交流环溢于湖内。龟石上面建有玄武阁，因为其下有九个洞穴环绕，所以今名九炁台。我沿着龟石的南边走，看见龟腭中有沸泉，龟上唇倾覆突出，被人敲击得缺了一块，水热得不能洗涤。有位僧人见我远道而来，便留我吃饭，连同挑夫和顾仆。岛北边的蛇冈下面，也有一座新建的庵，我因为着急进城，来不及遍游。

由台西复行堤间，一里，度一平桥，又二里，入浪穹东门。一里，抵西山之下，乃南转入护明寺，憩行李于方丈。寺东向，其殿已久敝，僧方修饰之。寺之南为文昌阁，又南为文庙，皆东向，而温泉即洋溢于其北。既憩行李，时甫过午，入叩何公巢阿，一见即把臂入林，欣然恨晚，遂留酌及更，仍命其长君送至寺宿焉。何名鸣凤，以经魁[1]初授四川郫县令，升浙江盐运判官。尝与眉公道余素履，欲候见不得。其与陈木叔诗，有“死愧王紫芝，生愧徐霞客”之句，余心愧之，亦不能忘。后公转六安州知州，余即西游出门。至滇省，得仕籍[2]，而六安已易人而治；讯东来者，又知六安已为流寇所破，心益忡忡。至晋宁，会教谕[3]赵君，为陆凉人，初自杭州转任至晋宁，问之，知其为杭州故交也，言来时从隔江问讯，知公已丁艰先归。后晤鸡足大觉寺一僧，乃君之戚，始知果归，以忧离任，即城破，抵家亦未久也。

【注释】

❶ 经魁（kuí）：古代科举制度以五经取士，每经中各取第一名，称为经魁。❷ 仕籍：官吏名册。❸ 教谕：明代时为县学学官，主管祭祀和考试、教育和管束生徒。

【译文】

从九炁台西面再行走于堤上，一里后，越过一座平桥，又走了二里，进入浪穹县城的东门。一里后，来到西山下面，然后往南转入护明寺，将行李放置在方丈中。寺面朝东，大殿凋敝已久，僧人正在修整它。寺的南边是文昌阁，再往南是文庙，都面朝东，而温泉就从寺的北面汩汩流出。安置好行李后，刚过中午，入城拜访何公巢阿，一见面他就挽着我的胳膊请我进去，万分喜悦，相见恨晚，于是留我饮酒一直到天黑打更时，然后令他的长子送我回护明寺住宿。何公名叫何鸣凤，最初凭借经魁的身份担任四川省郫县知县，后来升任为浙江省盐运判官。曾和眉公说起我是布衣之士，想要探访却没能得见。他写给陈木叔的诗中，有“死愧王紫芝，生愧徐霞客”这样的句子，我心中惭愧，也无法忘怀。后来何公转任六安州知州，我就离开家门向西远游。来到云南省，看见官吏名册，而六安州知州已由他人担任；向东部来的人打听，又得知六安州已被流寇攻破，更加忧心忡忡了。到了晋宁州，拜会了学官赵君，赵君是陆凉州人，当初是从杭州转到晋宁州任职的，询问之后，得知他是何公在杭州的故交，他说来就任的时候从六安州的隔江对岸打听，得知何公因父母去世先回来了。后来我遇到了鸡足山大觉寺的一个僧人，他是何公的亲戚，才知道何公果真回来了，因为父母服丧而离任，随即六安州城就被攻破了，到家也没有多长时间。

十九日　何君复具餐于家，携行李入文庙西庑，乃其姻刘君匏石读书处也。上午，何君具舟东关外，拉余同诸郎四人登舟。舟小仅容四人，两舟受八人，遂泛湖[1]而北。舟不用楫，以竹篙刺水而已。渡湖东北三里，湖心见渔舍两三家，有断埂垂杨环之。何君将就其处，结楼缀亭，绾纳湖山之胜，命余豫题联额，余唯唯。眺览久之，仍泛舟西北，二里，遂由湖而入海子。南湖北海，形如葫芦，而中束如葫芦之颈焉。湖大而浅，海小而深，湖名茈碧，海名洱源。东为出洞鼻，西为刖头村，北为龙王庙，三面山环成窝，而海子中溢，南出而为湖。海子中央，底深数丈，水色澄莹，有琉璃光穴从水底喷起，如贯珠联璧，结为柱帏，上跃水面者尺许，从旁遥觑水中之影，千花万蕊，喷成珠树，粒粒分明，丝丝不乱，所谓“灵海耀珠”也。山海经谓洱源出罢谷山，即此。杨太史有《泛湖穷洱源》遗碑没山间，何君近购得之，将为立亭以志其胜焉。从海子西南涯登陆，西行田间，入一庵，即护明寺之下院也。何君之戚，已具餐庵中，为之醉饱。下午，仍下舟泛湖，西南二里，再入小港，何君为姻家拉去，两幼郎留侍，令两长君同余还，晚餐而宿文庙西庑。

【注释】

①湖：该湖在明代称作浪穹海子，也叫宁湖、明河，就是如今的茈碧湖。

【译文】

十九日　何君又在家中备下了餐饭，我带着行李进入了文庙西厢房，这是他的姻亲刘匏石君读书之处。上午，何君在东关外准备好了船只，拉着我和他的四个儿子登上船。船很小，只能容纳四个人，两只船共载八个人，便往北面游湖。船不用桨来划，用竹篙撑水就可以了。在湖中往东北方向行驶了三里路，在湖心处遇见两三家渔舍，被断埂垂杨环绕着。何君准备在这附近建盖楼宇，修筑亭阁，收揽湖光山色的胜景，他让我预先题写对联匾额，我连连答应。眺望观览了许久，仍旧乘船往西北方向走，二里路后，便从湖进入了海子。南为湖北为海，形状似葫芦，而中部狭窄的地方就像葫芦的细颈。湖大而浅，海小而深，湖的名字叫茈碧，海的名字叫洱源，东面是出洞鼻，西面是刖头村，北面是龙王庙，三面山峰环为深窝，而海子从中溢出，朝南流出形成湖。海子中央，海底深几丈，水色澄澈清莹，放射出琉璃般的光芒，洞穴从水底喷起，好似串串珍珠美玉，结成了水柱帷幕，向上跃出水面一尺多，从旁边远看水中的影像，仿佛千朵花万枝蕊，喷射成珍珠树，一粒粒十分清楚，一丝丝毫不紊乱，这就是所谓的“灵海耀珠”的景致。《山海经》里说洱源源自罢谷山，就是此地。杨太史《泛湖穷洱源》的遗碑埋没在这山间，何君近来收购了它，准备为这座碑修建亭阁以标明这一美妙的胜境。从海子的西南岸登陆，从西边的田间行走，进入一座庵，这是护明寺的下院。何君的亲戚，已在庵中备好午餐，酒足饭饱。下午，仍旧登船游湖，往西南方向行二里路，又驶进小港，何君被姻亲家拉走，令两个幼子留下来侍候，令两个长子同我返回，吃完晚饭后在文庙西厢房住宿。

二十日　何君未归，两长君清晨候饭，乃携盒抱琴，竟堤而东，再为九炁台之游。拟浴于池，而浴池无覆室，是日以街子[1]，浴者杂沓，乃已。遂由新庵掬蛇口温泉，憩弄久之，仍至九炁台，抚琴命酌。何长君不特文章擅藻，而丝竹[2]俱精。就龟口泉瀹鸡卵为餐，味胜于汤煮者。已而寺僧更出盒佐觞，下午乃返。西风甚急，何长君抱琴向风而行，以风韵弦，其声泠泠[3]，山水之调，更出自然也。

【注释】

❶ 街子：市集的方言说法。❷ 丝竹：是弦乐器和竹制管乐器的总称。❸ 泠泠（líng）：本义形容流水声，这里形容琴声清幽。

【译文】

二十日　何君没有回来，他的两个长子一大早就等候我用饭，然后带着食盒抱着琴，向东走到湖堤尽头，第二次游历九炁台。打算到温泉池里沐浴，但是浴池没有覆盖的房屋，这天因为是市集，来沐浴的人杂乱而众多，便没去沐浴。于是去了新庵，用手捧蛇口温泉，休息、玩耍了很长时间，仍旧来到九炁台，弹琴小酌。何君的长子不但擅长作文章用辞藻，而且弦乐器和管乐器样样俱通。在龟口的泉水中煮鸡蛋当作午餐，其味道比用水煮的要好。不一会儿，寺里的僧人又拿出了食盒以助酒兴，直到下午才返回。西风十分迅疾，何君的长子抱着琴迎着风往前走，让风来合弦，琴发出清幽之声，宛如山水之音，更显出自然的韵味。

游大理日记

十二日　觉宗具骑挈餐，候何君同为清碧溪[1]游。出寺即南向行，三里，过小纸房，又南过大纸房。其东即郡城之西门，其西山下即演武场。又南一里半，过石马泉。泉一方在坡坳间，水从此溢出，冯元成谓其清洌不减慧山。甃为方池，其上有废址，皆其遗也。志云："泉中落日照见有石马，故名。"又南半里，为一塔寺[2]，前有诸葛祠并书院。又南过中和、玉局二峰。六里，渡一溪，颇大。又南，有峰东环而下。又二里，盘峰冈之南，乃西向觅小径入峡。峡中西望，重峰罨[3]映，最高一峰当其后，有雪痕一派，独高垂如匹练界青山，有溪从峡中东注，即清碧之下流也。从溪北蹑冈西上，二里，有马鬣[4]在左冈之上，为阮尚宾之墓。从其后西二里，蹑峻凌崖。其崖高穹溪上，与对崖骈突如门，上耸下削，溪破其中出。从此以内，溪嵌于下，崖夹于上，俱逼仄深窅[5]。路缘崖端，挨北峰西入，一里余，马不可行，乃令从者守马溪侧，顾仆亦止焉。

【注释】

❶ 清碧溪：位于云南大理苍山的圣应峰与马龙峰之间。一股清泉分三叠从两峰狭口处下泻，形成上、中、下三潭，这就是清碧溪。它是苍山十八溪中风光最美的一溪，水清如玉，潭瀑映趣，恍若桃源。❷ 一塔寺：《大明一统志》大理府寺观中载："弘圣寺，在点苍山七峰麓，中有塔高二十丈，又名一塔寺。"点苍

山即今苍山，该塔今犹存。③ 罨（yǎn）：通“掩”，遮掩。④ 马鬣（liè）：坟墓。⑤ 深窅（yǎo）：深邃的样子。窅，本义为眼睛凹进去，比喻深远。

【译文】

十二日　觉宗备好马匹带好午餐，等候何君一起去游览清碧溪。从寺里出来之后立刻往南边走，三里路后，途经小纸房，又向南面途经大纸房。大纸房的东边就是府城的西门，西边的山下就是演武场。又往南面走了一里半路，路过石马泉。坡坳之间有一池泉水，泉水从此处往外溢，冯元成说这汪泉水的清冽程度不逊于慧山的泉水。砌成方池，方池上面有废弃的基址，都是冯元成的遗迹。志书上说：“落日照映在泉水中现出了石马的样子，所以这样命名。”又往南面走了半里路，来到一塔寺，一塔寺前面有诸葛祠和书院。又往南边经过了中和、玉局两座山峰。走了六里路，渡过一条溪水，水势很大。再往南边走，有一座山峰朝东面环绕而下。又走了二里路，盘绕到峰下山冈之南，于是往西面走寻找小路进入峡谷。从峡谷中往西面望去，重重叠叠的山峰互相遮掩映衬，最高的一座山峰盘踞在峡谷的后方，上面有积雪的痕迹，犹如一匹白绢独自从高处垂落下来，隔断了青山，有一条溪水从峡谷中朝东面流淌，这就是清碧溪的下游了。从清碧溪的北面踏着山冈朝西往上攀登，走了二里路，看到左面山冈上有坟墓，这是阮尚宾的坟墓。从坟墓后面往西边走二里路，踏着险峻的山岭登上山崖。这座山崖高高地隆起在溪流之上，和对面的山崖并列前突，就像门一样，上部高耸下部陡削，溪流冲捣其中而流出去。从这里以内，溪流深深地嵌于下谷，山崖高高地夹立于上空，都很狭窄深邃。道路沿着山崖的顶端，紧靠着北侧山峰朝西面进去，走了一里多路，马没办法往前走了，于是命令随行的人在溪边看守马匹，顾仆也停留在那里。

余与巢阿父子同两僧溯溪入。屡涉其南北，一里，有巨石蹲涧旁，两崖巉石，俱堆削如夹。西眺内门，双耸中劈，仅如一线，后峰垂雪正当其中，掩映层叠，如挂幅中垂，幽异殊甚。觉宗辄解筐酌酒，凡三劝酬。复西半里，其水捣峡泻石间，石色光腻，文理灿然，颇饶烟云之致。于是盘崖而上，一里余，北峰稍开，得高穹之坪。又西半里，自坪西下，复与涧遇。循涧西向半里，直逼夹门下，则水从门中突崖下坠，其高丈余，而下为澄潭。潭广二丈余，波光莹映，不觉其深，而突崖之槽，为水所汩，高虽丈余，腻滑不可着足。时余狎之不觉，见二僧已逾上崖，而何父子欲从涧北上，余独在潭上觅路不得。遂蹑峰槽，与水争道，为石滑足，与水俱下，倾注潭中，水及其项。亟跃而出，踞石绞衣。攀北崖，登其上，下瞰余失足之槽，虽高丈余，其上槽道曲折如削，腻滑尤甚；即上其初层，其中升降，更无可阶也。再逾西崖，下觑其内有潭，方广各二丈余，其色纯绿，漾光浮黛，照耀崖谷，午日射其中，金碧交荡，光怪得未曾有。潭三面石壁环窝，南北二面石门之壁，其高参天，后面即峡底之石，高亦二三丈；而脚嵌颡[1]突，下与两旁联为一石，若剖半盎，并无纤隙透水潭中，而突颡之上，如檐覆潭者，亦无滴沥抛崖下坠；而水自潭中辄东面而溢，轰倒槽道，如龙破峡。余从崖端俯而见之，亟攀崖下坠，踞石坐潭上，不特影空人心[2]，觉一毫一孔，无不莹彻。亟解湿衣曝石上，就流濯足，就日曝背，冷堪涤烦，暖若挟纩[3]。何君父子亦百计援险至，相叫奇绝。

【注释】

❶ 颡（sǎng）：指前额。❷ 影空人心：指山影消除了人心中的杂念。典故出自唐代诗人常建《题破山寺后禅院》中的“山光悦鸟性，潭影空人心”句。❸ 挟纩（kuàng）：指抱着棉被。纩，棉絮。

【译文】

我与何巢阿父子还有两位僧人一同逆着溪流往里走。多次涉到了溪流的南北两岸，走了一里路，见有巨石蹲踞在溪流旁边，两侧山崖上山石险峻，全都陡峭如削地堆积着，如同夹道。向西边眺望里面的石门，双双耸立，中间劈开，仅仅如同一条线，后面山峰上降落的积雪就在其中，互相遮掩映衬，层层叠叠，宛如挂着的条幅垂在中央，十分幽雅奇异。觉宗解下竹筐斟酒来喝，一共劝饮了三回。再往西面走半里路，则见溪水冲捣进峡谷，在岩石之间奔泻，岩石色泽光洁细腻，花纹清晰显著，非常富于烟云的意态。从这里盘绕山崖往上走，一里多路后，北侧的山峰稍微开阔了一些，遇到一处高高隆起的平地。又往西面走了半里路，从平地向西下行，再一次与山涧相遇。顺着涧水往西面走半里路，直接临近夹立的石门之下，就看见水从石门中突立的石崖上向下倾泻，石崖有一丈多高，而下方则是澄澈的水潭。水潭有二丈多宽，波光粼粼地映照着，不觉得潭有多深，而突立的石崖上的沟槽，被急流所冲刷，虽然仅有一丈多高，却光滑得不能落脚。当时我光顾着戏水而没有察觉到，看见两个僧人已经翻越到上面的石崖上了，而何家父子想要从山涧的北侧往上登，我独自一人在水潭上找不到路。于是踏着峰上的沟槽行走，跟水流争抢道路，被石头滑倒，随着流水一起冲下来，倾注到深潭中，水没到了脖子。急忙从水中跃出来，坐在岩石上拧干衣服上的水。攀缘着北侧的山崖，爬到它上面，往下观望我失足滑倒的沟槽处，虽然仅有一丈多高，但它上面的沟槽水道曲折弯转，就像用刀削出来的一样，特别光滑；即使登上它的第一层，那其中上上下下之处，也没有可以踩踏的地方了。再翻越西侧的山崖，往下看到山崖之下有水潭，长宽分别有二丈多，潭水纯绿，波光荡漾，犹如漂浮的碧玉，映照闪耀于山崖峡谷之中，正午的太阳照射在水面上，金光与碧波交相辉映，光怪陆离得仿佛从来没有见过。水潭三面的石壁环抱成窝，南北两面石门之壁，高耸参天，后面就是峡底的岩石，也有两三丈高；而下面嵌着石脚，上面却往前突出，下面与两旁联结成一块岩石，就像剖开的半个盎，并没有丝毫缝隙漏水进潭中，前突的崖石之上，如同屋檐般覆盖在水潭上面，也没有任何水滴从石崖上抛洒下坠；而水总是从潭的东面溢出来，轰鸣着冲捣入沟槽水道之中，仿佛天龙冲破峡谷一般。我从山崖顶端俯瞰到这一景观，急忙攀缘着山崖往下坠落，盘坐在水潭边的岩石上，山光石影不但消除了心中的一切杂念，而且感觉每一根汗毛和每一个毛孔，全都是晶莹透彻的。我急忙脱下湿衣服在岩石上晒，就着流水洗脚，顶着阳光晒脊背，冰冷得足以将烦恼洗净，温暖得仿佛怀里抱着棉被。何君父子也千方百计地攀缘险途来到这里，争相评点着此处的奇绝美景。

久之，崖日西映，衣亦渐干，乃披衣复登崖端，从其上复西逼峡门，即潭左环崖之上。其北有覆崖庋空，可当亭榭之憩，前有地如掌，平甃若台，可下瞰澄潭，而险逼不能全见。既前，余欲从其内再穷门内二潭，以登悬雪之峰。何君辈不能从，亦不能阻，但云："余辈当出待于休马处。"余遂转北崖中垂处，西向直上。一里，得东来之道，自高穹之坪来，遵之曲折西上，甚峻。一里余，逾峡门北顶，复平行而西半里，其内两崖石壁，复高骈夹起，门内上流之间，仍下嵌深底。路旁北崖，削壁无痕，不能前度，乃以石条缘崖架空，度为栈道者四五丈，是名阳桥，亦曰仙桥。桥之下，正门内之第二潭所汇，为石所亏蔽，不及见。度桥北，有叠石贴壁间。稍北，叠石复北断，乃趁其级南坠涧底。底有小水，蛇行块石间，乃西自第一潭注第二潭者。时第二潭已过而不知，只望涧中西去，两崖又骈对如门，门下又两巨石夹峙，上有石平覆如屋而塞其后，覆屋之下，又水潴其中，亦澄碧渊渟[1]，而大不及外潭之半。其后塞壁之上，水从上涧垂下，其声潺潺不绝，而前从块石间东注二潭矣。余急于西上，遂从涧中历块石而上。涧中于是无纤流，然块石经冲涤之余，不特无污染，而更光腻，小者践之，巨者攀之，更巨者则转夹而梯之。上瞩两崖，危矗直夹，弥极雄厉。渐上二里，硐石高穹，滑不能上，乃从北崖转陟箐中。崖根有小路，为密箐所翳，披之而行。又二里，闻人声在绝壁下，乃樵者拾枯枝于此，捆缚将返，见余，言前已无路，不复可逾。余不信，更从丛篁中披陡而西上。其处竹形渐大，亦渐密，路断无痕。余莽披之，去巾解服，攀竹为絙。复逾里余，其下壑底之涧，又环转而北，与垂雪后峰，又界为两重，无从竟升。闻清碧涧有路，可逾后岭通漾濞，岂尚当从涧中历块耶？

【注释】

❶ 渊渟（tíng）：指深水潭。

【译文】

过了很久，山崖上太阳西沉，衣服也慢慢被晒干了，于是披上衣服再次登临山崖顶端，从崖顶再往西面走近峡中的石门，它环绕在水潭左侧的山崖上面。它的北面有向下倾覆的石崖平架在空中，可当作休息用的亭台楼榭，前面有一块巴掌大的地方，平平地砌得宛如高台，可以俯瞰澄澈碧绿的水潭，但是险要狭窄的地势不能完全看见。不一会儿，往前走，我想要从里面再去游览石门内的两个水潭，因而攀登积雪高悬的山峰。何君等人不能跟随，也阻挡不了我，只是说："我们出去在马休息的地方等你。"我于是转到北侧山崖中下垂的地方，往西面径直上登。走了一里路，看到东边的一条路，这条路是从高高隆起的平地处伸来的，沿着这条曲折的路往西面攀登，十分险峻。一里多路后，翻过峡中石门北面的顶部，再向西面平行半里路，其内部两侧山崖的石壁，又并立夹耸，峡中石门内的山涧上游，仍然深深地下嵌在谷底。道路旁边的北侧山崖，陡峭如削的石壁上没有裂痕，不能往前越过，于是用石条沿着山崖架设在空中，横架成的栈道有四五丈长，这里名为阳桥，也叫仙桥。桥的下面，正是石门内第二个水潭所融汇的地方，被岩石所遮蔽，没来得及看。越到桥北，有层叠的石阶贴在石壁间。稍往北走，层叠的石阶又在北边中断了，于是就着岩石叠成的台阶往南面降落到山涧底部。山涧底部有一条小溪，像蛇一样盘流在石块之间，这是从西面第一个水潭流到第二个水潭中的水。此时已经错过了第二个水潭却不知道，只是望着山涧之中往西面走去，两侧山崖又像门一样并立相对着，门下又有两块巨石对峙相夹，上面有块平整的岩石像屋子一样覆盖着，但是堵住了后面，覆盖的石屋之下，又有水积聚在其中，也是澄澈碧绿的深水潭，只是大小不到外面的水潭的一半。它后面堵塞的石壁上，水从上面的山涧中垂流而下，潺潺的水声不绝于耳，然后顺着前方的石块之间往东流向第二个深潭去了。我急于向西面攀登，于是从山涧中踏着石块往上走。山涧中从这里开始没有了纤细的水流，而石块经过水的冲刷洗涤后，不但没有沾染上污泥，而且更加光滑细腻了，小些的石块就踩它走，大些的石块就攀着走，更大的石块就转过相夹处往上攀登。从上面遥望两侧山崖，峻崖矗立，陡直相夹，更加雄伟壮丽了。慢慢地向上攀登二里路，涧中的岩石高高地隆起，光滑得无法上去，于是只好从北侧山崖上转而向箐谷中攀缘。崖底有一条小路，被浓密的竹丛所遮蔽，拨开竹丛往前行。又走了二里路后，听见绝壁下有人声，原来是樵夫在这里捡拾枯枝，捆绑好之后正要返回去，看到我，说前面已经没有路，不能再翻越过去了。我不相信，再拨开丛密的竹林从陡坡向西面攀爬。这里的竹子逐渐变大，也逐渐浓密起来，路断得一点儿踪迹也没有了。我胡乱地拨开竹丛，摘去头巾脱下衣服，攀住竹子当作绳索。又走了一里多路，下面壑谷底部的山涧，又盘环着转向北边，与后边积雪下垂的山峦，又隔着两重，无法径直向上攀登。听说清碧涧有条路，可越过后岭通往漾濞，难道还是应当从山涧中穿越那些石块走吗？

时已下午，腹馁甚，乃亟下；则负刍[1]之樵，犹匍匐箐中。遂从旧道五里，过第一潭，随水而前，观第二潭。其潭当夹门逼束之内，左崖即阳桥高横于上，乃从潭左攀磴隙，上阳桥，逾东岭而下。四里至高穹之坪，望西涧之潭，已无人迹，亟东下沿溪出，三里至休马处。何君辈已去，独留顾仆守饭于此，遂啜之东出。三里半，过阮墓，从墓右下渡涧，由涧南东向上岭。路当南逾高岭，乃为感通间道；余东逾其余支，三里，下至东麓之半。牧者指感通道，须西南逾高脊乃得，复折而西南上跻，望崖而登，竟无路可循也。二里，登岭头，乃循岭南西行。三里，乃稍下，度一峡，转而南，松桧翳依，净宇高下，是为宕山[2]，而感通寺在其中焉。

【注释】

①刍（chú）：禾秆、禾茎。②宕（dàng）山：《大明一统志》中作荡山，也叫上山。即今苍山圣应峰。圣应峰南麓的感通寺，古称荡山寺或上山寺，元代时便已颇具盛名。

【译文】

此时已经是下午了，我饥肠辘辘，便急忙下山；只见背着柴草的樵夫，仍然爬行在山箐之中。于是顺着原路往回走了五里，途经第一个深潭，顺着水流往前走，观览了第二个水潭。这个水潭就在夹立的狭窄石门里面，左侧石崖上就是阳桥，其高高地横跨在上方，于是从水潭左侧踏着石缝中的石磴，登上阳桥，翻过东岭往下走去。走了四里路，来到高高隆起的平地上，看到西部山涧中的水潭旁边，已经没有了人的踪迹，急忙朝东面往下沿着溪流走出来，三里路后到达马匹休息处。何君等人已经离开了，只留下顾仆在这里守着饭，于是吃完饭往东面出山。走了三里半路，路过阮尚宾的坟墓，从坟墓右侧往下渡过涧水，从涧南往东攀登山岭。向南越过高大山岭的那条路，应该是通往感通寺的捷径；我往东面翻越它的余脉，走了三里路，下到了东麓的半山腰。牧人指着说去往感通寺的路，必须往西南边翻过高大的山脊才能到达，于是又转而往西南方向攀登，望着山崖往上登，最后没有路可以走了。二里路后，登上岭头，然后沿着山岭南侧往西走。三里路后，才稍稍往下走，穿过一个峡谷，转而往南行，松树柏树掩映相依，佛寺庙宇高低错落，这就是宕山，感通寺就在这山里面。

盖三塔、感通，各有僧庐三十六房，而三塔列于两旁，总以寺前山门为出入；感通随崖逐林，各为一院，无山门总摄，而正殿所在，与诸房等，正殿之方丈有大云堂，众俱以“大云堂”呼之而已。时何君辈不知止于何所，方逐房探问。中一房曰斑山，乃杨升庵写韵楼[1]故址，初闻何君欲止此，过其门，方建醮[2]设法于前，知必不在，乃不问而去。后有人追至，留还其房。余告以欲觅同行者，其人曰：“余知其所止，必款斋而后行。”余视其貌，似曾半面，而忘从何处，谛审之，知为王赓虞，乃卫侯之子，为大理庠生[3]，向曾于大觉寺会于遍周师处者也。今以其祖母忌辰，随其父来修荐于此，见余过，故父子相谂[4]，而挽留余饭焉。饭间，何君亦令僧来招。既饭而暮，遂同招者过大云堂前北上，得何君所止静室，复与之席地而饮。夜月不如前日之皎。

【注释】

①杨升庵写韵楼：杨升庵即杨慎，他曾与大理文豪李元阳同游感通寺，并在宿处斑山楼上写下千字韵，李元阳因此题此楼为写韵楼。②醮（jiào）：指僧道为

消灾除鬼而设立的道场。③ 庠生：古代的学校称为庠，故学生称为庠生。④ 谂（shěn）：认识。

【译文】

三塔寺、感通寺，分别有三十六房僧舍，三塔寺的僧舍是排列在两旁的，全部以寺前面的山门为进出口；而感通寺顺着山势、沿着树林，分别辟出一院，没有统一的山门，而且正殿所在地，与其他僧房同等高度，正殿的方丈有一处大云堂，僧人们都叫它“大云堂”罢了。我当时不知道何君等人住在哪里，于是挨个房舍寻找打听。其中一间名叫斑山的房舍，是杨升庵写韵楼的故址，起初听说何君想要住在那里，经过门口的时候，看到门前正设坛做法事，心想他必定不在这里，于是没有问就离开了。这时后面有人追了上来，挽留我回到了他的房中。我告诉他我想去寻找同行的人，那个人说：“我知道他们住在哪里，请您一定要享用完斋饭后再去。”我看那个人的容貌，好像见过一面，但是忘了是在哪里见过，仔细地审视了一番，知道他是王赓虞，卫侯的儿子，是大理府学的生员，我以前曾在大觉寺遍周禅师那里与他见过面。今天因为是他祖母的祭日，他跟随父亲来这里施斋做法事，看到我路过，父子二人都认出了我，便留我在此用饭。吃饭的时候，何君也让僧人来召唤我。吃完饭后天就黑了，于是同前来召唤我的僧人经过大云堂前朝北边往上走，来到何君所居住的静室，又与他坐在地上饮酒。夜里的月光没有前一天的那样皎洁。

十三日　与何君同赴斋别房，因遍探诸院。时山鹃花盛开，各院无不灿然。中庭院外，乔松修竹，间以茶树[1]。树皆高三四丈，绝与桂相似，时方采摘，无不架梯升树者。茶味颇佳，炒而复曝，不免黪黑。已入正殿，山门亦宏敞。殿前有石亭，中立我太祖高皇帝[2]赐僧无极《归云南诗》十八章，前后有御跋。此僧自云南入朝，以白马、茶树献，高皇帝临轩见之，而马嘶花开，遂蒙厚眷。后从大江还故土，帝亲洒天葩，以江行所过，各赋一诗送之，又令诸翰林大臣皆作诗送归。今宸翰[3]已不存，而诗碑犹当时所镌者。李中谿[4]《大理郡志》以奎章[5]不可与文献同辑，竟不之录。然其文献门中亦有御制文，何独诗而不可同辑耶？殿东向，大云堂在其北。僧为瀹茗设斋。

【注释】

❶ 茶树：《大明一统志》大理府物产中有载：“感通茶，感通寺出，味胜他处产者。”《滇略·产略》中将感通茶与太华茶作比较，得出“点苍感通寺之产过之，值亦不廉”的结论。❷ 太祖高皇帝：即明太祖朱元璋。❸ 宸（chén）翰：指皇帝的亲笔字。宸，本义为帝王宫殿，这里引申为帝王之意。翰，文字。❹ 李中谿（xī）：即李元阳，字仁甫，号中溪，大理人，明代白族史学家，著有《大理府治》《云南通志》等。❺ 奎（kuí）章：指帝王的手笔。

【译文】

十三日　同何君一起去别的僧舍赴斋宴，因而探访遍了各处寺院。现在正是山杜鹃盛开的时节，各处寺院无处不鲜艳璀璨。中庭院的外面，苍松挺拔、翠竹修长，中间夹杂着茶树。茶树都三四丈高，和桂树非常相像，此时正好在采茶，到处都是架梯爬树的人。茶的味道相当好，炒过后再晒，色泽不免黝黑。不久走进正殿，山门也很宏伟宽阔。正殿前有一座石亭，亭中竖立着我朝太祖高皇帝赐予僧人无极的《归云南诗》十八首，前后都有高皇帝亲笔题写的跋。这个僧人从云南进朝，进贡了白马、茶树，高皇帝亲自到轩廊中接见他，当即白马嘶鸣茶花盛开，于是得到皇帝厚爱。后来僧人无极从长江返回故里，皇帝亲笔写下秀逸的诗文，根据沿江所要经过的地方，分别赋了一首诗送给他，又命令各位翰林院大臣全都作诗送他归乡。如今皇帝的亲笔文字已不在，但诗碑还是当时镌刻的。李中谿的《大理郡志》认为帝王的亲笔诗不能与文献辑录在一起，居然没有收录它。不过他的文献类别中也有皇帝的亲笔文章，为什么唯独诗不能一同辑录入文献中呢？正殿朝东，大云堂位于它的北面。僧人为我们煮好茶摆好了斋饭。

已乃由寺后西向登岭，觅波罗岩。寺后有登山大道二：一直上西北，由清碧溪南峰上，十五里而至小佛光寨，疑与昨清碧溪中所望雪痕中悬处相近，即后山所谓笔架山之东峰矣；一分岐向西南，溯寺南第十九涧之峡，北行六里而至波罗岩。波罗岩者，昔有赵波罗栖此，朝夕礼佛，印二足迹于方石上，故后人即以“波罗”名。波罗者，乃此方有家道人之称。其石今移大殿中为拜台。时余与何君乔梓[1]骑而行。离寺即无树，其山童然。一里，由岐向西南登。四里，逾岭而西，其岭亦南与对山夹涧为门者。涧底水细，不及清碧，而内峡稍开，亦循北山西入。又一里，北山有石横叠成岩，南临深壑。壑之西南，大山前抱，如屏插天，而尖峰齿齿列其上，遥数之，亦得十九，又苍山之具体而微者。岩之西，有僧构室三楹，庭前叠石明净，引水一龛贮岩石下，亦饶幽人之致。僧瀹茗炙面为饵以啖客。久之乃别。

【注释】

[1] 乔梓（zǐ）：乔木高大，梓木低矮，乔梓用以比喻父与子。

【译文】

过后，便从寺后往西面攀登山岭，去寻找波罗岩。寺后有两条登山的大路：一条路径直朝西北方向延伸，自清碧溪的南峰上去，行十五里后抵达小佛光寨，怀疑和昨天在清碧溪处看到的雪迹悬在中央的地方接近，就是后山中所谓的笔架山之东峰；一条路分开岔向西南方，顺着寺南第十九条山涧的峡谷，往北面走六里路后到达波罗岩。波罗岩这个地方，从前有位赵波罗住在这里，早晚拜佛，在方形的岩石上印下了两个脚印，因此后人就用“波罗”命名这块岩石。波罗这个词，是此地对有家室的僧人的称呼。这块岩石如今被移到大殿中当作跪拜用的石台了。此时我和何君父子骑马同行。出了寺就没有树木了，此处的山光秃秃的。走了一里路，从岔路往西南方向攀登山岭。又走了四里路，越过山岭向西行，这座山岭也是朝南与对面山峰夹住山涧形成门扇。山涧底部水流纤细，不如清碧溪，而里面的峡谷稍稍开阔一些，也是顺着北山往西面延伸进去。又走了一里路，北山上有石头横垒成的岩洞，南面紧临着深深的壑谷。壑谷西南，高大的山峰向前环抱，像屏风一样样高插云天，而且尖峰一齿一齿地排列在山上，远远地数了数，也是十九座山峰，这又是苍山的各个组成部分齐备之处了。岩洞的西侧，有僧人建造的三间房舍，庭前叠垒的岩石明亮洁净，引了一窟水贮存于岩石之下，也富于幽思的情趣。僧人烹煮茶水用面制饼来款待客人。过了很久才辞别。

从旧路六里，过大云堂，时觉宗相待于斑山，乃复入而观写韵楼。楼已非故物，今山门有一楼，差可以存迹。问升庵遗墨，尚有二扁，寺僧恐损剥，藏而不揭也。僧复具斋，强吞一盂而别。其前有龙女树[1]。树从根分挺三四大株，各高三四丈，叶长二寸半，阔半之，而绿润有光，花白，小于玉兰，亦木莲之类而异其名。时花亦已谢，止存数朵在树杪[2]，而高不可折，余仅折其空枝以行。

【注释】

①龙女树：树上所结之花叫作龙女花，又称上关花，木兰科，中国名花，濒临灭绝。感通寺僧人献给朱元璋的就是这种花。②树杪（miǎo）：即树梢。

【译文】

从原路往回走了六里路，路过大云堂，此时觉宗在斑山楼等候，于是我再次进门参观写韵楼。写韵楼已经不是原有的建筑物了，如今山门上有一座楼，勉强可以保存一点儿遗迹。询问杨升庵遗下的墨迹，还保存有两块匾额，寺中的僧人担心它们受到损伤而剥落，收藏起来不肯展示。僧人又备了斋饭，我勉强吃了一钵盂之后便辞别了。楼前有一棵龙女树。此树从根部分开长出了三四株大枝，各自三四丈高，树叶二寸半长，宽度是长度的一半，而且树叶碧绿润泽闪闪发光，花是白色的，比玉兰花要小，也是木莲一类的植物，但是名字不同。此时花也已经凋谢了，只剩下几朵在树梢上，然而太高了折不下来，我只折下了树上的一段空枝就离开了。

于是东下坡，五里，东出大道，有二小塔峙而夹道；所出大道，即龙尾关达郡城者也。其南有小村曰上睦[1]，去郡尚十里。乃遵道北行，过七里、五里二桥[2]，而入大理郡城[3]南门。经大街而北，过鼓楼，遇吕梦熊使者，知梦熊不来，而乃郎已至。以暮不及往。乃出北门，过吊桥而北，折而西北二里，入大空山房而宿。

【注释】

❶ 上睦：今作上末。❷ 七里、五里二桥：都位于云南省大理的南境，在下关到大理古城的公路附近从南至北依次排列着。❸ 大理郡城：明置大理府，治太和，即今云南省大理古城。城内城垣方正、街道整齐，至今仍大体保持了明清时期的古城面貌。

【译文】

从这里往东面下坡，五里路后，朝东边踏上大路，有两座小塔夹峙在道路两旁；所踏上的大路，就是从龙尾关去往郡城的路。塔的南面有一个名叫上睦的小村子，距离府城还有十里的路程。于是顺着大路往北面行进，路过七里桥、五里桥两座桥，而后进入大理府城的南门。途经大街朝北走，经过鼓楼，遇见了吕梦熊的使者，得知吕梦熊不来了，但是他的儿子已经来到。因为天黑了而来不及前去。于是从北门出来，越过吊桥来到北面，转而往西北方向走了二里路，进入大空山房住了下来。

十四日　观石于寺南石工家。何君与余各以百钱市一小方。何君所取者，有峰峦点缀之妙；余取其黑白明辨而已[1]。因与何君遍游寺殿。是寺在第十峰之下，唐开元[2]中建，名崇圣。寺前三塔鼎立，而中塔最高，形方，累十二层，故今名为三塔[3]。塔四旁皆高松参天。其西由山门而入，有钟楼与三塔对，势极雄壮；而四壁已颓，檐瓦半脱，已岌岌矣。楼中有钟极大，径可丈余，而厚及尺，为蒙氏时[4]铸，其声闻可八十里。楼后为正殿，殿后罗列诸碑，而中豁所勒黄华老人书四碑俱在焉。其后为雨珠观音殿，乃立像铸铜而成者，高三丈。铸时分三节为范，肩以下先铸就而铜已完，忽天雨铜如珠，众共掬而熔之，恰成其首，故有此名。其左右回廊诸像亦甚整，而廊倾不能蔽焉。自后历级上，为净土庵，即方丈也。前殿三楹，佛座后有巨石二方，

嵌中楹间，各方七尺，厚寸许。北一方为远山阔水之势，其波流潆折，极变化之妙，有半舟皮尾烟汀间。南一方为高峰叠嶂之观，其氤氲浅深，各臻神化。此二石与清真寺碑趺[5]**枯梅，为苍石之最古者。**清真寺在南门内，二门有碑屏一座，其北趺有梅一株，倒撇垂趺间。石色黯淡，而枝痕飞白，虽无花而有笔意。**新石之妙，莫如张顺宁所寄大空山楼间诸石，中有极其神妙更逾于旧者。故知造物之愈出愈奇，从此丹青一家，皆为俗笔，而画苑可废矣。**张石大径二尺，约五十块，块块皆奇，俱绝妙着色山水，危峰断壑，飞瀑随云，雪崖映水，层叠远近，笔笔灵异，云皆能活，水如有声，不特五色灿然而已。**其后又有正殿，庭中有白山茶一株，花大如红茶，而瓣簇如之，花尚未尽也。净土庵之北，又有一庵，其殿内外庭除，俱以苍石铺地，方块大如方砖，此亦旧制也；而清真寺则新制以为栏壁之用焉。其庵前为玉皇阁道院，而路由前殿东巩门入，绀宫三重，后乃为阁，而竟无一黄冠居守，中空户圮，令人怅然。**

【注释】

① “观石”五句：《大明一统志》大理府物产载：“点苍出山，其石白质青，文有山水草木状，人多琢以为屏。”其石就是大理特产的大理石，明代时被称作点苍石、苍石或文石，当地人又称之为础石。② 开元：为唐玄宗李隆基的年号，时为公元 713—741 年。③ “是寺”八句：崇圣寺的三塔至今犹存，中塔称作千寻塔，建于唐代。北塔和南塔建于晚唐或五代时期。④ 蒙氏时：自元代以来，云南南诏统治时期也称为“蒙氏时”。⑤ 趺（fū）：指碑下的石座。

【译文】

十四日　在寺南面的石匠家里赏玩石头。何君与我分别用一百文钱购买了一小块石头。何君所选取的石头，有峰峦点缀其上的妙趣；我选取的则是黑白分明容易分辨的石头罢了。于是与何君游遍了寺中的殿宇。这座寺院位于第十座山峰之下，为唐代开元年间所建，叫作崇圣寺。寺前的三座宝塔像鼎足一样矗立着，而中间的塔最高，方形，共叠十二层，因此今名为三塔。塔的周围全是高大参天的松树。从寺西面的山门进入，有钟楼与三塔相对而立，气势极其雄壮；然而四面的墙壁已坍塌，屋檐上的瓦片也脱落大半，已经岌岌可危了。楼中有一口特别大的铜钟，直径足有一丈多，而钟壁厚度达一尺，是在蒙氏时期所铸就的，钟声可以传到八十里以外。钟楼后面是正殿，正殿后面罗列着众多碑刻，而由李中谿镌刻、黄华老人书写的四块碑都保存完好。碑刻后面是雨珠观音殿，其中用铜铸成的立像，高达三丈。铸造的时候分成三段制作模子，先铸成肩膀以下而铜就已经用尽了，忽然天上下起了像珠子一样的铜雨，众人一同用手捧来铜珠并将它们熔化，恰好铸成了铜像的头部，因此有了这个名字。雨珠观音殿左右回廊中的各个神像也是十分齐整，但是回廊倾塌得无法遮风避雨了。从后面沿着石阶上去，到达净土庵，这里就是方丈的住处了。前殿有三间房，佛座后面有两块巨石，嵌在中间两根柱子间的墙壁上，各有七尺见方，厚一寸多。靠北面的一块呈现出远山阔水的气势，其中水波回旋曲折，极尽变化的妙趣，有如停泊于烟霭绿洲之间的小船。靠南面的一块呈现出重峦叠嶂的景观，其中云烟弥漫深浅不一，都达到了出神入化的境界。这两块巨石与清真寺中的枯梅纹碑座，是大理石中最为古老的。清真寺在南门内，二门内有座屏风般的石碑，碑座朝北的那面上刻有一株梅花的纹理，倒垂飘拂于石座之上。石头颜色黯淡，而树枝痕迹却露出丝丝白色，虽然没有开花但是有绘画的意境。新采石头的妙趣，没有比得过顺宁张知府所寄放在大空山楼中的那些石头的，其中有特别神妙更超过旧石头的。因此体会到造物主的创造是越来越神奇了，从此以后，画家所绘之画全沦为俗笔，而画坛可以废除了。张氏的石头中，大的直径有二尺，大约有五十块，每一块都很奇特，都堪称绝妙的着色山水画，高峻的山峦下临深壑，飞泻的瀑布追逐着云雾，积雪的山崖映照在水中，层层叠叠，远远近近，每一笔都画得灵妙奇异，云雾似乎能活动，流水仿佛有声音，不仅仅是五彩斑斓而已。前殿的后面又有正殿，庭院中长有一棵白山茶，其花如红山茶那么大，而且花瓣攒簇的样子也很像红山茶，花还没有开尽。净土庵的北面，又有一座庵，其殿内外的庭院石阶，全是用大理石铺就的，方形的石块像方砖那么大，这也是以前制造的；然而清真寺则是新建的，大理石用来制作栏杆和墙壁。这座庵前面是玉皇阁道院，而路要从前殿东面的拱门进入，有三层殿宇，后面就是楼阁，然而这里居然没有一个道士留守，楼中空空，门户倒塌，令人惋惜不快。

游鸡足山日记（后）

二十九日　为弘辨师诞日[1]，设面甚洁白。平午，浴于大池。余先以久涉瘴地，头面四肢俱发疹[2]块，累累丛肤理间，左耳左足，时时有蠕动状。半月前以为虱也，索之无有。至是知为风，而苦于无药。兹汤池水深，俱煎以药草，乃久浸而薰蒸之，汗出如雨。此治风妙法，忽幸而值之，知疾有瘳[3]机矣。下午，艮一、兰宗来。体师[4]更以所录山中诸刹碑文相示，且谋为余作揭转报丽江。诸碑乃丽江公先命之录者。

【注释】

①诞日：即诞辰、生日。②疹：指皮肤表层出现的斑块病变。③瘳（chōu）：指疾病痊愈。④体师：即体极禅师。

【译文】

二十九日　是弘辨禅师的诞辰，摆设的面食十分洁净白皙。正午，在大池中沐浴。我先前因为长期跋涉在瘴气弥漫的地方，头脸四肢全都发起了块状的疹子，密密麻麻地聚集在皮肤的纹理之间，左耳左脚，时不时地有蠕动的症状。半个月前以为是生了虱子，找来找去没有发现。到了此时知道是中风了，然而苦于没有药。这个热水池里面水很深，都是用药草烧煮过的，于是在水中浸泡熏蒸了很长时间，汗像雨一样往外冒。这是医治中风的好方法，忽然有幸遇上，知道我的病有痊愈的机会了。下午，艮一、兰宗来了。体极禅师还把他抄录的山中各寺的碑文拿出来给我看，并且打算帮我写揭帖转报给丽江府。山中各寺的碑文是丽江木公事先令他抄录下来的。

九月初一日　在悉檀[1]。上午，与兰宗、艮一观菊南楼，下午别去。

【注释】

❶ 悉檀：即悉檀寺，明万历年间始建，天启四年（公元 1624 年）由皇帝题寺名为“祝国悉檀寺”。后毁于近代，现仅存遗址。

【译文】

九月初一日　在悉檀寺。上午，我和兰宗、艮一在南楼观赏菊花，下午他们辞别而去。

初二日　在悉檀，作记北楼。是日体极使人报丽江府。

【译文】

初二日　在悉檀寺，写作游记于北楼内。这一天，体极禅师派遣人去丽江府报告。

初三日、初四日　作记北楼。

【译文】

初三日、初四日　写作游记于北楼内。

初五日　雨浃日[1]。买土参洗而烘之。

【注释】

❶ 浃（jiā）日：一整天。浃，指整个儿的。

【译文】

初五日　雨整整下了一天。买土参来沐浴烘蒸身体。

初六日、初七日　浃日夜雨不休。是日体极邀坐南楼，设茶饼饭。出朱按君泰贞、谢抚台有仁所书诗卷，并本山大力、本无、野愚所存诗跋，程二游名还，省人。初游金陵，永昌王会图诬其骗银，钱中丞[1]逮之狱而尽其家。云南守许学道[2]康怜其才，私释之，避入山中。今居片角[3]，在摩尼东三十里。诗画图章，他山陈浑之、恒之诗翰，相玩半日。

【注释】

① 中丞：古代官名，即御史中丞。汉代时，御史大夫下设两丞，一是御史丞，一则是御史中丞，中丞职掌兰台图籍秘书，对外监督部刺史，对内统领侍御史；到了明代，御史台被改作都察院，都察院中的副都御史，就相当于前代的御史中丞。② 学道：明代时有儒学提举司，后来又设置提督学政，两京以御史充任为提学道，十三布政司以按察司佥事充任为提学道，又简称学道。③ 片角：地处云南省永胜县跨在金沙江南面的部分。

【译文】

初六日、初七日　雨整日整夜地下个不停。这天体极禅师邀请我到南楼坐而叙谈，摆有茶水、饼子、米饭。他拿出了巡按朱大人朱泰贞、巡抚谢大人谢有仁所书写的诗卷，还有本山大力、本无、野愚所保存的诗跋，程二游名为还，省城人。当初在金陵游学，永昌人王会图谋诬告他诈骗银两，钱中丞将其逮捕入狱并将他的家产抄没了。云南署理学道许康因爱怜他的才能，私下放了他，他便逃入山中躲避起来。如今住在片角，在摩尼山东边三十里处。的诗文画作图章，住在他山之中的陈浑之、陈恒之的诗文，相互赏玩了半天。

初八日　雨霁，作记北楼。体极以本无随笔诗稿示。

【译文】

初八日　雨过天晴，写作游记于北楼内。体极禅师将本无的随笔诗稿拿来给我观看。

初九日　霁甚。晨饭，余欲往大理取所寄衣囊，并了苍山、洱海未了之兴。体极来留曰：“已着使特往丽江。若去而丽江使人来，是诳[1]之也。”余以即来辞。体极曰：“宁俟其信至而后去。”余从之，遂同和光师穷大觉来龙。

【注释】

[1] 诳（kuáng）：欺骗。

【译文】

初九日　天气十分晴朗。吃完早饭后，我想前往大理取回寄存在那里的衣服和行李，并且了却苍山、洱海处未能完成的游览兴致。体极禅师来挽留说：“已经派遣使者专门去往丽江了。如果你离开以后，丽江府派人过来，那就是欺骗他了。”我用很快回来的话来回复他。体极禅师说：“宁可等候木公的信使来到以后你再离开。”我听从了他的意见，于是与和光禅师一同探究大觉寺山势的来龙去脉。

从寺西一里，渡兰那寺东南下水，过迎祥、石钟、西竺、龙华，其南临中豁，即万寿寺也，俱不入。西北约二里，入大觉，访遍周。遍周闲居片角庄，月终乃归。遂出，过锁水阁，于是从桥西上，共一里至寂光东麓。仍东过涧，从涧东蹑大觉后大脊北向上。一里余，登其中冈，东望即兰那寺峡，西望即水月庵后上烟霞室峡也。又上里余，再登一冈。其冈西临盘峡，西北有瀑布悬崖而下，其上静庐临之，即旃檀林也。东突一冈，横抱为兰陀后脊，冈后分峡东下，即狮子林前坠之壑也。于是岐分岭头：其东南来者，乃兰那寺西上之道；东北去者，为狮林道；西北盘崖而上者，为旃檀岭也；其西南来者，即余从大觉来道也。始辨是脊，从其上望台连耸三小峰南下，脊两旁西坠者，南下为瀑布而出锁水阁桥；东坠者，南下合狮林诸水而出兰那寺东。是东下之源，即中支与东支分界之始，不可不辨也。余时欲东至狮林，而忽见瀑布垂绡，乃昔登鸡山所未曾见，姑先西北上。于是愈上愈峻，路愈狭，曲折作“之”字而北者二里，乃西盘望台南嘴。此脊下度为大觉正脊，而东折其尾，为龙华、西竺、石钟、迎祥诸寺，又东横于大龙潭南，为悉檀前案，而尽于其下。此脊当鸡山之中，其脉正而雄，望台初涌处，连贯三珠，故其下当结大觉，为一山首刹，其垂端之石钟，亦为开山第一古迹焉。然有欲以此山作一支者，如是则塔基即不得为前三距之一，而以此支代之。但此支实短而中缩，西之大士阁，东之塔院，实交峙于前，与西支之传衣寺岭鼎足前列。故论支当以寂光前引之冈为中，塔基上拥之脊为东，而此脉之中缩者不与；论刹当以大觉中悬为首，而西之寂光，乃其辅翼，东之悉檀，另主东盟，而此寺之环拱者独尊。故支为中条附庸，而寺为中条冠冕，此寺为中条重，而中条不能重寺也。嘴之西有乱砾垂峡，由此北盘峡上，路出旃檀岭之上，为罗汉壁道；由此度峡西下，为旃檀中静室道，而瀑布则层悬其下，反不能见焉。

【译文】

从寺西面走一里路，渡过兰那寺朝东南方向往下流的涧水，途经迎祥寺、石钟寺、西竺寺、龙华寺，那南临李中谿读书处的，就是万寿寺，都没进去。往西北方向走了大约二里路，来到大觉寺，拜访遍周。遍周闲居于片角庄，要到月末才回来。于是出了寺，经过锁水阁，从此处上桥往西边走，共走了一里路来到寂光寺东麓。仍旧往东面经过山涧，从山涧东边顺着大觉寺后边的大山脊朝北往上攀登。一里多路后，登上其中间的山冈，往东看就是兰那寺的峡谷，往西看就是水月庵后上方烟霞室所在的峡谷。又往上了攀登了一里多路，再攀上一座山冈。这座山冈西临盘绕的峡谷，西北面的山崖上有一条瀑布悬垂其间，瀑布上方的旁边坐落着一处静室，就是旃檀林。朝东突出的一座山冈，横向环抱为兰陀寺后的山脊，山冈的后边分出峡谷向东下延，就是狮子林前面下陷的壑谷。从这里起，岭头分出岔道：那从东南方延伸过来的，是兰那寺往西上行的路；往东北方向伸过去的，是通向狮子林的路；向西北面的山崖盘绕而上的，是去往旃檀岭的路；那从西南方向延伸而来的，就是我从大觉寺过来的路了。这才辨认清楚这道山脊，从其上的望台处一连耸起了三座小峰朝南面下垂，山脊两旁朝西面下坠的，往南下流为瀑布然后从锁水阁桥流出；朝东面下坠的，往南下流汇集狮子林等处的水之后向兰那寺东边流去。这是往东下流的水源，是中间支峰与东侧支峰的分界起点，不能不辨认清楚。我此时想要往东面去往狮子林，可是忽然看见好似白绸的瀑布悬挂于前，这是以前攀登鸡足山时所没有见过的，姑且先朝西北方向往上攀登。从这里越往上越险峻，道路越来越狭窄，顺着曲曲折折的“之”字形道路向北面走二里路，然后往西盘绕着望台南面的山嘴走。这道山脊往下延伸，成为大觉寺的正脊，而后往东面掉转它的尾部，就是龙华寺、西竺寺、石钟寺、迎祥寺等各处寺院，又向东横亘于大龙潭的南面，便成为了悉檀寺前的案山，然后在其下方穷尽。这道山脊恰好位于鸡足山的中央，其山脉工整而雄伟，望台刚刚出现的地方，就像联结的三颗珠子，因此大觉寺应当就盘结在它的下面，是全山居首位的佛寺，其下垂处前端的石钟寺，也是开山之时的第一批古迹。然而有人想把这座山算成一条支脉，如果是这样，则塔基就不能够当作前山鸡爪的三个脚趾之一，而用这条支峰来替代它了。只是这条支峰其实很短，而且缩在中央，西边的大士阁，东边的塔院，实际上都交相耸峙在它前面，与西侧支峰的传衣寺岭就像鼎足一般排列在前方。因此，论支峰应当将寂光寺前方绵延的山冈视为中间支峰，将塔基上方拥簇的山脊视为东侧支峰，而此处缩在中央的山脉不算进来；论寺院应当以悬在中心的大觉寺为首，而西面的寂光寺，是依附它的羽翼，东边的悉檀寺，另外成为东面的盟主，而此寺所环绕拱卫的地方独享尊贵的地位。因此支峰是中间支脉的附属，而寺院是中间支脉的首位，此寺位于中脉则提升了中脉的地位，而中脉却不能提升此寺的地位。山嘴西侧的峡谷里布满倾垂的凌乱石块，从这里往北面绕到峡上，通到旃檀岭之上的道路，是去往罗汉壁的路；从这里穿过峡谷朝西面往下走，是去往旃檀林中静室的路，而瀑布层层叠叠地悬垂在它的下方，反而不能看到了。

乃再度峡西崖，随之南下。一里，转东岐，得一新辟小室。问瀑布何在，其僧朴而好事，曰：“此间有三瀑：东

箐者，最上而小；西峡者，中悬而长；下坞者，水大而短。惟中悬为第一胜，此时最可观，而春冬则无有，此所以昔时不闻也。”老僧牵衣留待瀹茗，余急于观瀑，僧乃前为导。西下峻级半里，越级湾之西，有小水垂崖前坠为壑，而路由其上，南盘而下。又半里，即见壑东危崖盘耸，其上一瀑垂空倒峡，飞喷迢遥[1]，下及壑底，高百余丈，摇岚曳石，浮动烟云。虽其势小于玉龙阁前峡口瀑，而峡口内嵌于两崖之胁，观者不能对峡直眺，而旁觑倒瞰，不能竟其全体；此瀑高飞于穹崖之首，观者隔峡平揖，而自额及趾，靡[2]有所遗。故其跌宕之势，飘摇之形，宛转若有余，腾跃若不及，为粉碎于空虚，为贯珠于掌上，舞霓裳[3]而骨节皆灵，掩鲛绡而丰神独迥，不由此几失山中第一胜矣！

【注释】

①迢（tiáo）遥：遥远的样子。②靡（mǐ）：不。③霓（ní）裳：指如同彩虹一样美丽而飘逸的裙裳。霓，一种虹，也称作副虹。

【译文】

于是又翻越到了峡西的山崖上，顺着山崖朝南面往下行。一里路后，转而走上东侧的岔路，遇到一个新建构的小屋。询问瀑布在什么地方，那个僧人朴实而好事，说：“这一带有三条瀑布：东面山箐之中的，在最上方而水流很小；西面山峡之中的，悬在中央而水流很长；下面山坞之中的，水流很大却很短。唯有悬在中央的那条瀑布是第一胜景，这个时节最值得去观赏，到了春、冬两季就没有水了，这就是为什么您以前没有听说过的缘故了。”老僧拉着我的衣服留我喝茶，我急于去观赏瀑布，僧人便在前面为我引路。向西面往下走了半里陡峻的石阶，沿着石阶走到山湾的西面，垂在山崖前的一条小溪下坠成为壑谷，而道路从它上面往南面盘绕而下。又走了半里路，就看到壑谷东边的陡崖盘绕着向上高耸，陡崖之上有一条瀑布悬空垂倒入峡中，远远地飞泻喷溅，直达谷底，有一百多丈高，山雾曳动，石崖朦胧，烟云飘浮。其水势虽然比不上玉龙阁前面峡口处的瀑布，但是峡口向内嵌于两侧山崖旁，观者不能面对山峡正面观赏，而要在旁边斜着观览倒着俯瞰，不能看到它完整的面貌；这条瀑布从高高隆起的山崖顶端飞泻而下，观者隔着峡谷直面观赏作揖，而且从顶到脚，不会有遗漏的地方。因此它那跌宕的水势，飘摇的姿态，曲折弯转的程度似乎有余，奔腾飞跃的气势好像不够，是在虚空中散碎的泡沫，是在掌上串联的玉珠，仿佛彩虹般的裙裳在飞舞，而山石全都充满了灵气，宛如掩映着名贵的丝绢而丰姿神韵迥异独特，不来这里几乎错失掉山中第一胜景了！

由对峡再盘西嘴，入野和静室。门内有室三楹甚爽，两旁夹室亦幽洁。其门东南向，以九重崖为龙，即以本支旃檀岭为虎，其前近山皆伏；而远者又以宾川东山并梁王山为龙虎，中央益开展无前，直抵小云南东水盘诸岭焉。盖鸡山诸刹及静室俱南向，以东西二支为龙虎，而西支之南，有木香坪山最高而前巩[1]，亦为虎翼，故藉之为胜者此，视之为崇者亦此；独此室之向，不与众同，而此山亦伏而不见，他处不能也。野和为克新之徒，尚居寂光，以其徒知空居此。年少而文，为诗虽未工，而志甚切，以其师叔见晓寄诗相示，并已稿请正，且具餐焉。见晓名读彻，一号苍雪，去山二十年，在余乡中峰，为文湛持所推许，诗翰俱清雅。问克新向所居精舍，尚在西一里，而克新亦在寂光。乃不西，复从瀑布上，东盘望台之南。二里余，从其东胁见一静室，其僧为一宗，已狮林西境矣。室之东，有水喷小峡中，南下涉之。又东即体极静室，其上为标月静室。其峡中所喷小水，即下为兰那东涧者，此其源头也。其山去大脊已不甚遥，而崖间无道，道由望台可上，至是已越中支之顶而御东支矣。

【注释】

❶前巩：即向前环抱。

【译文】

从对面的山峡上再次盘绕到西面的山嘴处，来到野和的静室。门内有三间屋子，十分清净爽朗，两边相夹的屋舍也很幽雅整洁。静室的门面朝东南方，将九重崖看作龙，就将此处支脉的旃檀岭看作虎，它们前方近处的山峰全都低伏着；而远处又将宾川的东山和梁王山分别视作龙虎，中央地带更加开阔平展，前面没有障碍，一直抵达小云南驿东边的水盘岭等山。大体上说，鸡足山的各处寺院和静室全都是面朝南方的，将东西两条支脉分视为龙虎，而西侧支脉以南，木香坪山最为高大而且向前环抱，也视为虎翼，所以这一点就是此处能够成为胜地的原因了，将它视作崇山峻岭也是因为这一点；独有这个静室的朝向，与各处寺院不同，而且这座山也隐伏着看不到，其他地方是不可能这样的。野和是克新的徒弟，依然住在寂光寺，让他的徒弟知空住在这里。知空年少而文雅，其诗虽然没有达到工整的地步，但是他的兴趣十分大，他拿来他的师叔见晓寄赠来的诗给我看，并将他自己的诗稿也拿来请我指正，而且备好了饭食。见晓法名为读彻，另一个法号为苍雪，离开这座山二十年了，在我家乡的中峰，为文湛持所推崇看重，其诗文都很清雅。打听克新以前所居住的寺院，还在西面一里处，然而克新现在也在寂光寺。于是不往西走了，又从瀑布的上方，向东面盘绕到望台之南。二里多路后，从望台东侧看见一处静室，里面的僧人是一宗，知道已经来到狮子林的西境了。静室的东面，小峡中有水喷泻，向南下涉水流。再往东就是体极的静室了，其上方是标月的静室。那峡中所喷泻的小溪，就是往下流去成为兰那寺东侧山涧的溪水，此处是它的源头。这里的山距离大山脊已经不是很远了，然而山崖之间没有路，可以从望台上的路走，到了这里，已经翻越了中间支峰的峰顶而迎接东侧支峰了。

由此而东半里，入白云静室，是为念佛堂。白云不在。观其灵泉，不出于峡而出于脊，不出崖外而出崖中，不出于穴孔而出于穴顶，其悬也，似有所从来而不见，其坠也，曾不假灌输而不竭，有是哉，佛教之神也于是乎征矣。何前不遽出，而必待结庐之后，何后不中止，而独擅诸源之先，谓之非“功德水”可乎？较之万佛阁岩下之潴穴，霄壤异矣。又东一里，入野愚静室，是为大静室。浃谈半晌[1]。西南下一里，饭于影空静室。与别已半载，一见把臂，乃饭而去。从其西峡下半里，至兰宗静室。盖狮林中脊，自念佛堂中垂而下，中为影空，下为兰宗两静室，而中突一岩间之，一踞岩端，一倚岩脚，两崖俱坠峡环之。岩峙东西峡中，南拥如屏。东屏之上，有水上坠，洒空而下，罩于嵌壁之外，是为水帘。西屏之侧，有色旁映，傅粉成金，焕乎层崖之上，是为翠壁。水帘之下，树皆偃[2]侧，有斜骞如翅，有横卧如虬，更有侧体而横生者。众支皆圆而此独扁，众材皆奋而此独横，亦一奇也。

【注释】

①半晌：指许久，好长时间。②偃（yǎn）：倒。

【译文】

从此处往东面走半里路，到达白云的静室，这里是念佛堂。白云不在。观览此处的灵泉，泉水没有从峡中流出却从山脊上流出来，没有从山崖之外流出却从石崖之中涌出来，没有从孔洞中流出却从洞穴顶端溢出来，高悬的泉水，似应有水流来的地方却看不见水，下泻的泉水，从来不借助于灌注输运却不会枯竭，有这样的泉水啊，佛教的神异在此处得到验证了。为什么以前不流出来，却一定要等到寺庵建成之后涌出来，为什么后来没有中止，而独揽各处水源的先河，说它不是“功德水”怎么行呢？将它与万佛阁岩石下面的积水洞穴相比较，就是天壤之别了。又往东面走了一里路，到达野愚的静室，这是大静室。深谈了好长时间。朝西南方向往下走了一里路，在影空的静室用饭。与影空相别已经半年了，一见面便互相握住了手臂，然后吃完饭才离开。从其西峡往下走半里路，抵达兰宗的静室。狮子林的中间山脊，自念佛堂居中而下垂，中间是影空的静室，下面是兰宗两个僧人的静室，而其中一座突起的石崖将它们隔开了，一个静室盘踞在崖顶，一个静室傍靠在崖脚，石崖两侧都环绕着深坠的峡谷。石崖呈东西走向矗立在峡谷之中，向南面拥簇着就像屏风一样。东面似屏风的石崖上，有水从上往下坠，抛洒在空中向下飘落，笼罩在下嵌的石壁外面，这是水帘。西面似屏风的石崖边，有色彩映照于四周，宛如用粉涂抹成了金色，光彩焕发地映于层崖之上，这是翠壁。水帘下面，树木全都是侧倒着的，有的像鸟翅般斜举着，有的似虬龙般横卧着，更有树体侧着横向生长的。各地的树木枝干都是圆的，唯独此处的树木枝干是扁的，各处的树木都是直着生长的，唯独此地的树木是横着生长的，也是一处奇观。

兰宗遥从竹间望余，至即把臂留宿。时沈莘野已东游，乃翁偶不在庐，余欲候晤，遂从之。和光欲下山，因命顾奴与俱，恐山庐无余被，怜其寒也。奴请匙钥，余并箱篚[1]者与之，以一时解缚不便也。奴去，兰宗即曳杖导余，再观水帘、翠壁、侧树诸胜。既暮，乃还其庐。是日为重阳，晴爽既甚，而夜月当中峰之上，碧落如水，恍然群玉山头也。

【注释】

[1] 篚（fěi）：圆形的竹筐。

【译文】

兰宗远远地从竹丛间看见我，走到之后立刻握住我的手臂留我住宿。此时沈莘野已经去东游了，他的父亲偶然不在屋中，我想等着与他见面，于是听从了兰宗。和光想要下山，于是我命顾奴和他一同走，是担心山中庐舍没有多余的被子，怕他会受寒。奴仆请求给他钥匙，我连同箱子、竹筐的钥匙也给了他，因为一时间要解开捆钥匙的线很不方便。奴仆走后，兰宗便拄着手杖为我做向导，再去观赏水帘、翠壁、侧树等各处胜景。天黑后，便回到他的庐舍。这天是重阳节，白天已经十分晴朗了，而夜里明月恰好升到中峰之上，天空澄明如水，恍惚间以为是在群玉山头。

初十日　晨起，问沈翁，犹未归。兰宗具饭，更作饼食。余取纸为狮林四奇诗畀之。水帘、翠壁、侧树、灵泉。见顾仆不至，余疑而问之。兰宗曰："彼知君即下，何以复上？"而余心犹怏怏不释，待沈翁不至，即辞兰宗下。才下，见一僧仓皇至。兰宗尚随行，讯其来何以故，曰：“悉檀长老命来候相公者。”余知仆逋[1]矣。再讯之，曰：“长老见尊使负包囊往大理，询和光，疑其未奉相公命，故使余来告。”余固知其逃也，非往大理也。遂别兰宗，同僧亟下。五里，过兰那寺前幻住庵东，又下三里，过东西两涧会处，抵悉檀已午。启箧而视，所有尽去。体极、弘辨欲为余急发二寺僧往追，余止之，谓：“追或不能及。及亦不能强之必来。亦听其去而已矣。”但离乡三载，一主一仆，形影相依，一旦弃余于万里之外，何其忍也！

【注释】

1 逋（bū）：逃亡。

【译文】

初十日　早晨起来，询问沈翁的情况，得知他还没有回来。兰宗准备了饭食，另外做了饼子来吃。我取来纸为狮子林四奇作诗送给兰宗。水帘、翠壁、侧树、灵泉四奇。见顾仆没有回来，我疑心而去查问。兰宗说：“他知道先生就要下去，为什么还要上来？”可是我心里仍然怏怏不快放心不下，没能等到沈翁，便辞别兰宗下了山。才往下走，就见一个僧人匆匆忙忙来到。兰宗这时还随行，便询问他来有什么事，僧人说：“是悉檀寺的长老命我前来迎候相公的。”我知道是仆人逃走了，再次询问后，僧人说：“长老见您的使者背着包袱去了大理，询问和光后，怀疑他不是奉相公的命令，所以派我前来报告。”我当然知道他是逃走了，并不是去了大理。于是辞别兰宗，同僧人急忙下山。走了五里路，途经兰那寺前的幻住庵东边，又往下走了三里路，经过东西两条山涧汇合的地方，到达悉檀寺，已经是中午了。打开箱子一看，所有东西全没了。体极、弘辨想为我急速派遣两寺的僧人去追，我阻止了他们，说：“追可能追不上了。追上了也不能强迫他必须回来。也只能任他离去罢了。”只是离乡三年，一主一仆，形影相依，却突然有一天把我抛弃在万里之外，怎么如此狠心啊！

溯江纪源

江、河为南北二经流，以其特达于海也。而余邑[1]正当大江入海之冲，邑以江名，亦以江之势至此而大且尽也。生长其地者，望洋击楫，知其大不知其远；溯流穷源，知其远者，亦以为发源岷山而已。余初考纪籍，见大河[2]自积石[3]入中国。溯其源者，前有博望之乘槎，后有都实之佩金虎符[4]。其言不一，皆云在昆仑之北，计其地，去岷山西北万余里，何江源短而河源长也？岂河之大更倍于江乎？迨逾淮涉汴，而后睹河流如带，其阔不及江三之一，岂江之大，其所入之水，不及于河乎？迨北历三秦[5]，南极五岭[6]，西出石门、金沙，而后知中国入河之水为省五[7]，陕西、山西、河南、山东、南直隶。入江之水为省十一[8]。西北自陕西、四川、河南、湖广、南直，西南自云南、贵州、广西、广东、福建、浙江。计其吐纳，江既倍于河，其大固宜也。

【注释】

① 余邑：我县，就是作者的家乡江苏省江阴县。② 大河：指黄河。③ 积石：明代时有大积石山和小积石山之分。大积石山位于今青海省南部，离黄河源很近；小积石山位于青海省东部，两山陡峭如削，黄河从中冲捣而出，明代时有积石关，今称积石峡，位于甘肃、青海两省的交界处。④ “前有”二句：西汉人张骞曾受封为博望侯，他出使西域回来之后对汉武帝说：“于阗之西，则水皆西流注西海；其东，水东流注盐泽。盐泽潜行地下，其南则河源出焉。”这段话被载入《史记·大宛列传》，这是关于黄河源最早的记录。而《元史·地理志·河源附录》

中则概述了元代人都实探求河源的经过。⑤ 三秦：在秦朝灭亡之后，项羽将关中分成了三份，分别封给了秦降将章邯、司马欣、董翳三人，后人因此称之为“三秦”。现将陕南、陕北和关中并称为三秦。⑥ 五岭：即今越城、都庞、萌渚、骑田、大庾这五座山岭的总称，它们绵亘于今湖南、江西、广西和广东四省区之间。明代时，这五座山岭分别又称为始安峤、永明岭、白芒岭、黄岑山、梅岭。⑦ 入河之水为省五：这是按明代行政区划所讲。明代没有甘肃省，当时的陕西省包含了今甘肃省的大部分地区，所以未提甘肃。明代时黄河往南面夺淮入海，因此说黄河经过南直隶，南直隶即今安徽省和江苏省。⑧ 入江之水为省十一：据查证，今广东省和福建省不属于长江水系。而另有江西省属于长江水系。《徐霞客游记》中未列。

【译文】

长江、黄河是南面和北面的两条主干河流，这是因为它们分别单独通向大海。而我县恰好处于长江入海的要冲之地，县便因长江而得名，也因为长江到了此地水势变得浩大而且将要抵达尽头了。生长在这里的人，望着浩荡的水流划桨，知道它浩大却不知道它辽远；往上游寻找其发源地，知道它辽远的人，也只以为它发源于岷山而已。我起初考证典籍的记载，见黄河是从积石山流入中原的。追溯其源头的人，前有博望侯乘木筏出使西域，后有都实佩带金虎符探求河源。他们的说法虽然不一致，却都断定其源头是在昆仑山的北边，估计那个地方，距离岷山西北有一万多里，为什么长江源头短而黄河源头长呢？难道黄河的浩大之处要比长江的大一倍吗？等到越过淮河、渡过汴河，然后才看到黄河就像衣带，宽的地方不及长江的三分之一，难道长江这么大，它汇入的水流，还不如黄河吗？等到往北路过三秦地区，往南走遍五岭，往西抵达石门关、金沙江，然后知道中国汇入黄河的水流有五个省，即陕西、山西、河南、山东、南直隶。汇入长江的水流有十一个省。西北自陕西、四川、河南、湖广、南直隶，西南自云南、贵州、广西、广东、福建、浙江。计算水流吞吐量，长江既然比黄河多出一倍，那么其水流大本来就是理所当然的。

按其发源，河自昆仑之北，江亦自昆仑之南，其远亦同也。发于北者曰星宿海，佛经谓之徙多河[1]。北流经积石，始东折入宁夏[2]，为河套，又南曲为龙门大河，而与渭合。发于南者曰犁牛石，佛经谓之殑伽河。南流经石门关[3]，始东折而入丽江，为金沙江，又北曲为叙州大江，与岷山之江合。余按岷江经成都至叙[4]，不及千里，金沙江经丽江、云南、乌蒙至叙，共二千余里，舍远而宗近，岂其源独与河异乎？非也！河源屡经寻讨，故始得其远；江源从无问津，故仅宗其近。其实岷之入江，与渭之入河，皆中国之支流，而岷江为舟楫所通，金沙江盘折蛮僚豁峒[5]间，水陆俱莫能溯。在叙州者，只知其水出于马湖[6]、乌蒙，而不知上流之由云南丽江；在云南丽江者，知其为金沙江，而不知下流之出叙为江源。云南亦有二金沙江：一南流北转，即此江，乃佛经所谓殑伽河也；一南流下海，即王靖远征麓川，缅人恃以为险者，乃佛经所谓信度河也。云南诸志，俱不载其出入之异，互相疑溷[7]，尚不悉其是一是二，分北分南，又何由辨其为源与否也。既不悉其孰远孰近，第见《禹贡》“岷山导江”之文，遂以江源归之，而不知禹之导，乃其为害于中国之始，非其滥觞发脉之始也。导河自积石，而河源不始于积石；导江自岷山，而江源亦不出于岷山。岷流入江，而未始为江源，正如渭流入河，而未始为河源也。不第此也，岷流之南，又有大渡河，西自吐蕃，经黎[8]、雅与岷江合，在金沙江西北，其源亦长于岷而不及金沙，故推江源者，必当以金沙为首。

【注释】

1 佛经谓之徙多（sī tā）河：相传，古代印度人以为地面上的各大河流都是从雪山（指今天的喜马拉雅山西部一带）上朝四面分流而下的，所以称作四河。其中，将从北面流出来的那条称为徙多河，后来有人误认为它是黄河的上源。将从东面流出来的那条称为殑（jìng）伽河，就是今天的印度恒河。将从南面流出来的那条称为信度河，指今天的巴基斯坦的印度河。将从西面流出来的那条称为缚刍河，应为今天的阿姆河。在本篇中，作者对以上各条河流多有自己的解释。②宁夏：明代时设有宁夏卫和宁夏镇，隶属陕西省，辖今宁夏回族自治区银川市。③石门关：明代时设有石门关巡检司，位于今云南省玉龙纳西族自治县石鼓稍北处的金沙江西岸。④叙：明代时设置叙州府，位于今四川省宜宾市。⑤谿峒：即溪谷。⑥马湖：位于四川省凉山境内，是金沙江的河谷之一。⑦溷（hùn）：混乱。⑧黎：明代时设有黎州安抚司，辖今四川省汉源县九襄镇。

【译文】

考证它们的发源地，黄河源自昆仑山以北，长江源自昆仑山以南，它们的长度也是相同的。发源于昆仑山以北的叫作星宿海，佛经中称之为徙多河。向北面流经积石山，然后才往东面折转流入宁夏卫，成为河套，又往南面蜿蜒成为龙门峡的大河，然后同渭水合流。发源于昆仑山以南的叫作犁牛石，佛经中称之为殑伽河。向南面流经石门关，然后才往东面折转流入丽江，成为金沙江，又往北面蜿蜒成为叙州府的大江，同源自岷山的江水合流。据我考察，岷江经由成都流到叙州府，长度不到一千里，金沙江经由丽江、云南、乌蒙府流到叙州府，长度共二千多里，舍弃距离远的而把距离近的当作本源，莫非它的源头唯独与黄河不同吗？不是的！黄河的源头经过了许多次的寻找探求，所以才找到了它远处的发源地；而长江的源头从来没有人去寻找探求，所以人们只把近处的支流当作源头。其实岷江注入长江，和渭水注入黄河一样，都是中国的支流，而岷江是舟船通行之处，金沙江盘绕蜿蜒于蛮僚各族所聚居的溪谷间，水、陆两路都没有人能追溯到。叙州府的人，只知道这条江流是从马湖府、乌蒙府流过来的，却不知道上游流经了云南丽江；云南丽江的人，知道它是金沙江，却不知道其下游流到了叙州府成为长江的源头。云南也有两条金沙江：一条是往南面流然后转向北面的，就是这条江流，它就是佛经中所说的殑伽河；一条是往南面流向大海的，就是王靖远征讨麓川的时候，缅甸人倚仗其作为天险的那条江流，它就是佛经中所说的信度河了。云南的各种志书上，都没有记载它们流出流入的不同处，因此互相迷惑混淆，还不知晓它们是一条江还是两条江，是分在北方还是分在南方，又怎能辨明它是不是长江的源头呢？既然不知晓它们究竟谁远谁近，只是见到《禹贡》中有“岷山导江”的说法，就将长江的源头归到了岷江，却不知道大禹疏导岷江，是因为岷江是危害中国的祸根，而并不是长江发源的起点。疏导黄河起自积石山，但是黄河的源头不是起自积石山；疏导长江起自岷山，但是长江的源头也并不是起自岷山。岷江注入长江，而未必是长江的源头，就像渭水注入黄河，而未必是黄河的源头一样。不仅如此，岷江流域的南面，还有一条大渡河，其西边发源于吐蕃，水流经由黎州、雅州与岷江汇合，在金沙江的西北面，它的源头也要远于岷江但是赶不上金沙江，因此推测寻找长江源头的人，必定是把金沙江视为第一位了。

不第此也，宋儒谓中国三大龙，而南龙之脉，亦自岷山，濒大江南岸而下，东渡城陵、湖口[1]而抵金陵，此亦不审大渡、金沙之界断其中也。不第此也，并不审城陵矶、湖口县为洞庭、鄱阳二巨浸入江之口。洞庭之西源自沅[2]，发于贵州之谷芒关[3]；南源自湘，发于粤西之釜山、龙庙。鄱阳之南源自赣，发于粤东之洌头、平远；东源自信、丰，发于闽之渔梁山、浙之仙霞南岭[4]。是南龙盘曲去江之南且三千里，而谓南龙濒江乎？不第此也，不审龙脉，所以不辨江源。今详三龙大势，北龙夹河之北，南龙抱江之南，而中龙中界之，特短。北龙亦只南向半支入中国。俱另有说。惟南龙磅礴半宇内，而其脉亦发于昆仑，与金沙江相持南下，经石门、丽江，东金沙，西澜沧，二水夹之。环滇池之南，由普定[5]度贵竺、都黎[6]南界，以趋五岭。龙远江亦远，脉长源亦长，此江之所以大于河也。不第此也，南龙自五岭东趋闽之渔梁，南散为闽省之鼓山[7]，东分为浙之台、宕。正脉北转为小箬岭，闽、浙界。度草坪驿，江、浙界。峙为浙岭、徽、浙界。黄山，徽、宁界。而东抵丛山关[8]，绩溪、建平界。东分为天目、武林[9]。正脉北度东坝[10]，而峙为句曲[11]，于是回龙西结金陵，余脉东趋余邑。是余邑不特为大江尽处，亦南龙尽处也。龙与江同发于昆仑，同尽于余邑，屹为江海锁钥，以奠金陵，拥护留都[12]千载不拔之基以此。

岂若大河下流，昔曲而北趋碣石[13]，今徙而南夺淮、泗，漫无锁钥耶？然则江之大于河者，不第其源之共远，亦以其龙之交会矣。故不探江源，不知其大于河；不与河相提而论，不知其源之远。谈经流者，先南而次北可也。

【注释】

[1] 城陵、湖口：城陵即城陵矶，位于湖南省岳阳市北，是洞庭湖口。湖口，明代时设有湖口县，位于江西省九江市东，是鄱阳湖口。[2] 沅（yuán）：即沅江，源自贵州省东南部的斗篷山，流经湖南省注入洞庭湖。[3] 谷芒关：位于贵州省贵定县稍东。[4] "鄱阳之南"四句：渔梁山位于福建省北隅，仙霞南岭位于浙江省西南隅，都在福建、浙江和江西三省的交界处。而信、丰位于赣南，信应为广信的简称，位于今江西省上饶市；丰应为永丰的简称，位于今江西省广丰县。鄱阳的东源应指上饶江，即今信江。[5] 普定：即今贵州省安顺市普定县。[6] 贵竺、都黎：贵竺即贵竹，明代时设有贵竹长官司，辖今贵州省贵阳市。都黎即都泥江。[7] 鼓山：位于福建省福州市东郊，闽江北岸，因山顶有像鼓一样的大石头，故称鼓山。[8] 丛山关：位于今安徽省绩溪县北三十里处。[9] 东分为天目、武林：天目山位于浙江省西北部，有东天目山和西天目山之分，因遍布奇峰竹林而成为风景胜地。武林山是天竺、灵隐等山的总称，位于今浙江省杭州市西。[10] 东坝：明代时又称为广通镇，今仍称东坝，位于江苏省南京市高淳区东境。[11] 句（gōu）曲：即句曲山，又称茅山，位于今江苏省句容市东南，金坛、溧阳以西。[12] 留都：古代王朝迁都后，仍置官留守旧都，故称旧都为留都。如明成祖迁都北京之后，以南京为留都。[13] 碣石：《肇域志》中载："山东海丰县马谷山，即大碣石。"其中的海丰位于今山东省无棣县，依文意该碣石则在无棣县北的海边，距离黄河入海处很近。

【译文】

不但如此，宋代的儒生认为中国有三大龙脉，而南方的龙脉，也起自岷山，沿着大江南岸向下延伸，往东面经过城陵矶、湖口县而后抵达金陵，这也是没有考察清楚大渡河、金沙江在其中隔断了。不但如此，也是没有考察清楚城陵矶、湖口县是洞庭湖和鄱阳湖这两个巨湖汇入长江的湖口。洞庭湖西面的水流来自沅江，发源于贵州省的谷芒关；南面的水流来自湘江，发源于广西的釜山、龙庙。

鄱阳湖南面的水流来自赣江，发源于广东省的浰头、平远；东面的水流来自信江、永丰溪，发源于福建省的渔梁山、浙江省的仙霞南岭。南方的龙脉如此盘绕弯曲距离长江南岸将近三千里，却认为南方的龙脉是濒临长江的吗？不但如此，没有考察清楚龙脉，因此无法分辨长江的源头。如今已经详尽地掌握了三条龙脉的大体趋势，北方的龙脉夹在黄河的北边，南方的龙脉环抱于长江的南边，而中部的龙脉则介于它们中间，非常短。北方的龙脉也只有朝南面延伸的半条支脉伸进中原。都另外有解说。唯有南方的龙脉气势磅礴地坐落于半个中原内，而且它的山脉也是发源于昆仑山的，与金沙江互相依持着朝南面向下延伸，经过石门关、丽江，东边是金沙江，西边是澜沧江，两条江水夹着它。绕过滇池的南面，从普定延伸到贵竹、都黎南面的边境，之后直奔五岭。龙脉远，长江也远，山脉长，水源也长，这就是长江为什么比黄河大的原因了。不但如此，南方的龙脉从五岭往东面向福建省的渔梁山延伸，朝南面散开成为福建省的鼓山，朝东面分开成为浙江省的天台山、雁荡山。正脉转向北面成为小篁岭，福建、浙江两省的交界处。延伸至草坪驿，江西、浙江两省的交界处。耸峙而成为浙岭、徽州府、浙江省的交界处。黄山，徽州府、宁国府的交界处。而后往东面抵达丛山关，绩溪、建平的交界处。向东面分散为天目山、武林山。正脉朝北面越过东坝，而后耸峙为句曲山，龙脉从这里向西面盘结回绕成为金陵，余脉向东面直抵我县。如此我县不仅仅是大江的穷尽处，也是南方龙脉的穷尽处。龙脉与长江共同源自昆仑山，共同穷尽于我县，屹然成为长江入海口的军事要地，得以奠定金陵的地位，拥护留都千年不衰的根基就是凭借这一点。难道是像黄河的下游那样，以前弯弯曲曲往北面流向碣石，如今迁往南面夺取淮河、泗水的河道，漫无边际地横流而没有主要的入海口吗？然而长江之所以比黄河大，不只是因为它们的源头一样远，也是因为长江与龙脉交会了。因此不探寻长江的源头，就不知道它比黄河大；不与黄河相提并论，就不知道长江源头远。研究主干河流的人，可以先论及南方而后论及北方了。

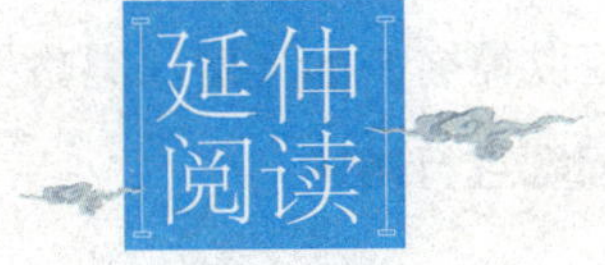

◎知道更多

晚明小品文

小品文，散文的形式之一，是一种充满抒情意味和讽刺特点的短小散文。其体制简短精练，体裁多样，序、记、铭、传、跋等皆适用。

小品文在明代晚期走向兴盛，与当时文坛反拟古主义运动有很大关系。明代“前、后七子”提倡复古，一时间拟古之风盛行，引起一部分文人的不满，于是就有了以归有光、茅坤、唐顺之等“唐宋派”作家极力反对拟古的现象，但取得的效果不大。直到明代“公安派”出现，特别是“三袁”（袁宗道、袁宏道、袁中道）兄弟竭力反对拟古之风，提倡独抒性灵的小品文，受到当时文人的普遍欢迎，晚明文人的文学趣味逐渐从庄重严肃的“高文大册”转向欣赏灵动隽永、富有情韵的“小文小说”。

晚明小品文的一个显著特点是趋向生活化和个人化，文人大多喜欢在文章中展现自己的日常生活风貌和个人趣味，抒发自己的生活情调。另一个特点是注重真情实感，率真坦然，抒写自我“性灵”，这也直接影响了山水游记类小品文的出现。徐霞客生活在明代晚期，受盛极一时的小品文的影响是必然的，其《徐霞客游记》正是对于山水地理的人文化书写和晚明小品精神的张扬。《徐霞客游记》的写作具有灵动隽永的文学书写的特点，且由一篇篇日记的主体形式构成一部地理著作，可以说既是游记中的鸿篇巨著，也是众多小品日记的汇编。

《徐霞客游记》的体例

1.以日记为主，是《徐霞客游记》的主体；

2.若内容复杂或需要另加说明的，另用小字夹注；

3.一些综述性、研究性的内容，或资料性的札记，作为对游记正文的补充，附在日记后面；

4.一些独立专文，冠以篇名，如《丽江纪略》《永昌志略》等，作为综合性研究成果，针对专业问题进行阐述。

《大明一统志》

《大明一统志》是一部明代官修地理总志。由李贤、彭时等负责编撰。全书共九十卷，书成于天顺五年（1461年）四月。

《大明一统志》以两京、十三布政司为纲，每府、直隶州设建置、沿革、郡名、形胜、风俗、古迹、名宦、人物等十数目，最后两卷记载“外夷”（朝鲜、日本、越南等）各国的情况，是研究明代疆域、地理、民族关系、外交状况的重要参考资料。后期刻本增加了嘉靖、隆庆与万历初期的建置。书中错误较多，引用有误，甚至句读不通，为学者诟病。但也保存了很多明代资料。徐霞客漫游和考察时，随身携带《大明一统志》，有时根据自己的亲身实践指出了这部著作的一些错误。

游记散文

梅新林、俞樟华的《中国游记文学史》认为，游记作为一种纪游的文学作品，至少包括三个要素——所至、所见、所感。所至，即作者游程。所见，包括作者耳闻目睹的山水景物、名胜古迹、风土人情、历史掌故、现实生活等。所感，即作者观感，由所见所闻而引发的所思所想。三者缺一不可。

东汉马第伯《封禅仪记》是现今所能见到的最早的游记，也是游记起源的标志。它记载了马第伯随从光武帝刘秀封禅泰山的经历。但这是官方性质的出游。在古代，自觉的旅游活动出现于汉代。到魏晋时，玄学促进了人的山水审美意识的觉醒，继而促进山水游玩活动的盛行，游记创作盛行一时，如吴均《与朱元思书》、王羲之《兰亭集序》、郦道元《水经注》等。特别是《水经注》，虽是地理著作，但它运用文学手法来表现山水地理，为后世游记的发展奠定了坚实的基础。到了唐代，柳宗元创作的一系列山水游记名篇，如“永州八记”等，标志着游记创作成熟期的到来。可以说，柳宗元是中国文学史上第一位大量创作山水游记的作家。到了宋代，游记散文成为自觉的创作风气，游记作品层出不穷，如欧阳修《醉翁亭记》、苏轼《石钟山记》《赤壁赋》、王安石《游褒禅山记》、范仲淹《岳阳楼记》等，大多短小精悍，充满哲理性和思辨性。以苏轼为代表的北宋作家创作的游记散文，对晚明小品文中的山水游记影响深远。游记散文在晚明迎来了自身发展的繁盛时期，达到了我国古代游记创作的高峰，特别是《徐霞客游记》，作为科学考察游记的集大成之作，它继承郦道元《水经注》之精华，吸收宋代游记创作求真尚实的精神，又深受晚明思想启蒙思潮中科学精神的影响，将科学性与文学性有机融为一体，拓宽了游记散文的创作空间。到了清代，乾嘉学风盛行，游记散文创作走向衰落，清中叶“桐城派”的游记创作占一席之地，姚鼐《登泰山记》是清代游记文学的代表作，也是中国文学史上脍炙人口的游记佳作。

◎名家评论

其笔意似子厚，其叙事类龙门。故其状山也，峰峦起伏，隐跃毫端；其状水也，源流曲折，轩腾纸上；其记遐陬僻壤，则计里分疆，了如指掌；其记空谷穷岩，则奇踪胜迹，灿若列星；凡在编者，无不搜奇抉怪，吐韵标新，自成一家言。

——（清代文人）奚又溥《徐霞客游记序》

此（《徐霞客游记》）世间真文字、大文字、奇文字，不当泯灭不传。

——（清代文人）钱谦益《嘱仲昭刻〈游记〉书》

弘祖耽奇嗜僻，刻意远游。既锐于搜寻，尤工于摹写，游记之夥，遂莫过于斯编。虽足迹所经，排日纪载，未尝有意于为文。然以耳目所亲，见闻较确。且黔滇荒远，舆志多疏，此书于山川脉络，剖析详明，尤为有资考证。是亦山经之别乘，舆记之外篇矣。存兹一体，于地理之学，未尝无补也。

——《四库全书总目提要》

◎读后感

《徐霞客游记》读后感

近几天，我读了一部古代地理名著《徐霞客游记》。书中提及的每一个地方，都是徐霞客一步一个脚印丈量过的祖国的大好河山；每一个文字，都是他呕心沥血，实地考察后的所得所感。我不由得感到好奇：是怎样强大的信仰，可以令一个人不惜用毕生精力克服千难万险，踏遍名山大川，投身于地理考察事业，直到生命的最后一刻？

从22岁起，徐霞客走出家门，开始了游历考察的生涯。三十多年来，他多次长途跋涉，足迹遍及如今的19个省、市、自治区。在三四百年前，徐霞客游历了如此广阔的地区，靠的是不仅自己的双脚，更是坚定不移的意志。单就这一点，足以令人钦佩万分。况且，他所走访的不仅有名山大川，还有许多人迹罕至的地方，无论是攀登悬崖峭壁，还是探访奇峰异洞，随时都会面临未知的风险。有一次，徐霞客在湖南茶陵（今湖南茶陵县）听人说当地有一个麻叶洞，洞里有神龙或精怪，没有法术的人不能进去。徐霞客不信神怪，举起火把就进了洞。村里的百姓听说有人进入麻叶洞，都拥到洞口来看热闹。徐霞客在洞里考察了很久，一直到火把快烧完时才出来。围在洞口的百姓看到他安全出洞，都十分惊奇，说："我们在洞外等了好久，以为你一定被妖精吃了呢！"

徐霞客漫游西南的时候，除了跟随在身边的一个仆人外，还有一个名叫静闻的和尚与他做伴。一次，他们在湘江乘船的时候遇到了强盗，行李财物被抢劫一空。静闻和尚因为受伤，在半路上死去。到最后，徐霞客身边的仆人也离他而去。有同乡愿意资助他回家的路费，劝他"再生不如息趾"，但他坚定地回答"不欲变余去志"。他甚至用家中田产做抵押，筹借了一笔路费，继续旅行考察，一句"何处不可埋吾骨耶"令人肃然起敬！

《徐霞客游记》为历史地理学的研究提供了许多宝贵的资料，开创了我国地理学实地考察自然、系统描述自然的先河，具有很高的科学价值。它不仅是徐霞客三十多年实地考察的真实记录，更是徐霞客崇高人格的光辉写照。

（作者　林溪）

真题演练

一、填空题

1 徐霞客，名_____，字_____，号______，是我国_____代著名_________家、_________家、_________家，他用三十多年的时间从事旅游和地理考察，被后世尊称为__________________。

2《徐霞客游记》共______卷，主要以______的形式记录了徐霞客的旅行观察所得，也是我国最早详细记录地理环境的一部游记。

3 “岭角山花盛开，顶上反不吐色，盖为高寒所勒耳”出自《徐霞客游记》中的_____________，反映了_____、_____和_______之间的关系。

4《游雁宕山日记》一文，雁宕山，位于今____________，作者于农历四月十一日登___________，十二日游_________，十三日观赏____________，十四日寻________，“持布上试，布为突石所勒，忽中断。复续悬之，竭力腾挽，得复登上岩”一句反映了徐霞客________________________________的精神。

5《随笔二则》出自__________，第一则记述了__________________________，第二则记述了____。

6 ___________是徐霞客耗时耗力最多的研究课题，也是徐霞客科学论文的代表作。这篇文章的可贵之处在于纠正了________________的说法，从整个水系的宏观角度进行考察研究，并论证了________________________的事实。

7 “然彼此相望，则五峰排列自掩，一览不能兼收；惟登一峰，则两旁无底。峰峰各奇不少让，真雄旷之极观也”形容的是________的胜景。

8《游秦人三洞日记》中，“秦人三洞”位于___________，包括___________、___________和__________。当地人认为“此中有精怪。非有法术者，不能摄服”，形容的是________。

二、问答题

1 徐霞客主要游历了哪些名胜古迹？请加以列举。

2 《徐霞客游记》在地理学上有哪些重要成就？请试作总结。

答案

一、填空题

1. 弘祖 振之 霞客 明 地理学 旅行 文学 “旷世之游圣”
2. 十 日记
3. 《游天台山日记》 地形 气候 植物生长
4. 浙江温州 灵峰洞 灵岩 大龙湫瀑布 雁湖 不畏艰难险阻，勇于攀登
5. 《滇游日记一》 明代开国功勋沐英的后代沐启元蛮横不法的诸多劣迹 阿迷州普名胜作乱、危害滇南的始末
6. 《溯江纪源》《尚书·禹贡》“岷山导江” 金沙江才是长江正源
7. 庐山五老峰
8. 湖南茶陵县西部 秦人洞 上清洞 麻叶洞 麻叶洞

二、问答题

1. 天台山、雁荡山、黄山、武夷山、九鲤湖、嵩山、太华山、太和山、五台山、秦人三洞、湘江、七星岩、漓江、白水河瀑布、盘江桥、黄草坝、大理、鸡足山等。
2. 一是对西南一带喀斯特地貌的详细考察记述，居于世界先进水平，是世界上最早的关于喀斯特地貌的科学文献。二是纠正了古代文献中的一些错误。三是对长江和盘江作了详细的考察研究，写下《溯江纪源》和《盘江考》两部科学文献。四是对火山、地热、植被、气象以及各种人文地理现象进行细致考察与记录，堪称我国古代地学百科全书。